人类学 新视野 丛书

彝人论彝

THE YI STUDIES BY A YI
ANTHROPOLOGIST
Language, Culture and Identity

语言·文化·认同

巫 达————— 著

中西书局

作者简介

巫达,中央民族大学民族学与社会学学院副院长、教授、博士生导师,中国人类学民族学研究会常务理事,中国民族学会常务理事,中国人类学会理事,中华民族共同体研究会理事,北京市铸牢中华民族共同体意识研究中心特聘专家,德国马普宗教与族群多样性研究所客座研究员、高级研究伙伴。中央民族大学语言学学士(1989),香港中文大学人类学硕士(2000)和人类学博士(2004),香港中文大学语言学与现代语言系语言学博士后(2005—2006),澳大利亚拉筹伯大学语言学系语言学访问学者(2007)。曾长期在中国社会科学院民族学与人类学研究所从事彝语研究,著作有《彝语语法(诺苏话)》(与陈康合作,1998)、《社会变迁与文化认同:凉山彝族的个案研究》、《族群性与族群认同建构:四川尔苏人的民族志研究》等,发表中英文论文70余篇,涉及语言学、社会学、人类学、民族学等多个学术领域。

缩 略 语

缩略语	英文全称	意 义
1	first person	第一人称
2	second person	第二人称
3	third person	第三人称
4	fourth person	第四人称
ACC	accusative pronoun	宾格代词
ACD	anticlockwise direction	逆时针方向
ACM	accomplishment verb marker	实现体标记
ACT	activity verb marker	活动体标记
ACTA	active accomplishment verb marker	活动实现体标记
ACH	achievement verb marker	成就体标记
ADJ	adjective（stative verb）	形容词(状态动词)
ADV	adverbial marker	状语标记
AGT	agentive marker	施事标记
ASP	aspect marker	体标记
AUX	auxiliary particle	助词
BEN	benefactive marker	受益格标记
CAUS	causative suffix	使动后缀
CD	clockwise direction	顺时针方向
CH	Chinese	汉语
CL	classifier	量词
COM	comitative marker	伴随格标记

缩略语	英文全称	意 义
COMP	comparative marker	比较标记
CON	continuative aspect marker	继续体标记
COP	copula	系词
CSM	change of state marker	状态变化标记
DAT	dative marker	与格标记
DEF	definite marker	定指标记
DEM	demonstrative pronoun	指示代词
DIR	directional prefix	方向前缀
DL	dual pronoun	双数代词
DS	downstream direction	向下游趋向
DTV	directive particle	指令语助词
EMPH	emphatic sentence-final particle	强调式句尾语助词
EXC	exclusion particle	排除式语助词
EXP	experiential particle	经验语助词
GEN	genitive pronoun	属格标记
HABIT	habitual action marker	惯行标记
HORT	hortative marker	邀约式标记
HS	hearsay evidential marker	听说示证标记
ID	indetermination direction	不定趋向
imp.	imperative verb form	命令式动词形式
IMP	imperative suffix	祈使后缀
INDEF	indefinite marker	不定指标记
INDTV	indirect directive marker	间接命令式标记
INF	inferential/mirative evidential marker	推测/意外示证标记
INT	interjection, intensifier	感叹词,增强词
INST	instrumental marker	工具格标记
lit.	literally	字面含义
LOC	locative marker	位格标记

缩略语	英文全称	意　义
LNK	clause linker	子句连接词
N	noun	名词
NAR	narrative（hearsay）	推论和听说示证
NEG	negative prefix	否定词缀
NEG.IMP	negative imperative（prohibitive）prefix	否定祈使(禁止)前缀
NOM	nominalizer	名物化
NUM	numeral	数词
OC	outward from center	向外趋向
PART	clause/sentence final particle	子句/句末语助词
PERF	perfective marker	完成式标记
PL	plural pronoun	复数代词
POST	postposition	后置词
PRS	prospective aspect suffix	将行体后缀
PTB	Proto-Tibeto-Burman	原始藏缅语
Q	question marker	疑问标记
RCA	relevant condition achieved marker	相关条件完成标记
RECIP	reciprocal form	互动形式
REDU	reduplication	重叠
REFL	reflexive form	反身形式
REP	repetition（"again"）marker	重复标记("再")
REQU	request marker	请求标记
SEM	semelfactive verb marker	半活动类动词标记
SG	singular	单数
STA	state verb marker	状态类动词标记
SVC	series verb construction	连动结构
TC	towards the center	向心趋向
TOP	topic marker	话题标记

缩略语	英文全称	意 义
US	upstream direction	向上游趋向
V	verb	动词
VDD	vertically down direction	垂直向下趋向
VIS	direct（usually visual） evidential marker	直接(亲见)示证标记
VUD	vertically up direction	垂直向上趋向
WH	interrogative pronoun	疑问代词

凉山彝语动词复合体的结构

前缀
1. 强调式副词 ꀕ mu³³
2. 趋向/方向前缀 ꀉ ꀖ o³³ ŋgu⁵⁵
3. 否定前缀 ꀉ a²¹ 或禁止前缀 ꄓ tha⁵⁵

动词词根

后缀
4. 使动标记后缀 ꌠ ʂu³³ 或 S ꀘ bʐ³⁴ V ꌠ ʂu³³
5. 情景体标记后缀 ꄜ ta³³
6. 视觉体标记后缀 ꈌ kɯ³³
7. 方向助动词 ꁧ bo³³ "去"、ꆦ la³³ "来"
8. 重复标记后缀 ꁍ pu³³
9. 推测/意外示证标记后缀 ꐯ ꊌ dʑo³⁴ bu³³
10. 听说示证标记后缀 ꄒ di³⁴

目　　录

自　序

我本科是语言学专业，做过语言学博士后研究工作，在海外做过语言学访问学者。但由于我在香港中文大学所获的是人类学硕士和博士学位，因此，目前在中央民族大学民族学与社会学学院从事的是跟人类学、民族学相关的教学科研工作，所带的硕士研究生和博士研究生都是民族学专业的，没有带语言学专业的学生，但我一直有很深的语言学情结，值此小书出版之际记录下来，以使读者了解我的语言学学术训练和学术研究背景。

1985年9月1日，我从一个偏远山区来到了全国人民都向往的首都北京，进入了中央民族学院。我的专业是语言学专业，这是中央民族学院首次开设的专业。学校非常重视这个专业，配备了当时最强的教师队伍。这些老师现在提起来都是响当当的语言学家，例如戴庆厦老师、陈其光老师、倪大白老师、黄布凡老师、胡坦老师、罗安源老师、但国干老师、史有为老师……著名语言学家马学良先生是系主任，不久由戴庆厦老师任代理系主任。这些任课老师刚在"文革"中耽误了十年时间，都有一股把失去的时间抢回来的劲头，都有想把自己的知识无私地、尽快地传授给学生的想法。每个老师都非常认真负责，对我们非常严格也非常尽心。在这样的环境下，我们学生也充分感受到老师对我们的殷切期望，很快高度认同自己的专业。我们第一届语言学班一共26名同学，都会使用本民族的语言或方言。大家团结友爱，在学习过程中相互学习对方的语言。第一学期语音学课学习了国际音标之后，第一个寒假回家，在春节的时候相互发明信片时，甚至可以用国际音标书写收信人语言的祝福语发给对方。学习语言学的过程，是一个充分了解语言文化多样性的过程，是一个相互尊重对方语言文化的过程。按照当下的话语来说，这是一个铸牢中华民族共同体意识的过程。和我一样，同学们都非常感激中央民族学院给了我们认识中国境内各民族的窗口，让我们深深感受到国家对我们的期望。同学们学习非常刻苦，在当时流行歌曲《在希望的田野上》里"光荣属于我们八十年代的新一代"的歌声鼓舞下，憧憬着将来用语言学知识更好地回报国家、回报社会。

1989年，我被分配到中国社会科学院民族研究所（现民族学与人类学研究所）语言研究室彝语研究组工作。我去报到的时候，彝语研究专家陈士林先生已经退休，研究彝语的在职老师有陈康、武自立、纪嘉发三位。当时中国社会科学院实行"带培制度"——刚入所的新人由一位资深老师指导培养。所里给我安排了陈康老师做带培导师。陈康老师是上海人，是中华人民共和国成立之后培养起来的研究彝语的专家之一。他大学专业就是彝语，会说流利的凉山彝语。据陈老师介绍，当年选拔汉族学生学习彝语的时候，是考虑到上海话里有半浊音，发音接近清浊对立很严整的凉山彝语，因此，当时跟他一样有好几位上海的学生被介绍去学习彝语。陈老师学习彝语很刻苦。据他介绍，他们去凉山彝族村寨住了一年多时间，严格按照"三同"——同吃、同住、同劳动的要求去学习彝语。他说他有时候会对着一棵树大声朗读彝语句子，练得顺口一些之后再去找彝族人对话核对；在对话过程中如果发现新的词汇或句子立刻记录下来，继续反复练习直到熟练掌握。陈老师的彝语学得很扎实，平时对我的指导也非常认真负责，让我更加系统地学习了语言学的语法知识。我们两个合作出版的《彝语语法（诺苏话）》（中央民族大学出版社，1998年）就是这个阶段的成果。陈老师精于音韵学，用汉语音韵学的理念研究彝语方言，写了一系列关于古彝语调类的论文，影响很大。我到中国社会科学院工作之后的一个重要任务是整理当年陈士林先生领导进行彝语方言土语普查时留下的材料。当时，我的办公室里有好几个酷似中药店的中药柜的大型卡片柜，卡片柜的每格放置一个彝语方言或土语调查点的词汇资料。此外，还有大量的语法调查本。在整理彝语方言材料的同时，在陈康老师的指导下，我系统阅读了汉语音韵学的知识，发表了一些彝语音韵学和方言比较方面的论文。

2003年，香港中文大学语言学及现代语言系顾阳教授申请到香港研究资助局（RGC）项目，研究中国境内的景颇语。顾教授邀请景颇语的研究专家戴庆厦教授去香港中文大学合作研究。我当时已经基本写完博士论文，准备提交给香港中文大学研究院申请毕业论文答辩。戴庆厦老师是我本科时期的老师，他积极推荐我加入顾教授的研究团队。因此，我成了顾阳教授项目里的副研究员。2004年,我的博士论文答辩通过之后,顾阳教授聘请我做了博士后研究员。

顾阳教授在美国康奈尔大学获得语言学硕士和博士学位,现任香港中文大学(深圳)人文社科学院院长、学勤书院院长。她的导师是著名语言学家黄正德(C. T. James Huang,现任美国哈佛大学语言学系教授,语言学系研究生部主任并代理系主任)。黄正德教授是艾弗拉姆·诺姆·乔姆斯基博士(Avram Noam Chomsky)的学生。乔姆斯基是当代形式语言学的泰斗。我自己在本科期间所接受的语言学理论主要是费尔迪南·德·索绪尔(Ferdinand de Saussure)的结构语言学,在中国社会科学院工作期间所从事的彝语研究,主要也是分析彝语的结构,大量时间是在做彝语方言的历史比较研究。对于顾阳老师所主持的项目,我必须重新阅读形式语言学的相关理论。我买了很多形式语言学句法分析方面的书,读了很多文献,但认为自己离深刻了解形式语言学还有很长一段距离。

2006年,长江实业集团有限公司和澳大利亚政府签署协议,在亚洲范围内资助10名学者前往澳大利亚进行学术研究,该计划称为"长江毅进奖学金计划"(The Endeavour Australia Cheung Kong Research Fellowships)。我提交了一份研究彝语动词形态学的计划书,澳大利亚的合作导师是时任澳大利亚拉筹伯大学(La Trobe University)语言学系系主任的罗仁地教授(Randy J. LaPolla)。我的研究计划书获得通过,成为10名前往澳大利亚本土进行学术研究的幸运亚洲学者之一。该奖全名是"2006年度毅进澳大利亚长江学者奖"(2006 Endeavour Australia Cheung Kong Awards)。罗仁地教授是世界知名的藏缅语语言学家,现任新加坡南洋理工大学人文学院语言学与双语学系主任,语言学和中文教授,澳大利亚人文学院院士,中央民族大学长江学者讲座教授。2007年我去澳大利亚的时候,罗老师是拉筹伯大学语言学系系主任,此后,他陆续担任了拉筹伯大学语言类型学研究中心主任、澳大利亚语言学会会长、澳大利亚人文学院院士等职。罗老师是著名的功能主义语言学家,是语言学界著名的《句法学:结构、意义与功能》一书的作者之一。罗老师在2003年出版了英文版《羌语语法》,我跟从他学习的过程,除了去听他给本科生和研究生开设的课程之外,还着手翻译他的《羌语语法》,一边翻译一边学习。在他的指导下,我完成了英文论文"The Verbal Morphology of the Nuosu Language"

（《诺苏彝语的动词形态学研究》），顺利完成了"长江毅进奖学金计划"的研究任务。罗老师的《羌语语法》翻译工作完成了前面的四章，回国之后，由于从事人类学的教学和研究工作，翻译工作有些延误。后来，罗老师的弟子黄成龙研究员介绍王保锋参与翻译工作，我们完成了全部翻译之后，2015 年跟民族出版社签署了出版协议，交付出版。

从上面的回顾可以看到，我的语言学研究经历大致分为四个时期：1985 年的中央民族大学语言学本科教育、1989 年的中国社会科学院的彝语研究、2003 年的景颇语句法研究、2006 年的彝语动词形态学研究和《羌语语法》的翻译学习。按照传统人类学的分类，语言人类学是人类学的四大分支学科之一，借助这套丛书，我才有机会把从事语言学研究三十多年来关于语言学和语言人类学的重要论文汇聚在一起呈现给读者。非常感谢中西书局了却了我的一个心愿。由于我的四个研究时期所涉及的语言学理论跨度很大，难免会有对相关理论顾此失彼、没有理解透彻因而对语言事实的分析产生偏差的现象，不同文章中的记音可能也会因宽严标准不同而产生不尽一致的情况，敬请广大读者批评指正。

凉山彝语动词的种类及其标记[*]

关于动词的词汇表征(the lexical representation of verbs)的研究,最有代表性的是 Zeno Vendler 在《哲学中的语言学》①一书中对动词种类(aktionsart②)的研究。他根据动词的词形体特征,将动词分为状态类(states)、活动类(activities)、成就类(achievements)和实现类(accomplishments)四种。③ David Dowty 的《词的意义与蒙塔古语法》一书中,进一步对这种分类进行了讨论。④ 1997 年,Carlota S. Smith 的论著《体貌的参数》一书中,介绍了一种 Vendler 和 Dowty 的体系中没有列出的动词,称为单活动类动词(semelfactive verbs)。⑤ 角色参照语法(Role and Reference Grammar, 简称 RRG)的代表学者进一步发展了上述几位学者关于动词分类的研究成果,并在此基础上归纳整理了一套更为严密的关于动词分类的理论。⑥ 本文试从角色参照语法关于动词种类的相关理论,来考察凉山彝语(以下简称彝语)动词的种类,并指出某些彝语动词的不同种类之间可以通过添加相关词缀来相互转换。例如,添加某个词缀之后,使原属于活动类的动词成为状态类的动词或动词词组。我们把这些使动词种类发生变化的词缀称为变化之后的动词种类的标记(marker)。⑦

---

* 本文原载《民族语文》2009 年第 2 期。

① Vendler, Zeno. 1967. *Linguistics in Philosophy*. Cornell University Press, p.13.

② aktionsart 来自德语,指动词的不同形式。英语没有完全等义的词,有人译为"词形体"。

③ Van Valin, Robert D., Jr. and Randy J. LaPolla. 1997. *Syntax: Structure, Meaning and Function*. Cambridge University Press, pp.91 – 92.

④ Dowty, David. 1979. *Word Meaning and Montague Grammar*. Toris, pp.80 – 90.

⑤ Smith, Carlota S. 1997. *The Parameter of Aspect*. Kluwer Academic Publishers, p.29.

⑥ Van Valin, Robert D., Jr. 2005. *Exploring the Syntax-Semantics Interface*. Cambridge University Press, pp.31 – 32.

⑦ 本文中彝语语料,除在句后注明出处外,均来自笔者母语。

一、彝语动词的种类

在角色参照语法的总纲性论著《句法：结构、意义与功能》①中，作者根据 Zeno Vendler 的成果，②将动词区分为状态类、活动类、成就类、实现类和活动实现类五种，并配上相应的使动形式，共分十种。角色参照语法的重要代表学者之一 Robert D. Van Valin 在《句法—语义接触面探索》③一书中根据 Carlota S. Smith 的内容，④在动词种类方面增加了单活动类及其使动形式，使动词种类总数成为十二种。现转引他关于动词的分类如下：⑤

(1) a.　状态类　　　　The boy is afraid.（那男孩害怕。）

　　 a'.　状态类使动式　The dog frightens/scares the boy.（那狗吓着小孩了。）

　　 b.　成就类　　　　The balloon popped.（气球破了。）

　　 b'.　成就类使动式　The cat popped the balloon.（猫弄破了气球。）

　　 c.　单活动类　　　The pencil tapped on the table.（铅笔轻敲了一下桌子。）

　　 c'.　单活动类使动式　The teacher tapped the pencil on the table.（老师用铅笔在桌子上敲了一下。）

　　 d.　实现类　　　　The ice melted.（冰化了。）

　　 d'.　实现类使动式　The hot water melted the ice.（热水弄化了冰。）

　　 e.　活动类　　　　The soldiers marched in the park.（士兵在操场里行进。）

　　 e'.　活动类使动式　The sergeant marched the soldiers in the park.（军官让士兵在操场里行进。）

---

① Van Valin, Robert D., Jr. and Randy J. LaPolla. 1997. *Syntax: Structure, Meaning and Function.* Cambridge University Press.

② Vendler, Zeno. 1967. *Linguistics in Philosophy.* Cornell University Press, p.97.

③ Van Valin, Robert D., Jr. 2005. *Exploring the Syntax-Semantics Interface.* Cambridge University Press.

④ Smith, Carlota S. 1997. *The Parameter of Aspect.* Kluwer Academic Publishers, p.29.

⑤ Van Valin, Robert D., Jr. 2005. *Exploring the Syntax-Semantics Interface.* Cambridge University Press, p.34.

f.　活动实现类　　The soldiers marched to the park. （士兵行进到操场。）

f'.　活动实现类使　　The sergeant marched the soldiers to the park. （军官让士兵行进到操场。）
　　　动式

下面根据这个框架，对彝语的情况进行分析。彝语由于部分动词本身有自动、使动的配对，因此，这对于理解动词的种类有一定的帮助。在开始介绍彝语例句之前，在这里还需要介绍一下角色参照语法用来判断和区分动词种类的各种参数。

角色参照语法用［±静态］（static）、［±动态］（dynamic）、［±有终点］（telic）和［±瞬间］（punctual）四个参数去区分和测试动词的上述种类。① 肖中华（Richard Zhonghua Xiao）和 Tony McEnery 的《汉语普通话的体貌》②一书在采用角色参照语法上述四个参数的同时，增加了［±结果］（result）和［±有界］（bounded）两个参数。但他们在研究中，认为［±结果］与［±有终点］、［±有终点］与［±有界］，以及［±结果］与［±有界］等参数同时出现是不可能的。③ 现综合上述各家，将区分动词种类的参数列表如下：

(2)	［±静态］	［±动态］	［±有终点］	［±瞬间］	［±结果］	［±有界］
a. 状态类	［+静态］	［-动态］	［-有终点］	［-瞬间］	—	—
b. 活动类	［-静态］	［+动态］	［-有终点］	［-瞬间］	［-结果］	［-有界］
c. 成就类	［-静态］	［-动态］	［+有终点］	［+瞬间］	［+结果］	［+有界］
d. 单活动类	［-静态］	［±动态］	［-有终点］	［+瞬间］	［-结果］	［-有界］
e. 实现类	［-静态］	［-动态］	［+有终点］	［-瞬间］	［-结果］	［+有界］
f. 活动实现类	［-静态］	［+动态］	［+有终点］	［-瞬间］	—	—

（参见 Van Valin 2005：33；Xiao and McEnery 2004：53；Van Valin and LaPolla 1997：93）

---

① 戴维·克里斯特尔（David Crystal）编：《现代语言学词典》（译自 Blackwell 出版社 1997 年出版的 *A Dictionary of Linguistics and Phonetics*），沈家煊译，商务印书馆，2004 年。Van Valin, Robert D., Jr. 2005. *Exploring the Syntax-Semantics Interface*. Cambridge University Press.

② Xiao, Richard and Tony McEnery. 2004. *Aspect in Mandarin Chinese: A Corpus-Based Study*. John Benjamins Publishing Company.

③ Xiao, Richard and Tony McEnery. 2004. *Aspect in Mandarin Chinese: A Corpus-Based Study*. John Benjamins Publishing Company, p.53.

下面我们分别介绍彝语的状态类动词、活动类动词、成就类动词、单活动类动词、实现类动词、活动实现类动词以及它们各自配对的使动形式，并举例简单说明如下。

1. 状态类动词

状态类动词包括形容词（静态谓语）、存在动词、感知动词、认知动词、愿望类动词、命题态度、内心感受、情感和系词。[①] 我们传统所说的形容词，在角色参照语法里由于可以作静态谓语，是当作状态类动词来处理的。例如：

（3）ꆈ꒿   ꃴꏜ   ꀑ。

$tʂ^hɯ^{33}tɕ^hu^{33}$ $vu^{55}dʑi^{21}$ o^{34}

大米   发霉   PERF

"大米发霉了。"

ꃴꏜ $vu^{55}dʑi^{21}$ "发霉"是一种状态，是指大米自己发霉了，不是人为使大米发霉。这是一种静态动作，没有终点，不是瞬间完成的。状态类动词的参数特征见（2）a。

2. 状态类动词使动式

在彝语里，部分状态类动词有相应的使动体形式。例如，上述ꃴꏜ $vu^{55}dʑi^{21}$ "发霉"一词，在彝语里可以找到对应的使动式形式ꃴꐇ $vu^{55}tɕ^hi^{21}$ "使发霉、发酵"。例如（4）中的ꃴꐇ $vu^{55}tɕ^hi^{21}$ "使发霉、发酵"也是一种状态，它与ꃴꏜ $vu^{55}dʑi^{21}$的不同之处是人为使大米发霉，是有目的地使大米成为制作酒的原料。

（4）ꆈ꒿   ꃴꐇ   ꄮ   ꐔ   ꄉ。

$tʂ^hɯ^{33}tɕ^hu^{33}$ $vu^{55}tɕ^hi^{21}$ ta^{33} $ndʑ_ʐ^{33}$ de^{33}

大米   使发酵   STA   酒   做

"发酵着大米制作酒。"

---

① Smith, Carlota S. 1997. *The Parameter of Aspect*. Kluwer Academic Publishers, p.115.

3. 成就类动词

成就类动词是指动作已经完成,该动作完成之后就不能再复原,也就"成就"了这个动作。这是一个非静态也非动态的状态,但有终点,是瞬间完成的,完成后有结果,事件是有界的。[①] 它的参数特征见(2)c。例如(5)中的 ʒ dʑe³³ "破",是指碗已经破了,"破"这个动作已经"成就"。类似的动词还有 ꇪ bi⁵⁵ "爆炸"、ꐈ dʑɔ³³(墙)垮"、ꆤ n̪o²¹(船)沉"等等。

(5) ꀈ ꈍꇐ ʒ ꀑ。

   ŋa⁵⁵   lu̠³³ tʂɯ²¹   dʑe³³   o³⁴

   我的   碗   破   PERF

   "我的碗破了。"

4. 成就类动词使动式

上述成就类动词是自己发生动作的形式,如果是外力使该动作发生,则是成就类动词的使动形式。例如(6)里面的 ꐎ tɕʰi⁵⁵ "使破、摔破",是人为地使碗破,碗是被摔破的。同样,"使破"的动作完成之后,也就成就了这个动作。这是一种使动形式。

(6) ꋒ ꀈ ꈍꇐ ꐎ ꑉ。

   tsʰɿ³³   ŋa⁵⁵   lu̠³³ tʂɯ²¹   tɕʰi⁵⁵   ndʑɔ³³

   他   我的   碗   使破   正在

   "他正在摔破我的碗。"

5. 单活动类动词

单活动类动词是指那些一次性的动作,比如 ꋔ tsɿ²¹ "咳嗽"、ꊰ tsʰɿ³³ "眨(眼)"等等。例(7)里的 ꈣ gu̠³³ "惊吓",是一种动作,这个动作在彝语里面不持续,是瞬间完成的,它是动态的,没有终点,没有界。ꈣ gu̠³³ "惊吓"实际上是指已经被惊吓而且可能已经被惊吓得跑开了的情况。它的参数特征见

---

①   关于动词有界与无界的讨论,可参见顾阳、巫达《试论名词结构与句子结构的共性》,戴庆厦、贾益民主编《第四届国际双语学研讨会论文集》,暨南大学出版社,2005 年。

（2）d。我们认为这是一个单活动类动词。单活动类动词也称为一次体动词。

（7）ꀋꋮ　　　　　　ꇴ　　　　　　ꀒ。
　　a³⁴ẓi³³　　　　gu̠³³　　　　o³⁴
　　小孩　　　　　　惊吓　　　　　PERF
　　"小孩惊吓（跑）了。"

6. 单活动类动词使动式

ꈎku̠³³"使惊吓"，在彝语里面，是人为地有意识地去吓别人。语境上，可能是趁别人不注意，突然在别人的耳旁吼一声，以达到惊吓别人的效果。这个动作只反映使对方惊吓的那瞬间，比如突然在别人的耳旁大吼一声的效果，因此，有结果而不再持续。

（8）ꀋꋮ　　　　　　ꈎ　　　　　　ꀒ。
　　a³⁴ẓi³³　　　　ku̠³³　　　　o³⁴
　　小孩　　　　　　给（惊吓）　　PERF
　　"使孩子惊吓了。"

7. 实现类动词

实现类动词与成就类动词的不同之处是成就类动词没有过程，如破、爆炸等，而实现类动词是有过程的。例如（9）里的ꌅdʑʅ³³"融化"，有融化的过程，也有融化成水的结果。这个动作不一定是静态的，也不一定是动态的，它不是瞬间完成的，但已经有终点，有界，因此我们称之为实现类动词。它的参数特征见（2）e。

（9）ꃴ　　　　　　ꌅ　　　　　　ꀒ。
　　vo³³　　　　dʑʅ³³　　　　o³⁴
　　雪　　　　　　融化　　　　　PERF
　　"雪化了。"

8. 实现类动词使动式

它的参数特征跟实现类动词是一样的,所不同的只是,这类动词的实施是由外力造成的。例如(10)中的 ʗ tɕʅ³³ "使融化",有使雪融化成水的过程和结果。雪不是自己融化的,也不是一下子融化成水的,是经过外力,比如放入锅中用火加热等方法,完成融化这个动作的。

(10)

ŋa³³	vo³³	tɕʅ³³	ʐʅ³³	dʑi²¹ 。
我	雪	使融化	水	成

"我使雪化成水。"

9. 活动类动词

活动类动词就是我们所熟悉的"行为动词"或"动作动词",由人、动物(如走、吃、唱、写、看、用等)或自然界(如地震、风吹、雨打、水流、日晒等)所发出的动作。例(11)里的 ʰ ga⁵⁵ "穿",是一个动态的动作行为,有过程,有结果,但未必已经完成(无终点),动作也不是瞬间完成的,没有界。它的参数特征见(2)b。

(11)

a³⁴ʑi³³	vi⁵⁵ga³³	a³³ʂʅ⁵⁵	ga⁵⁵ 。
孩子	衣服	新	穿

"孩子穿新衣服。"

10. 活动类动词使动式

ka⁵⁵ "使穿",也是一个动态的动作行为,有过程,有结果,也未必已经完成,动作不是瞬间完成的。

(12)

a³⁴ʑi³³	vi⁵⁵ga³³	a³³ʂʅ⁵⁵	ka⁵⁵ 。
孩子	衣服	新	使穿

"使孩子穿新衣服。"

11. 活动实现类动词

活动实现类动词是一个动态的动作行为，有结果，已经完成，但动作不是瞬间完成的。活动实现类与活动类之间的差异，以汉语为例，"听"是一个活动类动词，但未必已经听见，"听见"则表示动作行为已经实现，不仅去"听"了，而且"听"到了结果，因此称为活动实现类动词。它的参数特征见(2)f。在彝语里，ɲa 表示活动类动词的"听"，gɯ^{33} 表示活动实现类动词的"听见"。例如：

(13)
ŋa^{55}	do^{21}ma^{33}	nɯ^{33}	gɯ^{33}	o^{34}。
我的	话	你	听见	PERF

"我的话你听见了。"

12. 活动实现类动词使动式

kɯ^{33} 是"使听见"，彝语中使用 kɯ^{33} 的时候，表示已经使别人听见了。该动作是动态的，有终点，不是瞬间完成的。它的参数特征见(2)f。

(14)
ŋa^{33}	do^{21}ma^{33}	ko^{33}	hi^{21}	nɯ^{34}	kɯ^{33}	mo^{33}。
我	话	句	说	你	使听	吧

"我告诉你一句话吧。"

研究角色参照语法的学者提供了一些标准来判断动词的种类。以下表格里的标准是借鉴那些学者的判断标准来测试彝语的。测试结果，亦能帮助我们很好地区分开动词的种类。读者还可思考自己的"标准"来判断动词的种类。

判 断 标 准	动 词 种 类					
	状态类	成就类	单活动类	实现类	活动类	活动实现类
能否与进行体 kɯ^{33}"正在"一起出现	否	否	否	是	是	否

续　表

判　断　标　准	动　词　种　类					
	状态类	成就类	单活动类	实现类	活动类	活动实现类
能否与副词ʃ ꖊ ꖏ ꖉ ho³³ ho³³ tʂ̩³³ tʂ̩³³ mu³³ "精神抖擞地、活跃地"一起出现	否	否	有些	否	是	否
能否与副词ꊏ ꊰ ꋬ hi⁵⁵ dʑo³³ mu³³ "快速地"一起出现	否	否	否	是	是	是
花了一个小时在做×(动词)	是	否	是	无关	是	无关
在一个小时内×(动词)	否	否	否	是	否	是
是否可用作状态修饰词	是	是	否	是	否	是

(参见 Van Valin and LaPolla 1997：35；LaPolla 2003：94)

二、彝语动词种类的标记

　　上文介绍了角色参照语法对动词种类的分类方法及其在彝语中的应用。关于动词种类的鉴别，Vendler 本来仅设想适用于英语即可，但是 Van Valin 指出，这种分类方式迄今为止适用于他所知许多已经调查核实的语言。[①] 从上文中可以看出，这种方式也适用于汉语、[②]羌语。[③] 汉藏语系语言动词的研究还可以进一步丰富和完善这套理论。例如，肖中华和 McEnery[④] 提出增加[±结果]和[±有界]两个参数去判断动词的种类；黄成龙指出羌语动词的基本种类是状态类、活动类和单活动类，其他种类可由添加前缀的形式构成。[⑤] 彝语动

① Van Valin, Robert D., Jr. 2005. *Exploring the Syntax-Semantics Interface.* Cambridge University Press, p.32.

② Xiao, Richard and Tony McEnery. 2004. *Aspect in Mandarin Chinese: A Corpus-Based Study.* John Benjamins Publishing Company.

③ LaPolla, Randy J. and Chenglong Huang. 2003. *A Grammar of Qiang: With Annotated Texts and Glossary.* Mouton de Gruyter, pp.157 - 158. Huang, Chenglong. 2005. "Aktionsart and Aspect in Qiang", Paper for The 2005 International Course and Conference on RRG, Academia Sinica, June 26 - 30.

④ Xiao, Richard and Tony McEnery. 2004. *Aspect in Mandarin Chinese: A Corpus-Based Study.* John Benjamins Publishing Company.

⑤ Huang, Chenglong. 2005. "Aktionsart and Aspect in Qiang", Paper for The 2005 International Course and Conference on RRG, Academia Sinica, June 26 - 30.

词有自动、使动的区分,这为这个理论提供了一个很好的例证。同时,根据我们的研究,彝语还有一个特点是,某类动词加上某个后缀之后可以转变为另一个种类的动词。这些后缀在传统的彝语语法里面,往往被简单地冠以"时态助词"①或"体貌助词"②的名称。实际上,从角色参照语法的角度来考察,我们认为,这些后缀起着标记动词种类的功能。例如,ꀊhuɯ²¹"看"本来是一个活动类动词,加上后缀ꊪta³³之后,表达这个动作的一种状态,ꀊꊪhuɯ²¹ta³³即"看着",是活动类动词"看"的状态。比如,某人先前已经开始看书,现在一直看着,可能还要看下去。以下我们分别分析和讨论这些标记。

1. 状态类动词标记ꊪta³³

根据上文的介绍,我们可以知道彝语动词ꀉsɿ³³"死"、ꄜdʑo³³"有"、ꆈꀕo³³bu³³"聪明"和ꆈꌠdo²¹ndʐɿ²¹"相信"等动词,具有静态、非动态、没有终点、非瞬间完成等状态类动词的特征。而当部分其他类别的动词如活动类、成就类、单活动类等加了后缀ꊪta³³之后,也成为具有上述特征的状态类动词。例如:

(15)

ꉌ	ꋔ	ꀃ	ꊪ		ꇆ	ꊪꀕ	ꀘ	ꅊ	ꀕ	ꎭ
nɯ³³	dʑa³⁴	dʑɯ³³	ta³³		ŋa³³	hi³³tɕo³⁴	ndʐɿ³³	tɕi²¹	vʐ³³	bo³³
你	饭	吃	STA		我	外面	酒	斤	买	去

"你(继续)吃着饭,我出去买一斤酒去。"(ꀃdʑɯ³³活动类→ꀃꊪdʑɯ³³ta³³状态类)

(16)

ꇆ	ꇉ	ꊪ	ꇌ	ꈧ	ꄷ	ꄜ	ꃅꋊ	ꊪꀕ	ꇊdʑo³³	ꊪ	ꀕ
ŋa³³	ko³⁴	çi³³	li³³	ko³³	tsʰɿ²¹	tɕe⁵⁵	tsa³³ȵi⁵⁵	dʑo³³	ta³³	o³⁴	
我	那里	到达	去	时候	他的	家	山墙	垮	STA	PERF	

"我到那里的时候,他家的墙已经垮了。"(ꇊꊪdʑo³³成就类→ꇊꊪdʑo³³ta³³状态类)

① 陈士林、边仕明、李秀清:《彝语简志》,民族出版社,1985 年。
② 胡素华:《彝语动词的体貌范畴》,《民族语文》2001 年第 4 期。

(17) Ⅺ　　　Ⅻ　　　Ⅺ　　　&　　　∃　　　ᲚᲚ　　　よ　　　ℤℤ。

 ts^hʅ³³　　tsʅ²¹　　ta³³　　do²¹　　hi²¹　　du³³la³³　　a²¹　　hi⁵⁵

 他　　　咳嗽　　STA　　话　　说　　出来　　NEG　　能

"他因为咳嗽说不出话来。"（ tsʅ²¹单活动类→Ⅺ tsʅ²¹ta³³状态类）

2. 活动类标记 ndʐɔ³³

我们在活动类动词 hɯ²¹"看"、na³³"问"、ma⁵⁵"教"等后面加上
ndʐɔ³³"正在"，强调这个动作正在发生或发生了一段时间，并且还在发生当中。
例如：

(18) &θ　　&Ⅻ　　&　　∣　　↑　　₹　　Ⅺ　　∃　　&　　∢∤。

 do²¹ma³³　a³⁴ndʐe³³　ʑe⁵⁵　tsʰo³³　si²¹　ko³⁴　ta³³　hi²¹　ndʐɔ³³　zʅ³³di³³

 话　　特殊　　种　　人　　施事　　那里　　在　　说　　正在　　因为

"是因为有些人在那里说着一些奇怪的话。"①

同时，当实现类和状态类动词后面加上 ndʐɔ³³"正在"之后，也能使那些
动词变成活动类动词。例如：

(19) Ⅺ　　　&Ⅺ　　　∣匚　　&。

 ts^hʅ³³　　vo⁵⁵ts^hʅ³³　　tɕʅ³³　　ndʐɔ³³

 他　　　猪油　　使融化　　正在

"他正在炼猪油。"（∣匚 tɕʅ³³实现类使动式→&∣匚 tɕʅ³³ndʐɔ³³活动类）

(20) ∦∣&∦　　　　&∃⊂∤　　　　&∤&

 mu³³k^ho³³lɯ³³ʂɯ⁵⁵　　zo²¹mo²¹zo³⁴zɯ³³　　zo³³lo³³zo²¹na⁵⁵

 壮牛骏马　　　　绵羊母、绵羊仔　　　公绵羊、骟绵羊

---

① ∦&∦曲(Luoba Salop)：《∦∤∣∤∤∦∤∤∤∤∤∦∦∣∣∤》(Gguhxo mukex ngoplu ddiexbur tatxi su kexcha,浅析彝人传统观点的利弊),《民族》(彝文版)2002年第3期。

ꉀꈎꉘꇇ   ꐪ   ꂷ   ꌠ   ꄯꊱꉀꌦ

su³³gu²¹ ʂu̠³³lu²¹   dʑo³³   ndʐo³³   su³³   tʰe³³tʂʅ²¹su̠³³zʅ³³

湖周围   有   正在   NOM   天池湖水

ꃮꇊꇊ   ꌠ   ꀕ   ꍈ   ꐚ   ꍚ。

vu⁵⁵lo³³lo³³   su³³   ko³³   zʅ³³   dʑi²¹   dʐu̠³³

湛蓝   NOM   那里   影子   成   存在

"正在湖周围的壮牛骏马、羊群，影子倒映在湛蓝的天池湖水里。"①（ꐪ dʑo³³状态类→ꐪꂷ dʑo³³ndʐo³³活动类）

3. 成就类动词标记ꂛndo²¹

在彝语里，在活动类动词和状态类动词后面加上ꂛndo²¹"住"，就可以使这些动词变成成就类动词。实际上，一些动词里的ꂛndo²¹已不能分离，分离之后词根一般就不能单独使用了。例如ꄿꐚ dʑi³³ndo³⁴"倒塌"，其中的ꄿ dʑi³³本意是"倒"，但目前一般不单独使用。ꂛndo²¹"住"加在活动类动词和状态类动词后面，能产性较高，含义相当于汉语"捉住"里的"住"。例如：

（21）ꀋꉸꀋꐮ   ꃈ   ꇊꉌ   ꑳ   ꅉ

a³³ho³⁴a²¹dʑi²¹   mu³³   lu̠³³ha³³   zi³³   dʐʅ³⁴

不久   ADV   尔哈   房子   下方

ꄮꐯ   ꈐꌠ   ꄹ   ꄢ   ꊿ   ꉬ   ꐚ   ꆈ。

ta⁵⁵dʑi³³   ku³⁴su³³   tʰo⁵⁵   ta³³   tsʰo³³   ŋgo⁵⁵   ndo²¹   o³⁴

大桥   那座   上面   在   人   追   住   PERF

"没过多久，尔哈在房子下方的那座大桥上面被人们追上了。"②（ꉬ ŋgo⁵⁵活动类→ꉬꐚ ŋgo⁵⁵ndo²¹成就类）

---

① ꆀꌠꃀ（Hmotsi Mopyo）：《ꑝꏸꆿꌦꀜ》（Xijie hlut sso bbo，新疆游历记），《凉山文学》（彝文版）2002年第4期。

② ꀉꀨꃴꇤꂾ（Abba Vutgamop）：《ꏜꀨꁧꑭꀋꂷꊇꎷꏸꇪꋠꄉꌠꁧꄮ》（Jjibboxsi apmy ma zi shut jip go zip da su bbudde，一个奴隶主女儿记忆中的故事），《凉山文学》（彝文版）2001年第2期。

(22) ꉚ ꊿ ꀊ ꇀ ꂿꄉ ꈨꆈ

ηa^{33} $ts^h o^{21} \gamma o^{34}$ $\underline{ku}^{33}$ li^{33} $mo^{33} di^{34}$ $ko^{33} n\mu^{33}$

我 他们 使惊吓 去 打算 时

ꊿ ꏂꈬ ꅀ ꀑ。

$ts^h o^{21} \gamma o^{34}$ $si^{21} \eta o^{21}$ ndo^{34} o^{34}

他们 觉察 住 PERF

"我打算去吓一下他们的时候,被他们觉察到了。"(ꏂꈬ $si^{21} \eta o^{21}$ 状态类→ꏂꈬꅀ $si^{21} \eta o^{21} ndo^{34}$ 成就类)

4. 实现类动词标记ꐁ$dz i^{21}$

ꐁ$dz i^{21}$是实现类动词的一个标记。跟上面ꅀndo^{34}的情况相类似,彝语部分动词里面已经包含ꐁ$dz i^{21}$,不能剥离开来,拿掉ꐁ$dz i^{21}$已经不能完整表达动词的原意,例如ꈜ $gu^{33} dz i^{34}$ "干枯,蔫"、ꄸꐁ $ts\ s\ \eta^{21} dz i^{21}$ "腐烂"、ꇗꐁ $la^{55} dz i^{21}$ "坏、碎"。同时,当状态类动词和活动类动词后面加上ꐁ$dz i^{21}$的时候,就变成实现类动词。例如:

(23) ꀃꆀ ꈬ ꀊ ꐁ ꂡ ꃆꏂꆀ ꈬ ꐁ ꆿ ꍰꍰ,

$i^{21} n_i^{21}$ ηo^{21} a^{21} $dz i^{21}$ n_i^{33} $mu^{21} s\ \eta_i^{21}$ ηo^{21} $dz i^{21}$ la^{33} $dz o^{33} dz o^{33}$

今天 想 NEG 成 也 明天 想 成 来 最终

ꌧꈍ ꈬ ꀊ ꐁ ꂡ ꉪꉎ ꈬ ꐁ ꆿ ꍰꍰ。

$s u^{33} k^h u^{55}$ ηo^{21} a^{21} $dz i^{21}$ n_i^{33} $\eta e^{55} ho^{33}$ ηo^{21} $dz i^{21}$ la^{33} $dz o^{33} dz o^{33}$

今年 想 NEG 成 也 明年 想 成 来 最终

"今天没想好,明天最终可以想好;今年没想好,明年还可以最终会想好。"①(ꈬ ηo^{21} 状态类→ꈬꐁ $\eta o^{21} dz i^{21}$ 实现类)

---

① ꃴꊪ(Vutqie):《ꀃꄿꊪꊨꄜꏦꑠꄷꊪꀕꇬꌷꄨꂷ》(Mupmop kexcha su sinip mupmop bburxddie mupmit hxipmgo,论文学与文学写作),《民族》(彝文版)2003 年第 1 期。

(24) ꂷ ꋠ ꌠ ꆹ "ꀉ ꌋ" ꌠ ꂷ ꈨ ꌋ "ꌋ ꌠ" ꄷ。
ma⁵⁵ dʑi²¹ su³³ li³³ a²¹ sɿ²¹ su³³ ma⁵⁵ si²¹ sɿ²¹ su tʰi³³
教 成 NOM TOP NEG 懂 NOM 教 成 懂 NOM 是

"教成功的啊，是指把'不懂的'教成'懂的'。"①（ꂷ ma⁵⁵活动类→ꂷꋠ
ma⁵⁵dʑi²¹实现类）

<h1 style="text-align:center">结　语</h1>

　　实际上，体貌范畴包括两个组成部分：场景体（situation aspect）和视觉体（viewpoint aspect）。前者是一个认知—语义（cognitive-semantic）的概念，后者是一个句法（grammatical）概念。② 本文介绍的是前者，从认知—语义的角度区分了动词的种类。对于后者，Carlota S. Smith 指出，③视觉体的功能就像一个相机的镜头，能让说话者展示一个事件的过程。例如，完成体聚焦于事件的整个过程，而非完成体只展现事件的部分过程。

　　在过去的彝语语法研究中，笔者和陈康合著的《彝语语法（诺苏话）》首次将彝语动词的体范畴划分为将行体（ꂿ mi³⁴）、将起始体（ꂿꄔ mi³⁴ta³³）、未进行体（ꂾꄶ mo³³ di³⁴）、进行体（ꄷ ta³³、ꈐ kɯ³³、ꈐꄷ kɯ³³ta³³）、未完成体（ꑌꃅꄷ ɳi³³ mu³³ta³³）、完成体（ꄷꆍta³³ o³⁴）和已行体（ꆍo³⁴）。④ 通过进一步的研究，我们认为，这些"体"标记里面实际上包含了动词种类的标记，需要把它们区分为情景体标记和视觉体标记。这种区分会更有助于深入理解彝语的体貌范畴。如果不加以区分，则容易产生混淆，结果还是不能解释清楚彝语的体貌范畴的本质。例如，德国学者 Matthias Gerner⑤ 讨论了彝语ꄷ ta³³和ꆍo³⁴之间的差异，认

---

① ꑭꒉ(Xiep Yie，夏衍)：《ꇬꁈꀿꊐꅐꃆꊐ》(Gopbo bo co bbyx da mu co，包身工)；《ꑭꁱꍈꊈꏸꏸꄮꁮꇐꌠꆈꌠꁱꂷꉬꒉꌋꆀꃆꈯ》(Sypchuose jjutsso ahmu zip su nuosu bburma hmatddu tepyy Ddopma Bburma Hxepbi sinip Muggep，四川省高级中学彝文课本《语文阅读与练习》第 9 课，四川民族出版社，2004 年。
② Xiao, Richard and Tony McEnery. 2004. *Aspect in Mandarin Chinese: A Corpus-Based Study*. John Benjamins Publishing Company.
③ Smith, Carlota S. 1997. *The Parameter of Aspect*. Kluwer Academic Publishers, p.61.
④ 陈康、巫达：《彝语语法（诺苏话）》，中央民族大学出版社，1998 年，第 132—136 页。又可参考胡素华《彝语动词的体貌范畴》，《民族语文》2001 年第 4 期。
⑤ Gerner, Matthias. 2002. "Perfect in the Yi Group：Stative and Dynamic Information Management"，*Studies in Language*. Vol. 26, No. 2, p. 34.

为它们不是同一种平面的范畴(即并不同属于情景体或同属于视觉体)内部的静态和动态的差异,而是分属于情景体和视觉体的两个标记。ta³³是前文讨论过的动词的状态类标记,它可以使具有活动类、成就类和单活动类特征的动词变成状态类动词,见上文例(15)—(17)。它可以使动词表现为状态类动词,因此被误解为一个"静态完成体"标记。ta³³严格意义上是不出现在句子末尾的,亦即是说,它不具有语法体的功能。它被加在动词之后仅表示该动词处于某种相对静态的状态,并不一定表示该动作已经完成。例如,在例(15)中,说话者是让听话者继续吃饭,继续保持"吃"的状态,而不是指已经完成"吃"的状态。在彝语里面,测试彝语动词的情景体标记和视觉体标记的差异,除了它们所承载的不同功能之外,有一条较为明确而实用的方法:同样是动词加体标记的情况,在表示疑问的时候,用重叠情景体标记表示疑问,而不是重叠动词本身;而视觉体标记则不能用重叠的方式来表示疑问,只能用重叠动词的方式来表达。例如:

(25)
nuɯ³³	dʑa³⁴	dʑɯ³³	ta³³	ta³³	o³⁴ ?
你	饭	吃	着	着	PERF

"你吃着饭了吗?"(ta³³情景体标记,可重叠表示疑问)

(26) *
nuɯ³³	dʑa³⁴	dʑɯ³³	o³⁴	o³⁴ ?
你	饭	吃	PERF	PERF

"你吃了饭吗?"(不能重叠视觉体标记o³⁴[完成体]来表达疑问)

(27)
nuɯ³³	dʑa³⁴	dʑɯ³⁴	dʑɯ³³	o³⁴ ?
你	饭	吃	吃	PERF

"你吃了饭吗?"(必须重叠动词来表达疑问)

综上所述,本文主要介绍了彝语动词的种类及其相应的情景体标记,这是从认知—语义角度去考察的。从句法的角度，我们可以区分彝语的视觉体及其标记，如是否完成、是否正在进行、是否曾经进行等等。关于彝语的视觉体内容，我们将另文进行讨论。

参 考 文 献

陈康、巫达：《彝语语法（诺苏话）》，中央民族大学出版社，1998 年。

陈士林、边仕明、李秀清：《彝语简志》，民族出版社，1985 年。

戴维·克里斯特尔（David Crystal）编：《现代语言学词典》（译自 Blackwell 出版社 1997 年出版的 *A Dictionary of Linguistics and Phonetics*），沈家煊译，商务印书馆，2004 年。

顾阳、巫达：《试论名词结构与句子结构的共性》，戴庆厦、贾益民主编《第四届国际双语学研讨会论文集》，暨南大学出版社，2005 年。

胡素华：《彝语动词的体貌范畴》，《民族语文》2001 年第 4 期。

Dowty, David. 1979. *Word Meaning and Montague Grammar*. Toris.

Gerner, Matthias. 2002. "Perfect in the Yi Group：Stative and Dynamic Information Management", *Studies in Language*. Vol. 26, No. 2, pp. 337－368.

Huang, Chenglong. 2005. "Aktionsart and Aspect in Qiang", Paper for The 2005 International Course and Conference on RRG. Academia Sinica, June 26－30.

LaPolla, Randy J. and Chenglong Huang. 2003. *A Grammar of Qiang: With Annotated Texts and Glossary*. Mouton de Gruyter.

Smith, Carlota S. 1997. *The Parameter of Aspect*. Kluwer.

Van Valin, Robert D., Jr. and Randy J. LaPolla. 1997. *Syntax: Structure, Meaning and Function*. Cambridge University Press. 2002 年由北京大学出版社和剑桥大学出版社合作在北京出版了影印本，封面的中文书名为《句法：结构、意义与功能》。

Van Valin, Robert D., Jr. 2005. *Exploring the Syntax-Semantics Interface*. Cambridge University Press.

Vendler, Zeno. 1967. *Linguistics in Philosophy*. Cornell University Press.

Xiao, Richard and Tony McEnery. 2004. *Aspect in Mandarin Chinese: A Corpus-Based Study*. John Benjamins Publishing Company.

彝文引用资料：

ꀊꀕꃶꈝꇬ(Abba Vutgamop)：《ꐚꀊꃆꂷꌠ�ꏂꐥ》(Jjibboxsi apmy ma zi shut jip go zip da su bbudde,一个奴隶主女儿记忆中的故事),《凉山文学》(彝文版)2001 年第 2 期。

ꍏꆈꂼꂰ(Hmotsi Mopyo):《ꑭꃚꌦꁧ》(Xijie hlut sso bbo,新疆游历记),《凉山文学》(彝文版)2002 年第 4 期。

ꇊꀒꌒꇊ(Luoba Salop):《ꈬꉆꉬꁍꄒꀨꄰꑭꌠꈎꏦ》(Gguhxo mukex ngoplu ddiexbur tatxi su kexcha,浅析彝人传统观点的利弊),《民族》(彝文版)2002 年第 3 期。

ꃺꆜ(Vutqie):《ꃆꂾꈎꏦꌠꌦꆀꁔꃆꂾꁁꎴꄅꃆꂵꉻꁜꈬ》(Mupmop kexcha su sinip mupmop bburxddie mupmit hxipmgo,论文学与文学写作),《民族》(彝文版)2003 年第 1 期。

ꑭꌺ(Xiep Yie,夏衍):《ꇍꁧꁧꊰꁱꄉꃅꊰ》(Gopbo bo co bbyx da mu co,包身工),《ꌦꊱꍧꊐꌺꇨꀉꂾꋍꌠꆧꌠꁧꂷ ꉇꄔꄀꑿꅋꁨꁱꂷꉻꂡꇗ》(Sypchuose jjutsso ahmu zip su nuosu bburma hmatddu tepyy Ddopma Bburma Hxepbi sinip Muggep,四川省高级中学彝文课本《语文阅读与练习》)第 9 课,四川民族出版社,2004 年。

凉山彝语的话题及其标记*

一、引　　言

　　凉山彝语(以下简称彝语)有两个话题标记ʝli³³和ʑnɯ³³,彝语语法研究者通常把它们称作"助词"。[①]　近年来有学者也称之为"话题助词"。[②]　在讨论彝语话题标记的时候,不可避免地会涉及语序问题。关于彝语语序的问题,学界也进行过一些讨论,[③]大家的目光都聚集在传统语法的"主语、宾语、谓语"等句子成分的顺序问题上。朱文旭认为:"彝语语序固定,没有主格助词也没有宾格助词,语序担当了较多的语法功能,基本上靠语序来标记施事和受事的句法关系。在凉山彝语中担当谓语成分的动词如果是'动结式'VP结构(即 V代表动词,P代表动词的结果补语),那么彝语原有的语序'主—宾—谓'必须改变为'宾—主—谓'。否则,语义就会发生歧义。"[④]这种观点看到了彝语语序可以改变的事实,但如果继续按照传统语法的"主语"、"宾语"等位置的变化去解释这种现象就不那么容易了。胡素华解释彝语语序改变的现象时提出"移位生成"的概念:"移位生成是指正常语序中话题结构并非位于句首,而话题化后将该成分移位于句首。"[⑤]本文拟暂把"主语"、"宾语"等传统语法概念搁置在一边,采用主位—述位(Theme-Rheme)的概念,对彝语语法进行进一步

＊　本文原载《汉藏语学报》2019 年第 11 期。
① 陈士林、边仕明、李秀清:《彝语简志》,民族出版社,1985 年。陈康、巫达:《彝语语法(诺苏话)》,中央民族大学出版社,1998 年。
② 胡素华:《凉山彝语的话题结构:兼论话题与语序的关系》,《民族语文》2004 年第 3 期。
③ 朱文旭:《彝语句法中的语序问题》,《民族语文》2004 年第 4 期。朱文旭、张静:《彝语被动句式研究》,《语言研究》2004 年第 3 期。小门典夫:《凉山彝语的被动句》,《语言研究》2003 年第 4 期。
④ 朱文旭:《彝语句法中的语序问题》,《民族语文》2004 年第 4 期,第 19 页。
⑤ 胡素华:《凉山彝语的话题结构:兼论话题与语序的关系》,《民族语文》2004 年第 3 期,第 9 页。

的探讨。位于句首位置的成分是主位,主位之后的成分统称为述位。主位可以包括传统语法意义上的"主语",也可以包括"受事者"或"宾语"。这就可以解释为什么彝语的所谓"宾语"可以出现在句首而形成"宾—主—谓"语序的问题。主位的类别有好几种,其中一种叫"话题性主位"(Topical Theme),需要用话题标记ɭli³³和ʑnɯ³³来标记。这就是本文所要讨论的内容。在彝语的亲属语言藏缅语语法研究方面,黄成龙、王术德①提出不再采用传统汉语的"主语"、"宾语"等术语解释蒲溪羌语的句子结构,而是用话题—评述结构(Topic-Comment Constructions)去解释。笔者赞同这种分析方法。笔者没有采用"话题—评述结构"去解释彝语的句子结构,是接受了韩礼德(M. A. K. Halliday)关于"主位—述位"和"话题—评述结构"的区分。韩礼德认为"话题"(Topic)这个术语只涉及"主位"(Theme)的一个特殊内容(也即"话题性主位"),而"主位"这个概念趋向于涵盖两个不同功能的概念,一是"主位"概念,另一个是"已知信息"(Given)②,所以建议用"主位—述位"这对概念。③ 本文采用韩礼德的系统功能语法(Systemic Functional Grammar)当中句子结构的三维概念(Three Dimensions)来界定彝语的话题标记,并探讨话题标记在彝语中的位置、功能与用法。④

二、彝语的主位与话题

为了了解话题及其标记,我们需要了解一个重要概念——主位(Theme)。而要了解主位这个概念,就需要先从句子结构谈起。句子结构实际上指的是具有不同功能的句子成分之间的结构或构造。句子结构可以有三种分法,都是建立在以子句(clause)为分析单位的基础上的。我们在分析彝语句子结构的时候,最为重要的语法分析单位是子句。语法研究的根本入手点首先是切分某段文本(text)当中的子句。⑤ 句子结构的三种分法是:从语用关系

① 黄成龙、王术德:《蒲溪羌语的话题—评述结构》,《语言暨语言学》第 8 卷第 2 期,2007 年。
② "已知信息"(Given)对应于"新信息"(New Information)。
③ Halliday, M. A. K. 1994. *An Introduction to Functional Grammar*. 2nd edition. Edward Arnold, p.38.
④ 文中例句除来自笔者母语之外,还来自《凉山文学》(彝文版)、《民族》(彝文版)等刊物中的彝文文章。作者感谢这些彝文文章的作者们,但由于文献来源众多,出处不再一一注明。
⑤ LaPolla, Randy J. 2007. "Syntax: The Relationship between Meaning and Structure", Lecture handout. Linguistics Program, La Trobe University. Course code: LIN21/31SYN. Semester 1.

(Pragmatic Relations)的角度看,可以把子句看作一个信息(the clause as a message),表示文本关系的功能或意义,分析为主位—述位(Theme-Rheme)结构,这里的主位是一种心理上的主语(psychological Subject);从句法/语法关系(Syntactic/Grammatical Relations)的角度来看,可以把子句视作一种交流手段(exchange),体现句中的人际关系的功能与意义,可以分析为主语、宾语、补语等,这里的主语是语法上的主语(grammatical Subject);从语义关系(Semantic Relations)来看,可以把子句视作一种表达手段(representation),体现句中各个组成部分的经历关系(观念上)的功能与意义,可以分析为行动者、过程、目标等,这里的行动者是逻辑上的主语(logical Subject)。① 这三种分法之间的关系见下面的三个英语句子所示(例句来自 LaPolla 2007):②

(1)　　　　　The queen　　bought　　the king　　a dog.
　　心理主语　主位
　　语法主语　主语
　　逻辑主语　行动者

(2)　　　　　The king　　was bought　　a dog　　by the queen.
　　心理主语　主位
　　语法主语　主语
　　逻辑主语　　　　　　　　　　　　　　　　　行动者

(3)　　　　　That dog　　the queen　　bought　　for the king.
　　心理主语　主位
　　语法主语　　　　　主语
　　逻辑主语　　　　　行动者

彝语的句子结构,也可以采取这三种分析法加以分析,例如以下(4)—

① Halliday, M. A. K. 1994. *An Introduction to Functional Grammar.* 2nd edition. Edward Arnold, p.32.
② LaPolla, Randy J. 2007. "Syntax: The Relationship between Meaning and Structure", Lecture handout. Linguistics Program, La Trobe University. Course code: LIN21/31SYN. Semester 1.

(6)句所示。与上述(1)—(3)的英语例子的分析结果完全相同,两种语言的主位总是出现在句首。因此,在一般情况下,主位可以被界定为在子句中出现在句首的成分。① 不同的是,彝语可以用话题标记来标记句中所需强调的话题性话题:

(4)

ma^{55}mo^{21}	li^{33}	t^{h}ɯ^{21}ʐ^{33}	dzi^{55}	zo^{34}zɯ^{33}	ma^{34}su^{33}	bʅ^{21}	o^{34}
老师	TOP	书	册	学生	那个	给	PERF

心理主语　主位
语法主语　主语
逻辑主语　行动者

"老师给那个学生一本书。"

(5)

t^{h}ɯ^{21}ʐ^{33}	dzi^{55}	li^{33}	ma^{55}mo^{21}	dɛ^{33}	zo^{34}zɯ^{33}	ma^{34}su^{33}bʅ^{21}	o^{34}
书	册	TOP	老师	CAUS	学生	那个　给	PERF

心理主语　主位
语法主语　　　　　　　　主语
逻辑主语　　　　　　　　行动者

"一册书啊,老师给了那个学生。"

(6)

zo^{34}zɯ^{33}	ma^{34}su^{33}	li^{33}	t^{h}ɯ^{21}ʐ^{33}	dzi^{55}	ma^{55}mo^{21}	dɛ^{33}	ko^{33}	bʅ^{34}	o^{34}
学生	那个	TOP	书	册	老师	CAUS	他	给	PERF

心理主语　主位
语法主语　　　　　　　　　　　主语
逻辑主语　　　　　　　　　　　行动者

"那个学生啊,老师给了他一本书。"

---

① Halliday, M. A. K. 1994. *An Introduction to Functional Grammar*. 2nd edition. Edward Arnold, p.38.

应该说明的是，上述彝语句子不用话题标记也是可以的，这个时候与英语的分析结果完全相同。英语的主位没有标记，不过出现在句首的成分均可看作主位。彝语采用话题标记的时候，实际上标记了主位。这种情况跟日语的情况是一样的。在日语里，后置词是用来标记主位（Theme）的，位于は前面的成分都是句子的主位部分。① 因此，我们说彝语的主位兼有英语和日语的两种表述方式：在没有标记的时候，句首成分为主位，跟英语的情况一样；在加上话题标记的时候，话题标记前面为话题性主位，跟日语的情况一样。因此，实际上我们亦可把彝语的话题标记视同于主位标记。

主位表明一个信息的开始，该信息包含了该子句。简单的主位只包括话题性主位，即参与者、环境或过程等。除了话题性主位之外，还有文本主位（Textual Themes）和人际主位（Interpersonal Theme）两种主位形式。本文所讨论的话题是包含在传统语法概念所说的心理主语（主位）里面的，而不是包含在语法主语或逻辑主语里面。以英语为例：②

	主位（Theme）			述位（Rheme）	
	文本	人际	话题		
(7)	But	probably	they	won't come.	"但可能他们不来。"
(8)	Well,	surely	you	don't mean that.	"好，你的确不是那个意思。"
(9)	Then	John,	how	did they get in?	"那么，约翰，他们是怎么进来的？"
(10)	For this reason,	sometimes	I	just don't show up.	"正是这个原因，有时我就是不炫耀。"
(11)	In that case,	to be honest	I	can't support you.	"那种情况，老实说我不能支持你。"
(12)	Despite all that,	please		go to the party.	"不管怎么样，请去参加那个晚会。"

① Halliday, M. A. K. 1994. *An Introduction to Functional Grammar*. 2nd edition. Edward Arnold, p.37.
② LaPolla, Randy J. 2007. "Syntax：The Relationship between Meaning and Structure", Lecture handout. Linguistics Program, La Trobe University. Course code：LIN21/31SYN. Semester 1, p.3.

彝语用Ɉli³³和ʮnɯ³³标记话题性主位。其中，Ɉli³³是普通型话题标记，Ɉnɯ³³是比较性话题标记。例如，"敌人被我们打败了"这句话，可以分别用Ɉli³³和Ɉnɯ³³标记话题性主位：

(13) ᙘ ꀌ   Ɉ   ꇌ   ꄿ   ꇅ   ꄷ。
     bu³³ dʑi³³   li³³   ŋo²¹   ndu²¹   gi⁵⁵   o³⁴
     敌人   TOP   我们   打   败   PERF

(14) ᙘ ꀌ   ʮ   ꇌ   ꄿ   ꇅ   ꄷ。
     bu³³ dʑi³³   nɯ³³   ŋo²¹   ndu²¹   gi⁵⁵   o³⁴
     敌人   TOP   我们   打   败   PERF

这两句话的话题性主位都是ᙘꀌbu³³dʑi³³"敌人"，例(13)采用普通型话题标记Ɉli³³，所谓普通型话题标记，一是指这个标记最为常用，二是因为这个标记不包含比较或对比之意。例(14)采用ʮnɯ³³作为话题标记，不仅表明它前面是话题性主位，还表明这个话题性主位有另一个暗含的对比的对象，句中"敌人"所暗含的对比的对象或许是"友军"，这句话可以包含"敌人被我们打败了，友军被我们营救了"之类的对比含义。本文由于注重句子结构的分析，行文中暂时不专门介绍这两个话题标记的区别。(13)和(14)两句话的结构可标示如下：

(15) ᙘ ꀌ   Ɉ/ʮ   ꇌ   ꄿ   ꇅ   ꄷ。
     bu³³ dʑi³³   li³³/nɯ³³   ŋo²¹   ndu²¹   gi⁵⁵   o³⁴
     敌人   TOP   我们   打   败   PERF
     主位   *主语/行动者*

按照传统语法的解释，位于句首的名词（名词短语）是主语，是动作的发出者。例(13)和(14)反映出位于句首的部分不是动作的发出者，而是受事者。因此，我们应该把位于句首的名词或名词短语看作主位。有话题标记的是话题性主位。主位或话题性主位是动词所表述的涉及内容的中心，其后面的部分均为谓词性成分。谓词性成分以动词、形容词为中心，辅以动词的自动与使动、施事词短语、介词短语、副词短语、体短语、格短语、趋向短语等。当动词为自动词的时候，彝语的句子结构为：话题性主位（受事）+话题标记+名词短语（施事）+谓词中心语（head）（动词自动词）。例如：

(16) ꃆꇤ   ꆹ/ꄉ   ꃆꈎ   ꅐ   ꀽ。
    mu³³ka⁵⁵   li³³/nɯ³³   mu³³ko³⁴   ndu²¹   o³⁴
    木嘎   TOP   木果   打（自动）PERF
    "木嘎被木果打了。"

而当动词为使动词或有施事结构的时候，句子的结构为：话题性主位（施事）+话题标记+名词短语（受事）+谓词中心语（动词使动词）。例如：

(17) ꃆꇤ   ꆹ   ꃆꈎ   ꅐ   ꀽ。
    mu³³ka⁵⁵   li³³   mu³³ko³⁴   ndu³⁴   o³⁴
    木嘎   TOP   木果   打（使动）PERF
    "木嘎打木果了。"

从表面上看，这两个句子的"语序"没有变化。它们之间的差异仅在声调所反映的动词自动式和使动式的区分上。这两个句子再次告诉我们，将出现在句首的名词短语一概分析为"主语"或"施事者"，会引起概念上的混乱。事实上，这两种句子的情况，牵涉到动词的论元（arguments）的语义角色（semantic role）。在观察彝语动词的论元结构和语义角色的时候，首先必须考虑动词的自动词或使动词属性。如果有使动结构，则表示该动词具有使动属性。例如，例(16)中，动词ꅐndu²¹"打"是一个自动词，它的论元有两个——ꃆꇤmu³³ka⁵⁵"木嘎"和ꃆꈎmu³³ko³⁴"木果"，其中，靠近自动动词的论元的语义角色是"施事者"，远离自动动词的论元的语义角色是"受事者"。反之，在例(17)中，因为动词是使动词，因此靠近它的论元的语义角色是受事者，远离它的论元的语义角色是施事者。

因此，在彝语中，区分动词的自动与使动极为重要。正因为这样，彝语中有相当一部分动词自身区分了自动与使动。彝语动词区分自动和使动的方式有以下三种：

（一）通过声母的清浊对立表达动词的自动与使动，其中浊音声母者为自动词，清音声母者为使动词，如：

(18)　自动词　　　　　　　　　　使动词

　　　ꐪ dʐɯ³³　　吃　　　　　ꌦ tʂa³³　　吃、喂

　　　ꌧ dʑɔ³³　　垮　　　　　ꄑ tɕʰɔ³³　　垮

（二）通过声调的 21 和 34 变调交替表达，其中原调 21 调为自动词，变调 34 调为使动词，如：

(19)　自动词　　　　　　　　　　使动词

　　　ꄷ ndu²¹　　打　　　　　ꄸ ndu³⁴　　使打

　　　ꀘ pɻ²¹　　背　　　　　ꀙ pɻ³⁴　　使背

　　　ꉬ hɯ²¹　　看　　　　　ꉭ hɯ³⁴　　使看

（三）用使动结构表示动词的使动，其构成方式有三：

A. 话题性主位+话题标记+ꄷdɛ³³+受事名词短语+使动词。例如：

(20)　ꉠ　　　　　ꆹ　　　　ꍩ　　　　ꄷ　　　　ꀋꌦ　　　　ꌦ。

　　　ŋa³³　　　li³³　　　dʐa³³　　dɛ³³　　a³⁴zi³³　　tʂa³³

　　　我　　　TOP　　　饭　　　使　　　小孩　　　吃

　　　"我使(喂)小孩吃饭。"

B. 话题性主位+话题标记+ꀋbɻ³⁴+受事名词短语+自动词+ꌠsu³³。例如：

(21)　ꉠ　　　　　ꆹ　　　ꀋꌦꀋ　　　　ꍩ　　　ꐪꌠ。

　　　ŋa³³　　　li³³　　a³⁴zi³³bɻ³⁴　　dʐa³⁴　　dʐɯ³³su³³

　　　我　　　TOP　　小孩 BEN　　　饭　　　吃 CAUS

　　　"我让小孩吃饭。"

C. 使用施事标志ʧkɯ²¹

ʧkɯ²¹不是一个被动标志，而是一个施事标志，它的位置在名词短语和动词短语之间，表示后面的动词短语的动作是该名词短语所发出来的。句首出现的名词短语话题，不管有没有话题标志，均为受事者。例如（22）和（23）是一样的意思：

(22)
mu³³ka⁵⁵	li³³	mu³³ko³⁴kɯ²¹	ndu²¹	o³⁴
木嘎	TOP	木果 AGT	打	PERF

"木嘎被木果打了。"

(23)
mu³³ka⁵⁵	mu³³ko³⁴kɯ²¹	ndu²¹	o³⁴
木嘎	木果 AGT	打	PERF

"木嘎被木果打了。"

ʧkɯ²¹不能出现在句首话题之后，所以，我们说它不是一个被动式标志。例如以下这句话是不成立的：

(24) *
mu³³ka⁵⁵kɯ²¹	li³³	mu³³ko³⁴	ndu²¹	o³⁴
木嘎 AGT	TOP	木果	打	PERF

"木果被木嘎打了。"

综上所述，彝语的句子结构是"主位—述位"型的结构，动词中心语的论元的语义角色是跟动词本身的自动与使动保持一致关系的（agreement）。当动词是自动词的时候，位于主位的名词短语的语义角色是受事者；而当动词是使动词的时候，位于主位的名词短语的语义角色是施事者。但是，在不区分自动和使动的动词中心语句子中，出现在句首的名词短语的语义角色往往是施事者，而不会是受事者。其结构为：话题性主位+TOP（+ADVP）+NP+

VP。例如：

（25）ꂷ ꆀ ꂾ ꈿ。
mu³³ka⁵⁵   li³³   mu³³ko³⁴   ku³³ndʐɔ³³
木嘎   TOP   木果   喊 ACT
"木嘎正喊着木果。"

（26）ꂷ ꆀ ꀉꆿꂷ ꂾ ꈿ。
mu³³ka⁵⁵   li³³   a²¹nɯ³³mu³³   mu³³ko³⁴   ku³³ndʐɔ³³
木嘎   TOP   不停 ADV   木果   喊 ACT
"木嘎正不停地喊着木果。"

彝语动词绝大多数是不通过自身的语音变化来区分自动和使动的，所以，这种情况给人的错误印象是彝语的语序是以"主语—宾语—谓语动词"为主，"宾语—主语—谓语动词"是其变体。

三、短语结构的话题标记

彝语的短语可简单分为名词短语（NP）、动词短语（VP）、副词短语（ADVP）、后置词短语（PP）等几大类。如果不是特殊的语法分析的需要，我们可以将名词、代词、量词等词类构成的短语归入名词短语里面，动词、形容词等词类构成的短语归入动词短语里面。这些短语都有机会成为话题性主位，被话题标记所标明。以下这句话已经包含了 NP、ADVP、PP 和 VP 几个短语：

	NP	ADVP	PP		VP
（27）	[mu³³ka⁵⁵]	[zɿ³⁴mu³³]	[zo³⁴dɯ³³	ko³⁴]	[bo³³a²¹tɕʰi³³]
	木嘎	早 ADV	学校	POST（里）	去 NEG 想

"木嘎不想早点去学校里。"

　　句首名词短语ꂷꈞmu³³ka⁵⁵"木嘎"可以成为话题性主位，并被话题标记所标明，如：

NP

(28) ꂷꈞ 　　ꇖ 　┃ ꊂꂷ 　　ꇐꄂ 　　ꈨ 　　ꀊꏂꀽ。

　　 [mu³³ka⁵⁵] li³³ ┃ zʅ³⁴mu³³ zo³⁴dɯ³³ ko³⁴ bo³³a²¹tɕʰi³³

　　 木嘎 　　TOP ┃ 早 ADV 　学校 　POST 去 NEG 想

　　 主位 　　　　┃ 述位

　　"木嘎啊，不想早点去学校里。"

　　副词短语ꊂꂷzʅ³⁴mu³³"早早地"也可以成为话题性主位，并用话题标记标明，如：

　　　　　　　ADVP

(29) ꂷꈞ 　ꊂꂷ 　　ꇖ ┃ ꇐꄂ 　　ꈨ 　　ꀊꏂꀽ。

　 mu³³ka⁵⁵ [zʅ³⁴mu³³] li³³ ┃ zo³⁴dɯ³³ ko³⁴ bo³³a²¹tɕʰi³³

　 木嘎 　早 ADV 　TOP ┃ 学校 　POST 去 NEG 想

　 主位 　　　　　　　┃ 述位

　　后置词短语ꇐꄂꈨzo³⁴dɯ³³ko³⁴"学校里"也可以成为话题性主位，并用话题标记标明，如：

　　　　　　　　　PP

(30) ꂷꈞ 　ꊂꂷ 　ꇐꄂ 　　ꈨ 　　ꇖ ┃ ꀊꏂꀽ。

　 mu³³ka⁵⁵ zʅ³⁴mu³³ [zo³⁴dɯ³³ ko³⁴] li³³ ┃ bo³³a²¹tɕʰi³³

　 木嘎 　早 ADV 学校 　　POST 　TOP ┃ 去 NEG 想

　 主位 　　　　　　　　　　　　　　┃ 述位

　　动词短语ꀊꏂꀽbo³³a²¹tɕʰi³³"不想去"也可以成为话题性主位，并用话题标记标明，如：

VP

(31)

mu³³ka⁵⁵	z̩³⁴mu³³	zo³⁴dɯ³³	ko³⁴	[bo³³a²¹tɕʰi³³]	li³³	bo³³a²¹tɕʰi³³。
木嘎	早 ADV	学校	POST	去 NEG 想	TOP	去 NEG 想
主位						述位

也可以将动词坒bo³³作为话题性主位,并用话题标记标明,如:

V

(32)

mu³³ka⁵⁵	z̩³⁴mu³³	zo³⁴dɯ³³	ko³⁴	[bo³³]	li³³	bo³³a²¹tɕʰi³³。
木嘎	早 ADV	学校	POST	去	TOP	去 NEG 想
主位						述位

也就是说,在彝语里面,名词短语、动词短语、副词短语和后置词短语等几大类短语形式都可以成为话题性主位。胡素华认为:"名词性结构(包括代词和名量结构)、动词性结构、形容词性结构可以充当话题结构,副词、虚词不能充当话题,量词单独使用不能充当话题。"[1]本文认为副词短语包括带有副词标记ʰmu³³的各种副词,是可以作话题性主位的,如例(29)。彝语的量词短语也可以作话题性主位。彝语的量词可以单独与名词一起构成量词短语,[2]并充当话题性主位,详见下文例(38)和(39)。以下分别再举数例描述如下:

名词及名词短语作话题性主位是彝语中最为常见的句型。话题标记出现在名词或名词短语的后面,将它标记为话题性主位,如:

(33)

a³⁴mo³³	nɯ³³	kʰɯ³³ndʑi³³ha³³ndʑi³³	lo⁵⁵tsʰɿ³³	n̩i³³	ndʑi³³	çi²¹	ma³³。
妈妈	TOP	心直口快	下手	也	快	这样的	CL

---

① 胡素华:《凉山彝语的话题结构:兼论话题与语序的关系》,《民族语文》2004 年第 3 期,第 9 页。
② 参见顾阳、巫达《从景颇语和彝语的量词看名词短语的指涉特征》,李锦芳、胡素华编《汉藏语系量词研究——庆祝戴庆厦先生从事民族语文教学研究五十周年座谈会》,中央民族大学出版社,2005 年。

"妈妈是一个心直口快动手也快的人。"

(34) 㞍㞧，　　　㞠　　　㞡　　　㞢　　　㞣　　　㞤　　　㞥　　　㞦，
t^hi⁵⁵ta³³　　ts^ho³⁴　　li³³　　dʑo³⁴　　duɯ³³　　ɲi³⁴　　duɯ³³　　çi³³
于是　　　　人　　　TOP　　活　　　边　　　坐　　　边　　　到

㞨　　　㞡　　　㞢　　　㞣　　　㞧　　　㞤　　　㞦。
lo⁵⁵lu³³　　li³³　　dʑo³⁴　　duɯ³³　　ʂa³⁴　　duɯ³³　　çi³³
财产　　　TOP　　活　　　边　　　穷　　　边　　　到
"于是，人呢越过越闲，财产呢越过越穷。"

名物化结构作话题性主位的情况是很常见的，如：

(35) 㞩㞪　　　㞫　　　㞬㞭　　　㞮㞯　　　㞰，
ts^hi³³du³³　　nɯ³³　　ʂo²¹mo²¹　　a⁵⁵mo²¹　　ts^hi³³
下(就)NOM　　TOP　　炒面　　　　粉末　　　下(就)

㞱　　　㞯　　　㞲㞳　　　㞰。
zu²¹　　a⁵⁵mo²¹　　ɬu³³ta³³su³³　　ts^hi³³
大麦　　粉末　　　炒 STA NOM　　下(就)
"下(就)的啊，用炒面下，用炒的大麦面下。"①

(36) 㞴　　㞵㞶㞷　　　㞸㞹㞺　　　㞻　　　㞼㞽
t^hi⁵⁵　　ɲi²¹mo²¹ɲi²¹　　ɣɯ³³ʐ̩³³su³³　　nɯ³³　　a³⁴mo³³
但是　　平时　　　　大多数 NOM　　TOP　　母亲

---

① 炒面：将燕麦、大麦、玉米等炒熟，磨成面即成"炒面"。食用的时候把炒面放入碗中，加入水搅拌即可。炒面是彝人出门常备的"干粮"。例如，古时战士出征，只要背上一小袋炒面，带上一个轻便的牛皮碗，就可以食用几天。

ꂷ ꌠ ꌋ ꇉ ꄮ ꉜ ꌠ ꐚꂷ。

ma³³su³³ si²¹ po²¹ ta³³ hi²¹ sa⁵⁵ çi³³mu³³

个 NOM 拿 首位 放置 说 完 总是

"但平时大多数人呢，总是把母亲放在首位来谈论。"①

(37) ꌠꊪ ꀋꑸꈐ ꃤ ꃪꊈꑖ ꇑꊈꑖ ꀉꇁꌠ

su³³zo²¹ a²¹ɣɯ²¹ko³³ nɯ³³ vo⁵⁵tsʰ̩³³ lɯ³³tsʰ̩³³ a³⁴li³³su³³

酥油 不得到 NOM（时）TOP 猪油 牛油 陈旧 NOM（的）

ꌋ ꂾꑌ ꄖ ꈐꉼꄮ ꅝꑌꄮ ꅝꈐ ꍣ。

si²¹ mu²¹ŋ̩³³ ti²¹ ko³⁴hɔ³³ta³³ ndʐ̩³³ta³³ ndo³³ko³³ dʐo³³

INST 麻籽 舂 倾向搅拌 STA 捅 STA 喝 NOM（时）有

"没有酥油的话，有时候也用陈猪油、陈牛油加入舂细的麻籽搅拌在一起捅着喝。"②

量词短语作话题性主位，如：

(38)《ꂷꃅ》 ꦀ ꐩ ꆹ ꄮꃆꌠ ꄠꊲ

ṃa⁵⁵mu³³ tsʰ̩³⁴ dʑi⁵⁵ li³³ nɔ³³su³³ tʰɯ²¹ʐ̩³³

《教经》 这 部 TOP 彝族 书

ꐚꆹ ꈐꌠ ꈐ ꂷꅝ ꐩ ꑌ。

ʂ̩³³po²¹ gɯ³⁴su³³ ko³³ mi̠³³ndi⁵⁵ dʑi⁵⁵ ŋɯ³³

经典 CL NOM POST 著名 部 是

"这部《教经》呢，是彝族典籍里面著名的一部经典。"

---

① 彝语的"量词+名物化标记+ꌠsu³³"的形式ꂷma³³su³³有定指的含义（陈士林1989；戴庆厦、胡素华2002；刘鸿勇、巫达2005）。

② 四川凉山的木里、盐源等县靠近藏区的彝族人，也喜好喝酥油茶。酥油茶是把酥油放入酥油桶里"捅"出来的，一般称为"打酥油茶"。这里彝语的动词用了"捅"，故译为"捅"。

（39）ᖈᕈ   ꉙ   ꆏ   ꃀ   ꂷ   ꆏ   ꃀ

p^ha⁵⁵mo²¹   tsʰʅ³⁴   ɲi²¹   ma³³   nɯ³³   tsʰʅ²¹   ma³³

父母   这   二   CL   TOP   一   CL

ε⁵⁵a²¹tsʅ³³   tsʰʅ²¹   ma³³   a³³a²¹ʐʅ³³   a³⁴ta³³a³⁴mo³³   tɛ³³tɛ³³ʑʅ²¹   tʰa⁵⁵ɕi³³

小 NEG 小   一   CL   大 NEG 大   父亲母亲   一样大   应该

"父母这两个啊，一个不小，一个不大，父母两个应该一样大。"①

（40）ꋬ   ꀒꍣ   ꋦ   ꆹ   ꆿꌠ   ꉬ。

tsʰi³³   o²¹dʐo³³   ta³³   li³³   la³³su³³   ŋɯ³³

他   西昌   POST   TOP   来 NOM   是

"他是从西昌来的。"

也就是说，只要出现介词短语，介词短语与动词短语就构成谓词性成分，而前面为话题性主位。

由两个或两个以上的子句构成的复杂句，称为复合句。彝语的复合句的判断方式之一是句中出现两个或两个以上的动词或动词短语。复杂句中有多少个动词或动词短语就有多少个子句。判断彝语复合句的方法之二是句中出现两个或两个以上的话题标记即为复合句。有多少个话题标记就至少有多少个子句，因为有些复合句的子句不一定是话题性主位，不必标明话题标记。以下是一些复杂句的话题标记的例句：

（41）《ꂷꃅ》、《ꑿꊉ》 ꆀ   ꆀ ꌦ   ꏃ ꁉ   ꄮ ꐪ   ꀋ ꉌ   ꋓ ꑭ   ꋏ

m̩a⁵⁵mu³³   ɲɯ³³yo³³   si³³ni²¹   no³³su³³   ʂʅ³³po²¹   tʰɯ²¹ʐʅ³³   a³⁴pʰa³³   tsʅ²¹ɕi³⁴   tsʰʅ²¹

《教经》《勒俄》 和   彝族 典籍 书   其他   这   如此 这

---

① 否定词 a²¹ 在否定双音节词或多音节词的时候采取中缀形式：双音节如 ε⁵⁵ʐʅtsʅ³³ "小"—ε⁵⁵a²¹tsʅ³³ "不小"、a³³ʐʅ³³ "大"—a³³a²¹ʐʅ³³ "不大"，多音节如 ma³³ li³⁴ pu³³ "圆"—ma³³a²¹li³⁴pu³³ "不圆"（见陈康、巫达 1998）。

ʑɛ^{55} ɕi^{21} li^{33} o^{33}ndʑi^{55}mu^{33} ko^{33} kʰa^{34}di^{33} bu̠^{33}ta^{33}lo^{34}su^{33} li^{33} tsɿ^{55}a^{21}tɛ^{33}

样 如此 TOP 一般 ADV POST 谁 写 STA ACH NOM TOP 清 NEG 楚

“《教经》、《勒俄》以及类似的彝族典籍书，一般来讲是谁写的啊，都不清楚了。”

(42) su^{55} mu^{33}di^{34} ta^{33} la^{33}su^{33} ɕi^{21} li^{33} mɛ^{21} kʰɯ^{21}ȵi^{34}kʰu̠^{33}su^{33} ko^{33}

别 地方 POST 来 NOM 这样的 TOP 先 几年 NOM 时

nɯ^{33} ɣɯ^{33} mu^{33} ka^{33}ta^{33} sɿ^{55} mu^{33} m̥i^{34}dɯ^{33} tʂa^{33} ɣɯ^{21} da^{21}

TOP 力气 都 尽 STA 事 做 名声 CL 得到 或

m̥i^{33}so^{55} tʂa^{33} dʑo^{33} ko^{33} nɯ^{33} tsʰɿ^{33} pu̠^{33} tʰi^{55} ŋga^{33} bo^{33} o^{34}

名气 CL 有 时 TOP 他 转 这里 通过 去 PERF

“别处来的人呢，头几年会努力去做事，等有了一点名声和名气之后，转身就离开了。”

(43) tsʰɿ^{21} ȵi^{21} tsʰɿ^{34} ȵi^{21} nɯ^{33} la^{55}tɕɔ^{33} tsʰɿ^{34} ma^{33}

一 日 一 日 TOP 茶叶 这 个

tɕo^{55} ndo^{33} gu^{21}dʑu^{34} nɯ^{33} dza^{34} dzɯ^{33} a^{21}tɕʰi^{33}o^{34}

煮 喝 之后 TOP 饭 吃 NEG 想 PERF

“有时候啊，喝了这个茶之后啊，就不想吃饭了。”

(44) ꆏꊱ ꂷꈤꄯ ꌦ ꃀ ꆹ ꄮꇵꋠ ꊭ ꆀ ꋹ
a²¹hɛ⁵⁵ pʰu³³a²¹tʰi²¹ sɿ³³ mo³⁴ li³³ tʰɯ²¹zɿ³³ tsʰɿ³⁴ ȵi²¹ dʐi⁵⁵
从前 解NEG放 还 以前 TOP 书 这 两 部

ꆹ ꇬ ꌋ ꐔꈴꄉꌠ ꀊꄂ ꍝ ꐔꐩ ꌋ
li³³ lo⁵⁵ si³⁴ tɕʰɿ⁵⁵bu̠³³ta³³su³³ a³⁴ti³³ dʑo³³ tɕɿ³³tɕʰɿ²¹ si³⁴
TOP 手 INST 抄写STA NOM 只 有 机器 INST

ꄜꈴꄉꌠ ꆀ ꀊꐩ。
tʂɯ⁵⁵bu̠³³ta³³su³³ nɯ³³ a²¹dʑo³³
印写STA NOM TOP NEG有
"在解放以前呢，这两本书啊，只用手抄的手抄本，用机器印的呢是没有的。"

(45) ꂿꇉ ꆀ ꑗꋦꋠꄉ ꉢ ꀉ ꉇ ꄮ， ꆀ
mɛ²¹lɛ³³ nɯ³³ ȵo³³zi³³zi³³ta³³ ŋa³³ pu³³ hi³³ tu³³ ya³⁴ nɯ³³
起先 TOP 眼睁睁STA 我 转 回 顶 后面 TOP

ꉢ ꒀꌠ ꉢ ꌧꇉ ꋊ ꆀ ꊿ ꀊꄻ ꆏ ꄷ
ŋa³³ ndi⁵⁵su³³ ŋa³³ sɿ²¹lo³⁴ tsʰɿ³³hi³³ nɯ³³ tsʰo³³ a²¹ndu²¹ o³⁴ di³⁴
我 错NOM 我 懂ACH 今后 TOP 人 NEG打(架) PERF 云(转述)

ꈎꄘꇰ ꑼꆀ ꉘ ꐆ ꍳ ꀊꄹ。
kʰɯ³³tsʰi³³ko³³ zi³⁴ni²¹ ŋa⁵⁵ tɕo²¹ tsʰɿ²¹ zɛ⁵⁵ a²¹di²¹
认输NOM 才 我 向 一 样 NEG说
"开始的时候，我眼睁睁地抵赖，后来呢，我认识到我的错，于是说今后不再打人了之后，(父亲)才不再向我说什么。"

(46) ꉙ �ꒀ ꆀ ꄉ ꄷ ꉢ ꐆ ꐽꇿ
ŋo²¹ hɛ³³dʑu̠³³ko³³ nɯ³³ tʂɿ³³ di³⁴ tsʰɿ³³ ndu²¹ tɕʰɛ²¹pʰo⁵⁵
我们 顽皮NOM TOP 啪 云(转述) 她 打 臀部

ꀕ ꈠ ꆈ ꈠ，ꈌ ꄦ ꄹ ꆈ ꄹ ꃀ。

ko³³	tsʰu̱³⁴	nɯ³³	tsʰu̱³⁴	kɯ²¹tɯ²¹	ti⁵⁵		nɯ³³	ti⁵⁵	mu³³
POST	打着	TOP	打着	背	（使长）有		TOP	（使长）有	做

"我们调皮的时候，要么会被'啪'地打在屁股上，要么打在背上。"

彝语复合句里面可以出现两个或两个以上的话题标记，体现了构成复合句的子句均有可能包含话题性主位的可能性。构成句子的子句之间的关系主要有并列和修饰两种关系。其中修饰关系表示一个子句修饰另一个子句，往往只会出现一个话题性主位。而并列关系的子句因为各自独立，地位相互平等，所以有机会各自出现一个话题性主位，并用话题标记来标记。上面的例（39）—（44）均为子句是并列关系的复合句。

四、结　语

话题及其标记是语言学界近年来较为热门的一个讨论题目。彝语的话题，虽然也有文章进行讨论，但由于所持语法概念的局限，较难解释话题的功能和意义问题，特别是不能解释话题与语序的关系问题。比如，彝语的某些语序的变化到底是不是因为话题化引起的语序变动？以"主语"、"宾语"、"谓语"等传统语法概念来分析彝语句子结构的学者，在面临彝语可以出现 SOV和 OSV 两种语序的时候，一种处理方法是视而不见，只强调彝语是 SOV 型语言，避免讨论 OSV 语序问题；[1]另一种较为积极的处理方式是采用话题及话题化概念来解释"宾语"前置的问题，坚持 SOV 语序是彝语的基本语序，从而将OSV 语序当作一种变体形式。[2] 本文搁置传统语法概念"主语"、"宾语"，引入"主位—述位"概念，并以子句作为句子结构的分析单位。彝语位于句首的话题性主位需要用话题标记ꒉli³³和ꆬnɯ³³来标记。这样的分析，不仅可以解决位于句首的主位的语义角色既可以是"施事者"又可以是"受事者"，也解释了传统语法所争论不休的 OSV 语序问题。笔者认为彝语所谓 SOV 语序和 OSV 语

---

① 陈士林、边仕明、李秀清：《彝语简志》，民族出版社，1985 年。陈康、巫达：《彝语语法（诺苏话）》，中央民族大学出版社，1998 年。

② 胡素华：《凉山彝语的话题结构：兼论话题与语序的关系》，《民族语文》2004 年第 3 期。

序都是说话者的自然表述,并没有所谓基本"语序"和变体"语序"之分。而且,本文从技术上提出用动词本身的属性来判断句首话题性主位的语义角色,其中区分自动词和使动词的动词,存在语义角色变化的可能性:当动词中心语是自动词的时候,句首话题性主位的语义角色是"受事者",表现为 OSV 语序;而当动词中心语为使动词的时候,句首话题性主位的语义角色是"施事者",表现为 SOV 语序;如果动词本身没有自动词和使动词的区分,句首话题性主位是"施事者",呈 SOV 语序。

参 考 文 献

陈康、巫达:《彝语语法(诺苏话)》,中央民族大学出版社,1998 年。

陈士林:《凉山彝语的泛指和特指》,《民族语文》1989 年第 2 期。

陈士林、边仕明、李秀清:《彝语简志》,民族出版社,1985 年。

戴庆夏、胡素华:《凉山彝语结构助词 su³³》,石锋、潘悟云编《中国语言学的新拓展——庆祝王士元教授六十五岁华诞》,香港城市大学出版社,2002 年。

顾阳、巫达:《从景颇语和彝语的量词看名词短语的指涉特征》,李锦芳、胡素华编《汉藏语系量词研究——庆祝戴庆厦先生从事民族语文教学研究五十周年座谈会》,中央民族大学出版社,2005 年。

胡素华:《凉山彝语的话题结构:兼论话题与语序的关系》,《民族语文》2004 年第 3 期。

黄成龙、王术德:《蒲溪羌语的话题—评述结构》,《语言暨语言学》第 8 卷第 2 期,2007 年。

刘鸿勇、巫达:《论凉山彝语的"名+(数)+量+ su³³"结构》,李锦芳、胡素华编《汉藏语系量词研究》,中央民族大学出版社,2005 年。

巫达:《凉山彝语动词的种类及其标记》,《民族语文》2009 年第 2 期。

小门典夫:《凉山彝语的被动句》,《语言研究》2003 年第 4 期。

朱文旭:《彝语句法中的语序问题》,《民族语文》2004 年第 4 期。

朱文旭、张静:《彝语被动句式研究》,《语言研究》2004 年第 3 期。

Halliday, M. A. K. 1994. *An Introduction to Functional Grammar*. 2nd edition. Edward Arnold.

LaPolla, Randy J. 2007. "Syntax: The Relationship between Meaning and Structure", Lecture handout. Linguistics Program, La Trobe University. Course code: LIN21/31SYN. Semester 1.

LaPolla, Randy J. and Chenglong Huang. 2003. *A Grammar of Qiang: With Annotated Texts and Glossary*. Mouton de Gruyter.

凉山彝语的重叠研究

一、引　言

　　本文所说的"重叠"是指那些音节在重叠之前可以单独成词或可以知道是词根的重叠现象。相同的音节"重叠"在一起,而拆开之后不能单独成词或看不出是词根的词,我们视作单纯词,不在本文的讨论范围内。凉山彝语善用重叠,其形式相当丰富,使用非常普遍。例如以下这段赞美房子的诗歌里,几乎每句都用了一个重叠形式,使句子显得生动活泼:

(1) ꃅ ꅉ ꆹꀒꀒ,　　　ꃅ ꈌ ꐎꊪꊪ　　ꄼꈐꆈ,

vo³³ dʑi²¹ **nɔ³³pʰu³³pʰu³³** vo³³ kʰo²¹ **tɕʰu³⁴tsɿ³³tsɿ³³** tʰɯ³³ko³³ nɯ³³

雪　下　大雪飘飘　　　雪　积　白皑皑　　　的时候　你

ꆿ ꄠ ꄂ ꆃ,　　ꆃꁩꀋꉼ ꆀ　　　ꆈ ꄠꋇ ꊖꄉꄉ,

la³³ tʰi⁵⁵ ta³³ lo²¹ li²¹zi³³a³³ho³³ n̩i²¹　　nɯ³³ tʰa⁵⁵ɭ²¹ **tsʰa³⁴ʈɔ³³ʈɔ³³**

来　这里 在　阻隔　孩子们　　　　白天 TOP 仍然　　热乎乎

ꋒ ꑌ ꄠꋇ ꑴ ꃅ ꌧꇈꇈ。

si³⁴ ȵi³³ tʰa⁵⁵ɭ²¹ i⁵⁵ mu³³ **su³³l̩³³l̩³³**

夜晚 也 仍然　睡　得　香沉沉

"在大雪飘飘之际,在积雪皑皑之时,是你(指房子)阻隔了寒冷,让孩子们在白天保持热乎乎的温暖,夜晚睡上香沉沉的美觉。"

　　在一些文学作品中,经常使用排比的重叠形式,通常是在句子末尾使用重叠,形成每一句或绝大多数句子里面有重叠形式的排比格局。这是彝语中最为常见的一种修辞手法,常用于诗歌、散文、抒情语句里面。例如:

(2) ꊪꌠ &ꏢꇉ, ꃚꃚ ꁏꇉꇉ, ꇤꂾ ꊽꄻꄻ, ꑌꀱ

dʑu³³tsʰɿ⁵⁵ ʂɿ³⁴lɔ³³lɔ³³ bu̠³³bu̠³³ bɔ²¹lɔ²¹lɔ²¹ ga²¹mo²¹ tɕʰu³⁴tsi³³tsi³³ ɕɿ³³bi³⁴
历史   金灿灿   文化   亮堂堂   道路   白生生   脚步

ꆿꇍꇍ ꌠ ꇖ ꉙ ꊪꄻꄻ ꑌꄯ ꃅ ꆿꑌ ꊪꌠ ꃅ。

la²¹gu⁵⁵gu⁵⁵ su³³ li³³ ŋo²¹ nɔ³³su³³ tsʰɿ³⁴ bu²¹ dʑu³³tsʰɿ⁵⁵ ŋɯ³³
弯曲曲   NOM   TOP   我们 彝族   这   家   历史   是

"光辉的历史、灿烂的文化、艰辛而曲折的道路,是我们彝族历史的写照。"

彝语的重叠有用作句法功能的,有用作词法功能的,更多的形式是用作修辞功能。句法作用最典型的是以重叠作为疑问标记,即动词、形容词的重叠表示疑问。其次是构词形式,即以重叠来构成词。还有许多词,通过完全重叠或部分重叠表示某些修辞作用,比如某些状态形容词或颜色词的重叠表示程度加深或减弱。本文分别介绍相关内容,并配以相关例句,目的除了深度描述彝语的重叠形式之外,也为相关研究领域的语言学者进行类型学和句法研究提供参考。

二、重叠用作句法功能

(一) 动词重叠表示疑问

彝语的动词重叠主要是指词根重叠、单音节动词完全重叠、双音节或多音节重叠最后一个音节。重叠的时候,会有变调现象:当高平调 55 调的单音节动词重叠的时候,后一个音节变为中平调 33 调;当中平调 33 调的单音节动词重叠的时候,前一个音节变为次高调 34 调;当低降调 21 调的单音节动词重叠的时候,后一个音节变为中平调 33 调。双音节和多音节动词重叠最后一个音节,其变调规律是最后一个音节与单音节变化相同。[①] 关于彝语变调的产生机制,目前尚无

---

① 陈康、巫达:《彝语语法(诺苏话)》,中央民族大学出版社,1998 年,第 140—141 页。

定论,需要另外专门研究,另文介绍。以下分别举几类动词的单音节重叠形式。

1. 系动词重叠

彝语的系动词为ꒌŋɯ³³"是"。在表达疑问的时候,要完全重叠系动词,其中第一个音节变调为 34 调。例如:

(3)

mu³³ka⁵⁵	ma⁵⁵mo²¹	ma³³	**ŋɯ³⁴**	**ŋɯ³³**
木嘎	老师	CL	是	是

"木嘎是不是一个老师?"

2. 存在动词重叠

彝语有多个不同的存在动词,详见 Walters and Ndaxit 2006,[①]其中最常用的是ꒌdʑo³³"有"。在表示疑问的时候,完全重叠该音节,同时第一个音节变调为 34 调。例如:

(4)

tshɿ³³	ko³⁴	**dʑo³⁴**	**dʑo³³**	sɿ³³	ɲi³³	a²¹dʑi³³
他	某处	在	在	还	也	NEG 知道

"不知道他还在不在(某处)?"

3. 行为动词重叠

单音节行为动词表示疑问的时候,完全重叠,第一个音节变调为 34 调。例如:

(5)

nɯ³³	ʑi³³	ka³³	**ndo³⁴**	**ndo³³**
你	烟	支	抽	抽

"你抽不抽支烟?"

[①] Walters, Susan and Ndaxit Atqi. 2006. "Existential Clauses in Nosu Yi Texts", *Linguistics of the Tibeto-Burman Area*, 29.1, pp.127－148.

4. 助动词重叠

在动词、助动词同时出现的时候，如果需要表达疑问，须重叠助动词而不是重叠动词，重叠及其变调规律同上。例如：

(6) 𖼐　　𖽄　　𖼊　　𖽙　　𖽆？

nuɯ^{33}　z̩i^{33}　ka^{33}　ndo^{33}　tɕʰi^{34}　tɕʰi^{33}

你　　烟　　支　　抽　　想　　想

"你想不想抽支烟？"

（二）形容词重叠表示疑问

跟单音节动词一样，单音节形容词的重叠也表示疑问，其重叠及变调规律同上文单音节动词的变调情况。

1. 单音节形容词重叠

(7) 𖽆　　𖼁𖼙　　𖼌　　𖼌？

ni^{55}　　ko^{21}po^{21}　　va^{55}　va^{33}

你的　　身体　　好　　好

"你的身体好吗？"

2. 双音节形容词重叠

双音节形容词重叠最后一个音节表示疑问。例如：

(8) 𖼐　　𖽖　　𖽄　　𖽄？

ŋa^{55}　kʰa^{33}ŋɔ^{33}　a^{33}ni^{34}　ni^{33}

我的　　脸　　红　　红

"我的脸红吗？"

3. 多音节形容词重叠

多音节形容词重叠最后一个音节表示疑问。例如：

(9) ♪ ꋖꀀ ꒿꒾ ꒿?

ts^{h}ʅ^{21} k^{h}a^{33}n̥ɔ^{33} ma^{33}li^{34}pu^{34} pu^{33}

她的 脸 圆 圆

"她的脸圆吗?"

动词、形容词重叠表达疑问之后不能再被否定。例如以下两个句子是不成立的:

(10) * ꋚ ꀋ ꓗ ꒿?

ts^{h}ʅ^{33} a^{21} a^{33}m̥u^{34} m̥u^{33}

他 NEG 高 高

"他不高吗?"

(11) * ꋚ ꓗ ꀋ ꒿?

ts^{h}ʅ^{33} a^{33}m̥u^{34} a^{21} m̥u^{33}

他 高 NEG 高

"他不高吗?"

这种情况只能是先否定形容词或动词,然后再在句尾加表示疑问的语气标记ꄉda^{21}。例如:

(12) ꋚ ꓗꓗ꒿ ꄉ?

ts^{h}ʅ^{33} a^{33}a^{21}m̥u^{34} da^{21}

他 高 NEG 高 吗

"他不高吗?"

(三) 名词重叠表示反身

在彝语里,名词重叠也有其独特的语法特征。特别是能够发出动作的动物名词,或有行为能力的名词,当它重叠的时候,表示它自己本身的反身。汉语用"自己"一词加在名词后面表示这个含义,彝语则仅仅需要将该名词重叠一下就能表达这个意思。例如：

(13) ꄲ ꊭ³³ ꀧ ꃶꇤ ꃶꇤ ꀧ ꌦ。

t^hɯ²¹ʐɿ³³ tsʰɿ³³ bu̠⁵⁵ **mu³³ka⁵⁵** **mu³³ka⁵⁵** bu̠³³ su³³

信　　　　这　　封　　木嘎　　　木嘎　　　写　　NOM

"这封信是木嘎自己写的。"

(14) ꃴꊐ ꃴ ꃴ ꃐ ꆹꇤ ꀉ。

vo⁵⁵d͡za³³ **vo⁵⁵** **vo⁵⁵** nd͡ʐu³³ lɛ⁵⁵ka³³ o³⁴

猪食　　　猪　　猪　　踢　　倒　　　PERF

"猪食被猪自己踢倒了。"

　　彝语的反身代词有种类似重叠的形式，实际上是由领属代词加上一般代词构成反身代词。例如：

(15) 领属代词　　　代词　　　　反身代词　　　　　说明

　　ꉢ　　＋　ꉠ　＝　ꉢꉠ"我自己"　　（第一人称单数反身代词）

　　ŋa⁵⁵　　　ŋa³³

　　我的　　　我

　　ꆀ　　＋　ꆶ　＝　ꆀꆶ"你自己"　　（第二人称单数反身代词）

　　ni⁵⁵　　　nɯ³³

　　你的　　　你

　　ꄷ　　＋　ꊫ　＝　ꄷꊫ"他/她自己"　（第三人称单数反身代词）

　　tsʰɿ²¹　　tsʰi³⁴

　　他/她的　　他/她

　　ꉦ　　＋　ꉬ　＝　ꉦꉬ"我们自己"　（第一人称复数反身代词）

　　ŋo²¹　　　ŋo³⁴

　　我们的　　我们

ꉙ + ꆈ = ꉙꆈ "你们自己"（第二人称复数反身代词）

no²¹　　　　no³⁴

你们的　　　你们

ꊰ + ꋕ = ꊰꋕ "他们自己"（第三人称复数反身代词）

tsʰo²¹　　　tsʰo³⁴

他们的　　　他们

　　下面是两个"领属代词+代词=反身代词"的例子：

（16）ꄑꌬ　　ꋒ　　ꀈ　　ꉬ　　ꉢ　　ꀈ　　ꌠ。

tʰɯ²¹ʐ̩³³　　tsʰ̩³³　　bu⁵⁵　　**ŋa⁵⁵**　　**ŋa³³**　　bu³³　　su³³

信　　　　这　　封　　我的　　我　　写　　NOM

"这封信是我自己写的。"

（17）ꉢ　　ꊖ　　ꉬ　　ꉭ　　ꌷ　　ꆰ　　ꀕ。

ŋa⁵⁵　　dza³³　　**ŋa⁵⁵**　　**ŋa³³**　　ndʐu³³　　lɛ⁵⁵ka³³　　o³⁴

我的　　饭　　我的　　我　　踢　　倒　　PERF

"我的饭被我自己踢倒了。"

　　从代词的形式可以推知，彝语的名词重叠表示反身的形式，实际上两个名词的句法角色有些不同：前面的名词是修饰的名词（相当于领属代词），后面的名词是中心语。所以，例（13）和（14）中的"木嘎木嘎"相当于"木嘎的木嘎"，"猪猪"相当于"猪的猪"。在凉山彝语标准音点喜德话里面，没有表示领属的标记词。因此，两个名词同时出现的时候，一般情况下是前者修饰后者的，例如ꃆꄷꊒꏸ mu³³ka⁵⁵ tɕʰo²¹po²¹，是"木嘎的朋友"；还有一种情况是两者是同位语，例如ꏸꃆꄷꊒ tɕʰo²¹po²¹mu³³ka⁵⁵，是"木嘎朋友"（或"木嘎同志"）。

三、重叠用作词法功能

（一）重叠构词

彝语的重叠还可以构词，也就是说某些词是采取重叠的形式构成的。正如前文已经提及的，这里所说的重叠是指重叠之前的音节是有意义的，而不是指那种重叠之后才形成某个词的单纯词。下面我们所举的例子，重叠之后和重叠之前都有相同的词义。例如：

(18)

ve^{34}	ve^{33}	花	ne^{34}	ne^{33}	乳房
花	花		乳	乳	

du^{34}	du^{33}	翅膀	ma^{34}	ma^{33}	果子
翅	翅		颗	颗	

mo^{21}	mo^{21}	粉末	$mi̥^{34}$	$mi̥^{33}$	名声
粉	粉		名	名	

$tɕi^{34}$	$tɕi^{33}$	（庄稼）秆	$tɕu^{34}$	$tɕu^{33}$	骨髓
条	条		髓	髓	

$ŋɛ^{34}$	$ŋɛ^{33}$	毛	
毛	毛		

这些重叠构词的词主要是名词。那么，其他词类可不可以重叠构词呢？

笔者发现有个词ꀜꀜꑍꑍ³³ꑍ³³"动物",其中的音节ꑍ³³有动词"动"之意,也有数词"四"等含义。我们不能确定是哪种词性构成了"动物"这个名词。除了这个词之外,目前我们尚未发现有名词之外的词类重叠构词的现象。上文谈到,动物名词或有行为能力的名词重叠之后可以表示该名词的反身。这里所列举的名词都是没有行为能力的名词,因此,我们更准确地应该是说名词重叠有两种形式,一种是句法功能表示反身,另一种是构词功能的构词方式。

重叠构成的名词不能位于句尾表达疑问。例如以下两个句子是不成立的:

(19) *ꆏ ꃪ ꈐ ꑌ ꑌ?
no²¹ tɕɛ⁵⁵ kʰɯ³³ ŋɛ³⁴ ŋɛ³³
你们 家 狗 毛 毛
"你们家的狗有毛吗?"

(20) *ꃴꄔ ꄜ ꐛ ꐜ ꐜ?
vu²¹du³³ tsʰ̩³⁴ tɕi³³ tɕu̠³⁴ tɕu̠³³
骨头 这 CL 髓 髓
"这根骨头有骨髓吗?"

(二)重叠表达描摹声音

彝语的重叠表达丰富的声音内容,是一种重要的修辞作用。其方法是重叠象声词,重叠次数不限,可以根据说话者的"喜好"随意增减。最少的可以重叠一次,一般重叠四五次,甚至更多。例如:

(21) ꀀꀀꀀꀀ……ꀀ pʐ̩³³ pʐ̩³³ pʐ̩³³ pʐ̩³³……pʐ̩³³ 描摹拉肚子的声音
ꀃꀃꀃꀃ……ꀃ pso³³ pso³³ pso³³ pso³³……pso³³ 描摹下冰雹的声音
ꀏꀏꀏꀏ……ꀏ ʂo³³ ʂo³³ ʂo³³ ʂo³³……ʂo³³ 描摹下雨的声音
ꀓꀓꀓꀓ……ꀓ tu̠³³ tu̠³³ tu̠³³ tu̠³³……tu̠³³ 描摹机关枪的声音
ꀖꀖꀖꀖ……ꀖ ço²¹ ço²¹ ço²¹ ço²¹……ço²¹ 描摹小孩撒尿的声音
ꀚꀚꀚꀚ……ꀚ tʂʅ³³ tʂʅ³³ tʂʅ³³ tʂʅ³³……tʂʅ³³ 描摹风飕飕地刮的声音
ꀞꀞꀞꀞ……ꀞ ko⁵⁵pu³³ko⁵⁵pu³³……ko⁵⁵pu³³ 描摹布谷鸟的叫声

ꃅꃅꃅꃅ……ꃅꃅ ɔ³³ a³³ ɔ³³ a³³……ɔ³³ a³³　　描摹乌鸦的叫声

ꄮꄮꄮꄮ……ꄮ to²¹ to²¹ to²¹ to²¹……to²¹　　描摹心跳的声音

ꑓꑓꑓꑓ……ꑓ xo²¹ xo²¹ xo²¹ xo²¹……xo³³　　描摹磨磨子的声音

ꅩꅩꅩꅩ……ꅩ ho²¹ ho²¹ ho²¹ ho²¹……ho³³　　描摹燃烧的火苗的声音

关于凉山彝语描摹词的问题，一些学者已经作过较为详细的研究和介绍，具体请参阅马鑫国的文章。① 下面提供两个例子供参考：

(22)

bo³⁴o³³lo³⁴o³³	ʂɔ³³tʅ³³	tʂʅ³³ tʂʅ³³ tʂʅ³³	mu³³	pʰu³³	ta³³,
山间水头	北风	飕飕飕	ADV	吹	STA

vi⁵⁵ga³³	kʰɯ²¹mu³³	a³⁴tu³³	mu³³	ga⁵⁵	ȵi³³	nɯ²¹a²¹ŋɯ³³
衣服	如何	厚	地	穿	也	不顶事

mu³³	ŋo³³	no³⁴	vu²¹du³³	tɕu³³	ko³³	çi³³。
ADV	冷	到	骨头	骨髓	里	到达

"由于山间水头北风飕飕地吹着，衣服穿得如何厚都不顶事，冷到骨髓里面。"

(23)

a³⁴pʰu³³mo²¹su³³	ma³³	bʅ³⁴	nu³³ma³³	vu²¹	bo³³	ko³³	tsʰʅ²¹
老大爷		CL	给	豆子	卖	去	的时候	他

ȵi⁵⁵tɕɛ³³	di³⁴	su³³	ŋɯ³³	a²¹	dʑi³³	nɔ³³bʅ³³	çʅ²¹çʅ²¹	ka³³	o³⁴。
害羞	转述(示证)	NOM	是	NEG	知道	眼泪	哗哗	挥	PERF

① 马鑫国：《凉山彝语描摹词问题研究》，《民族语文》1991 年第 3 期。

"可能是让一个老大爷去卖豆子使他难为情,(他)眼泪哗哗地流了出来。"

四、重叠用作修辞功能

彝语的某些颜色词或形容词,重叠最后一个音节之后,词意上没有明显的变化。笔者认为这种重叠也仅是一种修辞作用,带有一定的感情色彩,是为了丰富句子内容而使用的润色手段,而不是为了使句子成为使人理解的句子而添加的句法内容。例如:

(24) 词根　　　　　　　　　　　重叠　　　　　　　　　　　　　词意

$tɕ^hu^{34}ʂa^{33}$　　　　　　　　　$tɕ^hu^{34}ʂa^{33}ʂa^{33}$　　　　　　　　白茫茫

$tɕ^hu^{34}tsʅ^{33}$　　　　　　　　$tɕ^hu^{34}tsʅ^{33}tsʅ^{33}$　　　　　　　白生生

$vu^{55}tʂu^{33}$　　　　　　　　　$vu^{55}tʂu^{33}tʂu^{33}$　　　　　　　　绿油油

$ho^{21}ɭ^{34}$　　　　　　　　　　$ho^{21}ɭ^{34}ɭ^{21}$　　　　　　　　　　沉甸甸

$ŋgo^{34}ti^{33}$　　　　　　　　　$ŋgo^{34}ti^{33}ti^{33}$　　　　　　　　　冷冰冰

$xa^{55}tɕi^{33}$　　　　　　　　　$xa^{55}tɕi^{33}tɕi^{33}$　　　　　　　　静悄悄

$dʐo^{21}ȵɛ^{33}$　　　　　　　　 $dʐo^{21}ȵɛ^{33}ȵɛ^{33}$　　　　　　　 直直的

$ba^{33}tʂʅ^{33}$　　　　　　　　　$ba^{33}tʂʅ^{33}tʂʅ^{33}$　　　　　　　 薄薄的

$ko^{55}zi^{33}$　　　　　　　　　　$ko^{55}zi^{33}zi^{33}$　　　　　　　　　尖尖的

$su^{33}ɭ^{33}$　　　　　　　　　　$su^{33}ɭ^{33}ɭ^{33}$　　　　　　　　　　(睡)香沉沉

$zʅ^{21}ɬu^{33}$　　　　　　　　　　$zʅ^{21}ɬu^{33}ɬu^{33}$　　　　　　　　 可笑的

$p^hɭ^{21}dʐɭ^{21}$　　　　　　　　 $p^hɭ^{21}dʐɭ^{21}dʐɭ^{21}$　　　　　　 (尾)秃秃的

$ʂʅ^{34}zʅ^{33}$　　　　　　　　　　$ʂʅ^{34}zʅ^{33}zʅ^{33}$　　　　　　　　金灿灿

又例如:

(25)

$vo^{55}ɬɯ^{21}$	$ɕɭ^{34}$	$tsʰa^{33}$	$ȵi^{34}zi^{33}zi^{33}$	ko^{33}	$tsʰa^{33}$	di^{34}	a^{21}	di^{21}
猪月	阳光	热	火辣辣	时	热	云(转述)	NEG	说

"猪月(盛夏)阳光热得火辣辣的时候不说热。"

在彝语中，ꀸꉈni³⁴zi³³"火辣"与ꀸꉈꊈni³⁴zi³³zi³³"火辣辣"之间的差别，就如汉语"火辣"和"火辣辣"的差别一样。从语法上讲，它们之间没有差异，也就是说从它们在句子中的位置、功能等各方面来讲，二者都是一样的。那么，为什么会有两种情况？笔者的解释是为了修辞的需要，而非认知上的差异使然。关于重叠表达修辞的内容，下面举几个明显的内容配以例句说明这个问题。

（一）比喻

彝语的重叠有时候用作比喻，它将某一事物或某一件事比作另一事物或另一件事。在作比喻的时候，说话者往往会寻找所比喻的两样东西之间的一些共同点，通过类推的方式，从熟悉的事情联想到抽象的事情。例如下面两个例子：

(26)

ꍇ	ꉐꂷ	ꈬ	ꐎꋦ	ꅝ	ꄉ	ꌠ
tsʰʅ²¹	hɛ³³ma⁵⁵	ko³³	dʑi³³ʐʅ³³	ndo³³	ta³³	su³³
他的	心	里	蜂蜜	喝	STA	NOM

ꀉꐚ	ꁧꃽꁨꉙꉙ		ꇊ	ꐊꊈꃀꃀ	ꌠ	ꌕ。
a²¹tɕo²¹	bo³³mu³³bo³⁴ho³³ho³³		lo³⁴	tɕʰʅ³⁴mo³³mo³³	su³³	su²¹
仿佛	清清爽爽		（连接词）	甜蜜蜜	NOM	像

"他的心里仿佛像喝了蜂蜜那样，清爽而又甜蜜。"

上例中，说话者将所描述人物的高兴而甜蜜的心情比喻成清爽和像蜜一样甜美的事情，使听话者透过比喻很快联想到所描述之人当时幸福而美好的心情。

(27)

ꃘꁂꃀꁧꄩꉙ	ꍣꃬ	ꋋ	ꄡ	ꊟ	ꑴꋦꋦ
ndʐa³³bo²¹mu³³za³³ʐu³³ho³³	tɕɛ³³vi³³	tsʰʅ³³	hɯ²¹	si³⁴	nɔ³³dʐʅ⁵⁵dʐʅ⁵⁵
计划生育	政策	他	看	作	黑黝黝

ﾑ	片ﾉ	ﾉ	片	ﾒ。
su^{33}	tɕɛ^{33}vi^{33}	tɕi^{33}	mu^{33}	ta^{33}
NOM	政策	CL	当作	STA

"他把计划生育政策看作是一条黑黝黝的政策。"

上例中说话者把计划生育工作比拟成一件"黑黝黝"的事情,可以推测"他"或许想多要一个儿子,可是被计划生育政策所限制,于是把计划生育看作是一项使自己的生活变得"黑黝黝"的政策,从中可以看出"他"对该政策的不满。

(二)拟人化和拟物化

拟人化是赋予没有生命的事物以具体的行为,使它像人一样"活"起来。拟物化是将有生命的事物转变为像某种事物那样,或是把某事物比拟成另一事物。拟人化和拟物化都是为了使句子或文章变得更有趣味,更有亲切感。彝语的重叠某些时候所反映的情况正是拟人化或拟物化。请看以下几个例子:

(28)
ﾖ	ﾒ	片	ﾚ,	ﾚﾚ	片	ﾌ	ﾖ	ﾌ。
mbo^{33}	tsʰʅ^{33}	ga^{55}	ko^{33}	ʐo^{21}ʐo^{21}	mu^{33}	ndʐɯ^{33}	dʐʅ^{33}	ndʐɯ^{33}
裙子	她	穿	时	唰唰	ADV	好看	很	好看

"她穿的裙子,唰唰唰地(滑动貌)很好看。"

上例中,ﾖ ʐo^{21}本身是一个形容词,表示下坠的、柔软的物体流动、抖动,或摇动的人体部位或事物,这里用来表达下坠的裙子在"她"走动的时候所产生的摆动、摇动的状况,是使裙子"拟人化"的修辞方式。片 mu^{33}是副词标志,加在形容词之后,使之成为一个副词,修饰后面的"好看"。在这句话里面,完全可以拿掉ﾚﾚ片ʐo^{21}ʐo^{21}mu^{33},整个句子一样成句,见下例。因此,笔者认为ﾚﾚ片ʐo^{21}ʐo^{21}mu^{33}在这里是起润色的修辞作用,目的是使句子更加生动、活泼。

(29)
ﾖ	ﾒ	片	ﾚ	ﾌ	ﾖ	ﾌ。
mbo^{33}	tsʰʅ^{33}	ga^{55}	ko^{33}	ndʐɯ^{33}	dʐʅ^{33}	ndʐɯ^{33}
裙子	她	穿	时	好看	很	好看

"她穿的裙子很好看。"

(30) ꃀꉙ　　　ꈨ　　ꌠ　　ꃀꉺ　　ꀘ　　ꌋ　　ꑌꑌꑌꑌ　　　　ꃀ
mu³³hɔ⁵⁵　gɯ³⁴　su³³　mu³³ɬɿ³³　pʰu̠³³　si³⁴　ɬɿ²¹ɬɿ²¹ɬɿ²¹ɬɿ³³　mu³³
云　　　些　　NOM　风　　　吹　　得　　飔飔飔飔　　　　ADV

ꁈ　ꌠ　ꀘ。
bo³³　sa⁵⁵　o³⁴
走　完　PERF
"那些云被风飔飔飔飔地吹完了。"

ꑌꑿ²¹本来是形容散沙状的事物纷纷倒下或分散开去的情况，是一个形容词，这里采用"此物拟彼物"的拟物化方式，表达天上的云块先前还是非常凝重地聚在一起，现在被风吹得四散而去的情况。ꑌꑿ²¹在句子里的数量没有限制，如果给小朋友讲故事，为了渲染气氛，还可以继续增加。当然，跟例（28）和（29）的情况一样，重叠的ꑌꑿ²¹在这句里面也完全可以省略掉，句子意思不变：

(31) ꃀꉙ　　　ꈨ　　ꌠ　　ꃀꉺ　　ꀘ　　ꌋ　　ꁈ　ꌠ　ꀘ。
mu³³hɔ⁵⁵　gɯ³⁴　su³³　mu³³ɬɿ³³　pʰu̠³³　si³⁴　bo³³　sa⁵⁵　o³⁴
云　　　些　　NOM　风　　　吹　　得　走　完　PERF
"那些云被风吹完了。"

(32) ꑳ　ꉸ　ꑝꁈ　�　　ꃀꉺ　　ꀘ　　ꀃ　　ꋪ
zi³³　ha⁵⁵　sɿ³³bo³³　vu⁵⁵lo³³du³³　mu³³ɬɿ³³　pʰu³³　ko³³　zo³⁴
房　上方　树　　绿油油　　　风　　　吹　　其　着

ꀃ　ꈌ，　ꃆ　ꄢꄢ　　ꃀ　ꉹꌠ　ꍽ　ꉻꌠ。
ko³³　nɯ³³　vɿ⁵⁵　ɬi²¹ɬi²¹　mu³³　hm²¹sa³³　dʐɿ³³　hɯ²¹sa³³
时　NOM　拨开　（闪动状）ADV　好看　很　好看
"房子上方绿油油的树被风吹拂的时候，闪着绿波好看极了。"

上例中，ꃴ ɬi²¹本来是指柔软的事物闪动的状况，是形容词，如一块很嫩的豆腐端起来的时候左右闪动的模样。在这里，说话者采用"此物拟彼物"的拟物化修辞手段，将被风吹动的树叶整体轻轻闪动的情况比拟出来了。它的特点是渲染气氛，或增加句子的生动性。

（三）排比

本文开头的例（1）、例（2）是典型的排比句，重叠在排比句里面是一种修辞手法。排比句将两个或以上的结构、长度相似，而且语意相关联的句子或子句排列起来，形成一种加强语势的效果。彝语的重叠表达排比的情况，目的是加强句子的节奏感，使之更具有条理性，便于表达强烈的感情。如下面两例：

（33）ꇠ ꆏꌠ ꆩ ꄮꂷ ꊨꊨ ꉭ ꌠ ꍵ ꍬ
ŋo²¹ nɔ³³su³³ li³³ do²¹ma³³ tsɛ³³tsɛ³³ hi²¹ su³³ tsʰo³³ tsʰʅ³⁴
我们 彝族 TOP 话 直直地 说 NOM 人 其

ꅺ， ꄙꀻ ꊨꊨ ꀊ ꌠ ꈌ ꍬ ꅺ ꅐ。
ndʒu³³ tʰɯ²¹bu²¹ tsɛ³³tsɛ³³ si²¹ su³³ kʰɯ³³ tsʰʅ³⁴ ndʒu³³ di³⁴
憎 棍子 直直地 拿 NOM 狗 其 憎 云（转述）

"我们彝族常说，'直直地说话的人让人憎，直直地拿棍子的人让狗憎'。"

（34）ꄦꀋꁈ ꀊꄨ ꆈꑴ ꉊꈩ ꃴꍲꍲ ꌠ
di³⁴a²¹bo³³ a³³ɬɯ³⁴ tsʰo³³tsʰu³⁴ hɛ³³ɣo³³ **vu³³dʑi³³dʑi³³** su³³
而且 从前 民族 性格 真诚 NOM

ꐯꊇꊇ ꌠ ꁥ ꄬꁈ。
dʑɛ³⁴tʂʅ³³tʂʅ³³ su³³ zu³⁴ dɛ³³pu³³
纯朴 NOM 拿 改变

"而且还改变了从前真诚、纯朴的民族性格。"

五、套译自汉语的新创重叠词

在汉语的影响下，彝语里面出现了跟汉语非常相似的重叠词。特别是受汉语教育程度较深的当代彝族作家笔下，常常出现类似汉语的新创重叠词。笔者认为这是受汉语影响所致，非彝语本身所固有。所谓受汉语影响，并不是说完全借用汉语词语，比如不是直接借用汉语的"千千万万"，而是类推创造了一个新词 ꊏꊏꀕꀕ $tu^{33}tu^{33}va^{55}va^{55}$（千+千+万+万），如下例所示：

(35)

ꉬ	ꇰꋠ	ꂾ	ꈌ	ꌺ	ꊏꊏꀕꀕ	ꃅ	ꁨ。
$tsʰo^{21}$	$ko^{21}tɕɛ^{55}$	mo^{55}	ko^{33}	$çi^{21}$	$tu^{33}tu^{33}va^{55}va^{55}$	mu^{33}	bo^{21}
他们	国家	军人	强壮	如此	千千万万	ADV	拥有

"他们国家拥有千千万万的强壮军人。"

在传统彝语里面，汉语的"千千万万"一词是用 ꀕꊏꀕꉺ $a^{33}tu^{33}a^{33}ha^{33}$（词缀+千+词缀+百）来表示的。例(35)来自当代彝族作家的文学作品，其中的 ꊏꊏꀕꀕ $tu^{33}tu^{33}va^{55}va^{55}$ 完全可以用 ꀕꊏꀕꉺ $a^{33}tu^{33}a^{33}ha^{33}$ 替代，准确地说，是应该用 ꀕꊏꀕꉺ $a^{33}tu^{33}a^{33}ha^{33}$ 才对。

(36)

ꐛ	ꂾ	ꌋꌋ	ꊮ	ꄗ	ꆹ	ꍾ	ꌋ
$tsʰʅ^{21}$	mo^{34}	$dʐu^{55}dʐu^{33}$	$tsʰʅ^{34}$	ma^{33}	li^{33}	$tɕʰo^{55}$	si^{21}
他	面前	社会	这	个	TOP	变	得

ꇯꃅꃅꃅ，	ꊿ	ꋊ	ꋕ	ꌺ	ꄸ	ꀕ。
$ndʐɛ^{33}ndʐɛ^{33}çi^{34}çi^{33}$	$tsʰo^{33}$	$tsʰʅ^{33}$	a^{21}	$sʅ^{21}$	$çi^{21}$	ma^{33} $dʑi^{21}$ o^{34}
奇奇怪怪	人	它	NEG	认识	这样	CL 成 PERF

"他面前的这个社会啊，已经变得奇奇怪怪，成为一个让人不认识的模样了。"

上例中的 ꇯꃅꃅꃅ $ndʐɛ^{33}ndʐɛ^{33}çi^{34}çi^{33}$ 也完全套译自汉语的"奇奇怪怪"一

词。彝语的"奇怪"是ꑬꇎ ka³⁴ndʑɛ³³,如果要翻译汉语的"奇奇怪怪"的意思,彝语的固有词应该是ꀋꇬꀋꐘ a³⁴ndʑɛ³³a³⁴ɕi³³。

(37) ꋊ ꍈꆆꆆ ꋒ ꌦ ꆈ ꇤꌠ ꃅ,
 tsʰo³³ zɿ³³zɿ³³la³³la³³ tsʰɿ³⁴ dʑi³³ la³³ gɯ³⁴su³³ mu³³
人 来来往往 他 遇见 来 那些 都

ꂾꌠ ꋒ ꊇ ꀋꈜ ꊇ ꉈ ꃅ ꌕ
mo²¹su³³ tsʰɿ³⁴ ma³³ a³⁴ko³³ ma³³ ŋɯ³³ mu³³ sa⁵⁵
老人 这 个 坚强 CL 是 ADV 完

"来来往往遇见他的那些人,都说这是一个坚强的老人。"

上例中,ꍈꆆꆆ zɿ³³zɿ³³la³³la³³(去+去+来+来)也是套译自汉语"来来往往"的新词。传统彝语翻译汉语的"来来往往",对译词应是ꑭꌦꈍꆆ nɯ³³zɿ³³ŋa³³la³³(你+去+我+来),更接近于汉语的"你来我往"。

(38) ꃮ ꌠ ꑴ ꌠ ꉠꋺꋺ ꄮꈌ ꄜꄜꇊꇊ,
vo³³ so⁵⁵ hi³³ so⁵⁵ ŋo³⁴ti³³ti³³ tʰɯ³³ko³³ tsʰa³⁴tsʰa³³ɬo³³ɬo³³
雪 气 霜 气 冷冰冰 的时候 热热乎乎

ꃅ ꄉ ꃌ ꍀ ꐎ ꈉ ꃴ ꋍ ꃴ。
mu³³ ta³³ ndʐɿ³³ tʂɯ²¹ ndo³³ ko³³ va⁵⁵ dʑɿ³³ va⁵⁵
ADV STA 酒 CL 喝 时 好 很 好

"在下雪结霜冷冰冰的时候,热热乎乎地喝一碗酒很好。"

上例中,ꄜꄜꇊꇊ tsʰa³⁴tsʰa³³ɬo³³ɬo³³也是套译自汉语"热热乎乎"的新词。彝语本身只有ꄜꇊ tsʰa³⁴ɬo³³和ꄜꇊꇊ tsʰa³⁴ɬo³³ɬo³³(都是"热乎乎"的意思)两种说法。在当代文学作品中出现的这个新创词,笔者的解释也只能是其套译自汉语。

从以上例(35)—(38)的情况来看,彝语的这种 AABB 完全重叠的方式是套译自汉语的用法。因此,笔者认为,彝语的 AABB 式重叠跟汉语的 AABB

式重叠（如"高高兴兴"）没有可比性，其语意尚不稳定，日常口语中一般不会出现这种 AABB 式的新用法。

六、结　语

本文简要介绍了彝语的重叠形式。重叠表达疑问的形式是彝语的一种独具特色的特征。从类型学的角度来看，重叠表达疑问的形式是较为独特的，据笔者目前所掌握的语料，除了彝语支语言之外，还没有发现其他语言有重叠表示疑问的形式。而其他语言中是否有用重叠来表达疑问的形式，随着世界各地语言学家的语言调查深度和广度的增加，以及语言学材料的不断公布和共享，相信容易推进对这一问题的认识。但是重叠表示疑问这一形式的来源，却不容易得到论证。既然彝语支之外的亲属语言没有类似的情况，那就几乎可以排除发生学影响的结果，而其真正的来源需要学术界进一步的分析和研究。至于用重叠构词和修辞的情况在世界各地的语言中均极为常见，不足为奇。

彝语的重叠，除了用作句法功能之外，还可以构词，主要是构成名词。重叠构成名词的形式，也可以论证彝语的名词有从单音节向双音节发展的趋势，从而可以为藏缅语族语言的双音节化现象提供佐证。另外，彝语的重叠所构成的描摹词本身也可以是兼跨词法和修辞的一种形式。说它跨词法，是因为描摹词本身有许多"词"的特点，可以加副词标记Ħ mu^{33}、生 di^{21} 等构成副词去修饰其他形容词；说它跨修辞，是因为使用描摹词是一种艺术手法，是为了使句子更加生动活泼，是为了增强言辞或文句的效果。笔者认为，彝语中重叠的一个重大功能是用作修辞，比如它可以用于比喻、拟人、拟物、排比等修辞手段，使句子显得更为生动。

最后，正因为彝语的重叠已经承载了句法、词法、修辞等多重功能，它就很难在认知上承担更多的角色了。例如，汉语的（I）"高兴"、（II）"高兴高兴"、（III）"高高兴兴"可能在认知上有不同的区分，可是，彝语的重叠只能出现形式（II），即屸 k^{h}a^{55}"高兴"→屸屮 k^{h}a^{55}k^{h}a^{33}"高兴高兴"，而据上文的分析可知，此处彝语的"高兴高兴"，意思是"高不高兴"，重叠只表示疑问，与汉语中同样结构的"高兴高兴"意思完全不同。至于少数 AABB 型的重叠，是套译自汉语的用法，其来源明确，数量和使用范围也都相当有限。

参 考 文 献

陈康、巫达：《彝语语法（诺苏话）》，中央民族大学出版社，1998 年。

黄庆宣：《修辞学》，三民书局，1979 年。

马鑫国：《凉山彝语描摹词问题研究》，《民族语文》1991 年第 3 期。

孙继万主编：《汉语叠字词词典》，中国大百科全书出版社，2003 年。

汪维懋编：《汉语重言词词典》，军事谊文出版社，1999 年。

巫达：《凉山彝语骈俪词探讨》，《民族语文》1995 年第 2 期。

Aboh, Enoch Oladé. 2005. "Ojbect shift, Verb Movement, and Verb Reduplication", in Guglielmo Cinque and Richard S. Kayne eds. *The Oxford Handbook of Comparative Syntax*. Oxford University Press.

Bybee, Joan L., Revere Perkins and William Pagliuca. 1994. "Reduplication", *The Evolution of Grammar: Tense, Aspect, and Modality in the Languages of the World*, Chapter 5.11. University of Chicago Press, pp.166 – 176.

Conradie, C. Jac. 2003. "The Iconicity of Afrikaans Reduplication", in Wolfgang G. Mller and Olga Fischer eds. *From Sign to Signing: Iconicity in Language and Literature* 3. John Benjamins, pp.203 – 224.

French, Koleen Matsuda. 1988. *Insights into Tagalog: Reduplication, Infixation, and Stress from Nonlinear Phonology*. Summer Institute of Linguistics, University of Texas at Arlington.

Gorelova, Liliya M. ed. 2002. "Reduplication of Words, Grammatical Meanings of Pair Words", *Manchu Grammar*. Brill, pp. 380 – 387.

Kager, René. 1999. "Correspondence in Reduplication", *Optimality Theory*. Cambridge University Press, pp.194 – 257.

Lim, Choon Yeoh and Lionel Wee. 2001. "Reduplication in Colloquial Singapore English", in Vincent B. Y. Ooi ed. *Evolving Identities: The English Language in Singapore and Malaysia*. Times Academic Press, pp. 89 – 101.

Niepokuj, Mary. 1992. "The Development of Perfect Reduplication in Indo-European", in Garry W. Davis and Gregory K. Iverson eds. *Explanation in Historical Linguistics*. John Benjamins, pp.193 – 207.

Rose, Sharon. 2003. "The Formation of Ethiopian Semitic Internal Reduplication", in Joseph

Shimron ed. *Language Processing and Acquisition in Languages of Semitic, Root-Based, Morphology.* John Benjamins, pp.79 – 98.

Shi, Yuzhi. 2002. "Verb Reduplication", *The Establishment of Modern Chinese Grammar: The Formation of the Resultative Construction and its Effects*, part of Chapter 8. John Benjamins, pp.186 – 192.

Stonham, John T. 1994. "On the Nature of Reduplication", *Combinatorial Morphology*, Chapter 2. John Benjamins.

Tuggy, David H. 2003. "Reduplication in Nahuatl: Iconicities and Paradoxes", in Eugene H. Casad and Gary B. Palmer eds. *Cognitive Linguistics and Non-Indo-European Languages.* Mouton de Gruyter, pp.91 – 134.

Walters, Susan and Ndaxit Atqi. 2006. "Existential Clauses in Nosu Yi Texts", *Linguistics of the Tibeto-Burman Area* 29.1, pp.127 – 148.

Wierzbicka, Anna. 2003. "Italian Reduplication: Its Meaning and its Cultural Significance", *Cross-Cultural Pragmatics: The Semantics of Human Interaction*, Chaper 7. Mouton de Gruyter, 2nd ed., pp.255 – 285.

Yip, Virginia and Stephen Matthews. 2001. "Reduplication", *Intermediate Cantonese: A Grammar and Workbook*, Chapter 4. Routledge, pp.21 – 28.

彝语 ʈ 系声母考*

彝语分布地域广,方言差别大,但各地方言声、韵、调有对应规律可循,这就为我们进行历史比较和考证彝语语音的发展与演变提供了条件和依据。汉藏语系语言语音历史比较研究方法的特点是同源词对应的选择条件以及可供观察对应规律的对比音素表现在音节的声、韵、调的关系上。同源词除了声母、韵母、调都相同外还有声母、调相同,韵母对应;韵母、调相同,声母对应;声母、韵母相同,调对应;声母相同,韵母、调对应;韵母相同,声母、调对应。具备以上五种条件的占多数,调相同,声母、韵母对应的占少数。至于声母、韵母、调都不同而对应的只有极少数。但每条对应关系并不是以一两个同源词作孤证就能确定的,我们认为至少有三个以上同源词有相同的对应条件,其关系才能确立,对应规律才能显示。当然,也不能排除"例外",但"例外"也有条件可寻。

一

我国贵州省西北部威宁、大方一带和云南省禄劝、武定、昭通、弥勒一带的彝语有一套舌尖后塞音和鼻音声母 ʈ、ʈʰ、ɖ、ɳɖ、ɳ,本文称为 ʈ 系声母。如:

	彝文①	威宁	大方	禄劝	武定	昭通	弥勒
(1) 骨髓	ᴜ	tu¹³	tu³³	tu³³	tu³³	tu³³	to³³
(2) 鹰	ᴪ	ta¹³	tɑ¹³	ta̠⁵⁵	ta̠⁵⁵	te¹³	te⁵⁵
(3) 白、银	ᴖ	tʰu¹³	tʰu³³	tʰu³³	tʰu³³	tʰu³³	tʰo³³

---

* 本文原载戴庆厦、岭福祥主编《中国彝学(第一辑)》,民族出版社,1996 年。
① 这里的"彝文"仅指四川凉山规范彝文,下同。

	彝文	威宁	大方	禄劝	武定	昭通	弥勒
（4）变	𐒭	t^hi^{13}	t^he^{13}	$tə^{55}$	$tə^{55}$	$t^hi^{13}(!)$①	$t^h\underline{a}^{21}(!)$
（5）叶子	𐒭	t^hu^{33}	t^hu^{33}	t^ho^{33}	t^ho^{33}	t^ha^{33}	t^ho^{21}
（6）蜜蜂	𐒭	du^{33}	du^{33}	$ɖo^{21}(!)$	$ɖo^{33}$	$ɖa^{33}$	$ɖo^{21}$
（7）满	𐒭	$ɖe^{21}$	$ɖie^{21}(!)$	$ɖə^{21}$	$ɖə^{21}$	$ɖu^{21}$	$ɖɛ^{33}$
（8）淡	𐒭	$ɖɿ^{33}$	$ɖe^{33}$	$ɖə^{21}$	$ɖə^{21}$	$ɖe^{33}$	$ɖ\underline{a}^{21}$
（9）踢	𐒭	$ɖe^{33}$	$ɖɔ^{33}$	$ɖ^h\underline{o}^{33}$	$ɖ\underline{u}^{21}(!)$	$ɖo^{33}$	$ɖ^h\underline{u}^{33}(!)$
（10）脓	𐒭	$nd\underline{e}^{21}(!)$	$ɖe^{21}$	$ɖ^hə^{21}$	$ɖɣ^{21}(!)$	$ɖu^{21}$	$tɛ^{21}(!)$
（11）多	𐒭	$ŋu^{33}$	$ŋa^{33}(!)$	$ŋo^{33}$	$ŋo^{33}$	$ŋa^{33}$	$no^{21}(!)$
（12）猴	𐒭	$ŋe^{13}$	$ŋɔ^{13}$	$ŋ\underline{o}^{55}$	$ŋ\underline{u}^{55}$	$ŋo^{13}$	$ŋ\underline{u}^{55}(!)$

以上例词声母相同，韵母和声调对应，规律如下：

（一）（5）叶子、（6）蜜蜂、（11）多的韵母对应规律为：

u（威宁）~u（大方）~o（禄劝）~o（武定）~a（昭通）~o（弥勒）

（二）（1）骨髓、（3）白、银的韵母对应规律为：

u（威宁）~u（大方）~u（禄劝）~u（武定）~u（昭通）~o（弥勒）

另可举"马"作旁证：mu^{33}（威宁）~mu^{33}（大方）~mu^{33}（禄劝）~mu^{33}（武定）~mu^{33}（昭通）~mo^{21}（弥勒）

（三）（4）变、（8）淡的韵母对应规律为：

ɿ（威宁）~e（大方）~ə（禄劝）~ə（武定）~e（昭通）~a̠（弥勒）

另可举"射"作旁证：$mbɿ^{33}$（威宁）~mbe^{33}（大方）~$mbə^{21}$（禄劝）~$b\underline{ə}^{21}$（武定）~mbe^{33}（昭通）~$b\underline{a}^{33}$（弥勒）

（四）（2）鹰的韵母对应规律为：

a（威宁）~a（大方）~a（禄劝）~a̠（武定）~e（昭通）~e̠（弥勒）

另可举"鸡"、"黑"作旁证：

---

① "（!）"表示例外，下同。

"鸡", ɣɑ(威宁)~ɣɑ(大方)~ɣa̱(禄劝)~ẓa̱(武定)~ẓe(昭通)~ẓe̱(弥勒)

"黑", nɑ(威宁)~nɑ(大方)~na̱(禄劝)~na̱(武定)~ȵe(昭通)~ne̱(弥勒)

(五)(9)踢、(12)猴的韵母对应规律为：

e(威宁)~ɔ(大方)~o̱(禄劝)~u̱(武定)~o(昭通)~u(弥勒)

另可举"年"作旁证：tɕʰe¹³(威宁)~kʰɔ¹³(大方)~kʰo̱⁵⁵(禄劝)~kʰu̱⁵⁵(武定)~kʰo¹³(昭通)~kʰu̱²¹(弥勒)

(六)(7)满、(10)脓的韵母对应规律为：

e(威宁)~e(大方)~ə(禄劝)~ə(武定)~u(昭通)~ɛ(弥勒)

(七)(2)鹰、(4)变、(12)猴的声调对应规律为：

13(威宁)~13(大方)~55(禄劝)~55(武定)~13(昭通)~55(弥勒)

(八)(5)叶子、(6)蜜蜂、(11)多的声调对应规律为：

33(威宁)~33(大方)~33(禄劝)~33(武定)~33(昭通)~21(弥勒)

(九)(1)骨髓、(3)白、银的声调对应规律为：

13(威宁)~33(大方)~33(禄劝)~33(武定)~33(昭通)~33(弥勒)

(十)(8)淡、(9)踢的声调对应规律为：

33(威宁)~33(大方)~21(禄劝)~21(武定)~33(昭通)~33(弥勒)

(十一)(7)满、(10)脓的声调对应规律为：

21(威宁)~21(大方)~21(禄劝)~21(武定)~21(昭通)~33(弥勒)

以上例词,ṭ 系声母相同,韵母、声调对应。ṭ 系声母在威宁、大方、禄劝、武定、昭通、弥勒等方言点中确立,而上述 12 个例词是考察 ṭ 系声母的重要同源词。

二

ṭ 系声母在其他地区的彝语中有多种对应的变体形式。

(一)贵州盘县,云南寻甸、邱北、墨江聂苏、峨山、新平为舌尖中塞音、鼻

音的 t 系声母 t、tʰ、d、nd、n。如:

	彝文	盘县	寻甸	邱北	墨江聂苏	峨山	新平
(1) 骨髓	ꝰ	tu³³	tu³³	tu³³	tu⁵⁵	tu⁵⁵	tu⁵⁵
(2) 鹰	Ψ	tɑ³²	tɑ⁵⁵	te⁵⁵	te²¹	te²¹	te²¹
(3) 白、银	Ɵ	tʰu²¹	tʰu³³	tʰo³³	tʰu⁵⁵	tʰu⁵⁵	tʰu²¹
(4) 变	ꖿ	tʰɛ³²	tʰə⁵⁵	tɑ²¹	tʌ²¹	tʰə²¹	tʰɛ²¹
(5) 叶子	Ӝ	tʰɔ³³	tʰo³³	tʰo²¹	pʰe²¹	pʰɑ²¹	pʰe²¹
(6) 蜜蜂	╫	do³³	do³³	do²¹	do³³	dʊ³³	do³³
(7) 满	ꝯ	dɛ²¹	dɤ²¹	dɛ³³	—	də³³	də²¹
(8) 淡	ꛯ	dɛ³²	də²¹	dɑ³³	dʌ³³	də³³	dɛ³³
(9) 踢	ꜝ	ndo³²	—	du³³	du³³	du³³	du³³
(10) 脓	Ψ	ndɛ²¹	—	te³³	—	ɬɑ⁵⁵	də²¹
(11) 多	꛴	no³³	no³³	no²¹	no³³	nʊ³³	no³³
(12) 猴	⊖	no³²	hu⁵⁵	—	nu²¹	nu²¹	nu²¹

（二）云南石林①撒尼、文山阿扎为舌尖中塞边音复辅音 tɬ、dl，边音 ɬ，鼻音 n。如:

	彝文	石林撒尼	文山阿扎
(1) 骨髓	ꝰ	tɬu³³	tɬø³³
(2) 鹰	Ψ	tɬe⁵⁵	tɬe⁵⁵
(3) 白、银	Ɵ	ɬu³³	ɬø²¹
(4) 变	ꖿ	pe⁵⁵（!）	pẽ³⁵（!）
(5) 叶子	Ӝ	ɬɑ²¹	pʰe³³
(6) 蜜蜂	╫	dɑ²¹	tɬɛ³³
(7) 满	ꝯ	dlɛ²¹	tɬo³³
(8) 淡	ꛯ	dlɑ³³	—
(9) 踢	ꜝ	dlu³³	tɬe³³

---

① 原路南彝族自治县,现已更名为石林彝族自治县。

续 表

		彝文	石林撒尼	文山阿扎
（10）	脓	Ψ	tɬɛ²¹	—
（11）	多	‡	nɑ⁵⁵	no²¹
（12）	猴	θ	no⁵⁵	—

（三）四川凉山喜德、美姑、甘洛、布拖,云南元谋和通海嘎卓语为舌面前塞擦音、鼻音的 tɕ 系声母 tɕ、tɕʰ、dʑ、ȵdʑ、ȵ。如:

		彝文	喜德	美姑	甘洛	布拖	元谋	通海
（1）	骨髓	ᑌ	tɕu³³	tɕu²²	tɕu³³	tu³³	tu³³	—
（2）	鹰	ᛜ	tɕɔ⁵⁵	tɕɔ²⁵	tɕɔ⁵⁵	tɕɿ²²	tɕi⁵⁵	tsi³¹（!）
（3）	白、银	Ѳ	tɕʰu³³	tɕʰu²²	tɕʰu³³	tʰu³³	tʰu³³	tɕʰiɛ³³
（4）	变	╫	tɕʰo⁵⁵	tɕʰɔ²⁵	tɕʰo⁵⁵	tɕʰɿ⁵⁵	tɕʰi⁵⁵	piɛ⁵³（!）
（5）	叶子	Ⅺ	tɕʰi³³	tɕʰɿ²²	tɕʰɿ³³	tɕʰɿ³³	tɕʰi³³	tɕʰa³¹
（6）	蜜蜂	♯	dʑi³³	dʑɿ²²	dʑɿ³³	dʑɿ³³	dʑi³³	tɕa³¹
（7）	满	♂	dʑi²¹	dʑɿ⁴²	dʑɿ²¹	dʑɿ²¹	dʑi²¹	tɕɛ³³
（8）	淡	♯	dʑi³³	dʑɿ²²	dʑɿ³³	dʑɿ³³	dʑi³³	—
（9）	踢	ᵮ	ȵdʑu³³	ȵdʑu²²	dʑu³³	ȵdʑɔ³³	dʑʅ	tɕʰɛ⁵⁵
（10）	脓	Ψ	ȵdʑi³³	ȵdʑɿ²²	ȵdʑɿ³³	ȵdʑɿ³³	dʑʰi³³	tɕɛ³²³
（11）	多	‡	ȵi³³	ȵi²²	ȵo³³	ȵɿ³³	ȵo³³	ȵa³¹
（12）	猴	θ	ȵu⁵⁵	ȵu²⁵	ȵu⁵⁵	ȵʊ⁵⁵	ȵo⁵⁵	ȵo⁵³

（四）云南砚山、永胜、大姚、姚安、永仁、丽江、巍山、南涧为双唇塞音 p、pʰ、b 和唇齿擦音 f、v。如:

		彝文	砚山	永胜	大姚	姚安	永仁	丽江	巍山	南涧
（1）	骨髓	ᑌ	—	tʂu³³（!）	pu³⁴	pi³³	pu³³	—	ku⁵⁵（!）	ku⁵⁵（!）
（2）	鹰	ᛜ	tɔ¹³（!）	—	—	—	—	—	pa³³	
（3）	白、银	Ѳ	pʰi³³	pʰu⁵⁵	pʰu³⁴	pʰi³³	pʰu³³	pʰa³³	fu⁵⁵	fu⁵⁵

续　表

	彝文	砚山	永胜	大姚	姚安	永仁	丽江	巍山	南涧
（4）变	〢	tʰa13	pio21	—	pi55(!)	pʰa̠21	pi51(!)	pi55(!)	pi55(!)
（5）叶子	〤	pʰia13	pʰy̠21	—	pʰɛ55	pʰe̠55	tʂʰa21	pʰɿ21	pʰɿ31
（6）蜜蜂	井	biu13	by21	bo21	biu21	bo21	dʑʐ21(!)	ba21	ba21
（7）满	੪	biA̠21	bi33	bi33	bi33	bi33	dʑʐ33(!)	vi33	tsi33(!)
（8）淡	⊞	biA̠33	—	bA̠33	bi34	ba33	ȵA̠31(!)	ba33	ba33
（9）踢	⹁	ndu55(!)	tʰiA̠33(!)	tʂua̠21(!)	tʰi34(!)	tʰa̠33(!)	pi55	tʂʰa33(!)	tsʰa33(!)
（10）脓	Ψ	biA̠33	bi55	—	bi33	bi33	dʑi31(!)	vi55	dzi55(!)
（11）多	⊞	miu13	dʐa55(!)	mo21	miu21	mo21	ȵA̠21	kʰE55	kʰu55(!)
（12）猴	θ	—	mio21	mu21	mio34	mo21	mi33	mo21	mo21

（五）云南文山莫吉、富宁末昂、墨江保保、南华、永胜他留为双唇腭化塞音 pj、pʰj、bj。如：

	彝文	文山莫吉	富宁末昂	墨江保保	南华	永胜他留
（1）骨髓	〣	sui53(!)	siʔ33(!)	tɕiu21	pju33	pu55
（2）鹰	ⵡ	ljaŋ55(!)	ljaŋ51(!)	—	—	tɕA̠55(!)
（3）白、银	〇	pʰju13	tso̠53(!)	pʰju33	pʰju33	pʰu55
（4）变	〢	piɛ13	pian51(!)	—	—	pjo21
（5）叶子	〤	pʰjɔ21	pʰjaʔ21	pʰi55	—	pʰju21
（6）蜜蜂	井	pjɔ21	pja33	bjɔ21	bjo21	bju21
（7）满	੪	pi21	be33	bi33	bi33	bi33
（8）淡	⊞	ta33(!)	—	tʰæ33(!)	—	bjA̠33
（9）踢	⹁	—	tsʰok55(!)	—	tʰiA̠33(!)	tʰuA̠33(!)
（10）脓	Ψ	bje13	—	bi33	—	bi55
（11）多	⊞	bu55(!)	mja33	mjɔ21	mjo21	mju21
（12）猴	θ	—	—	væ33(!)	və55(!)	mjo21

（六）云南广南嘎苏为双唇塞边复辅音 pl、pʰl 和鼻边复辅音 ml。如：
pʰlu33（白）、plo21（蜜蜂）、plo21（满）、plɑ21（脓）、mlo21（多）、pʰla55（变）、pʰlo51

（叶子）、pluɯ⁵⁵（踢）。

我们把包括彝语 t 系声母在内的各地的变体形式归纳为七大系：

舌尖后	t 系：t、tʰ、d、nd、n	威宁、大方、禄劝、武定、昭通、弥勒
舌尖中	t 系：t、tʰ、d、nd、n	盘县、寻甸、邱北、墨江聂苏、峨山、新平
齿舌	tɬ 系：tɬ、dl	石林撒尼、文山阿扎
舌面前	tɕ 系：tɕ、tɕʰ、dʑ、ndʑ、n	喜德、美姑、甘洛、布拖、元谋、通海
双唇、唇齿	p 系：p、pʰ、b、f、v	砚山、永胜、大姚、姚安、永仁、丽江、巍山、南涧
唇颚	pj 系：pj、pʰj、bj	文山莫吉、富宁末昂、墨江保保、南华、永胜他留
唇舌	pl 系：pl、pʰl、ml	广南嘎苏

至此，我们不禁要问，彝语 t 系声母是怎样演变而成的？原始声类怎样并合？原始音值怎样构拟？

三

考察彝语 t 系声母的演变规律，我们要与各地彝语的同源词进行比较，并且和藏缅语族主要亲属语言如藏语、缅语、羌语、嘉戎语、僜语、景颇语、哈尼语等进行比较，以及参照 7 世纪的藏文和 11 世纪的缅文，这些丰富而宝贵的资料为我们进行历史比较提供了有利的条件和可靠的佐证。我们把以上 t 系声母的 12 个例词与藏缅语族的主要语言作了初步比较，如下：

藏文（转写）：（12）猴 sprehu；（6）蜜蜂 sbraŋhbu；（2）秃鹫 bja rgod

缅文（转写）：（4）变 prɔŋ³；（7）满 praɲ¹；（3）白、银 phru²；（10）脓 praŋ²；

（6）蜜蜂 pja³；（11）多 mja³；（12）猴 mjɔk⁴

羌语：（3）白、银 phrɪʂ

嘉戎语：（9）踢 zbro；（3）白、银 pram；（2）雕 pja rgot

僜语：（3）白、银 mphluŋ⁵⁵；（7）满 phlaɲ⁵⁵

景颇语：(3) 白、银 phʐo³¹；(7) 满 phʒiŋ⁵⁵

哈尼语：(6) 蜜蜂 bja³¹ si⁵⁵；(8) 淡 bjo³¹；(10) 脓 bjɔ⁵⁵；(4) 变 pjɤ³¹；

(3) 白、银 phju⁵⁵；(2) 鹞子 dze⁵⁵ phja³³；(11) 多 mja³³；

(12) 猴 a⁵⁵mju̠³¹

从藏文、缅文以及藏缅语族主要语言同源词比较看，可以推测古代藏缅语有三套复辅音声母：(一) 基辅音和卷舌边音，本文概称 *pr 系；(二) 基辅音和齿边音，本文概称 *pl 系；(三) 基辅音和腭化音，本文概称 *pj 系：

*pr 系	*pl 系	*pj 系
*pr	*pl	*pj
*pʰr	*pʰl	*pʰj
*br	*bl	*bj
*mr	*ml	*mj

这三套复辅音声母发展至现代彝语经历了不断的简化和整化。

(一) 简化

简化即复辅音声母演变成单辅音声母或零声母，这是藏缅语族语言发展的总趋势。所谓"简化"，并不是单纯地指"脱落"或"合二为一"，而是经过了复杂的声母辅音之间的相互影响，声母辅音与韵母元音之间的相互影响，与韵尾元、辅音之间的相互影响，与声调、音长、音重之间的相互影响，等等。从彝语 ʈ 系声母各地的变体形式看，藏缅语的 *pr 系、*pl 系、*pj 系发展至彝语的 ʈ 系、t 系、tɬ 系、tɕ 系，曾经历了后退同化、腭化、脱落等主要音变现象。

(1) 后退同化。复辅音声母的前、后两个辅音中，前辅音受后辅音的影响改变其发音部位，向后辅音靠拢。藏缅语的 *pl 系发展到石林撒尼彝语和文山阿扎彝语的 tɬ、dl 就是后退同化的结果，双唇塞音的前辅音受齿边音的后辅音影响变成了齿塞音。

(2) 腭化。后辅音的腭化现象影响了前辅音的双唇塞音，使之变成了舌面塞擦音。藏缅语的 *pj 系发展至喜德、美姑、甘洛、布拖、元谋彝语及通海嘎卓语的 tɕ 系就是腭化的结果,中间可能经过 *tj 系,即 *pj（→ *tj）→tɕ。

（3）脱落。经过后退同化后,后辅音脱落成单辅音声母。藏缅语的 *pr 系发展至威宁、大方、禄劝、武定、昭通、弥勒彝语的 ʈ 系,中间可能经过 *tr 系,即 *pr（→ *tr）→ ʈ。藏缅语的 *pl 系发展至盘县、寻甸、邱北、墨江聂苏、峨山、新平彝语的 t 系,即 *pl → tl → t,就是后退同化后,后辅音脱落的结果。

至于砚山、永胜、大姚、姚安、永仁、丽江、巍山、南涧彝语的 p 系,可能是后辅音的直接脱落。文山莫吉、富宁末昂、墨江俚保、南华、永胜他留彝语的 pj 系和广南嘎苏彝语的 pl 系,则可能是藏缅语 *pj 系和 *pl 系的历史遗留。

从以上音变现象可以看出,藏缅语复辅音演变成单辅音往往是前一基辅音受后一副辅音(通常是边音或流音)影响而改变其发音部位,然后后面的副辅音脱落,这几乎已成了藏缅语语音演变的一个重要特征。

（二）整化

整化是彝语音系学的特征。各地彝语的音位体系显示出声母辅音的清、浊对称,送气、不送气对称,鼻音、非鼻音对称,鼻冠、非鼻冠对称,鼻音、边音对称;韵母元音的松紧对称;声调的高、中对称,中、低对称,高、低对称等。"对称"是彝语语音整化的核心。如果认为"简化"是语音上的"减音"的话,那么,"整化"则是语音上的"增音"。由于彝语音系学上音位的配对特征,原始藏缅语语音系统发展到彝语音位,便改造成双、对的配合与对立,这就是整化的过程。藏缅语的 *pr 系、*pl 系和 *pj 系发展至彝语的 t 系即实现"整化",t 和 tʰ 为不送气和送气,t 和 ɖ 为清和浊,ɖ 和 ɳɖ 为非鼻冠和鼻冠,ɖ 和 ɳ 为非鼻音和鼻音。威宁、大方、禄劝等地彝语的 ʈ 系声母便为 ʈ、ʈʰ、ɖ、ɳɖ、ɳ;同样,盘县、寻甸、邱北等地彝语的 t 系声母便为 t、tʰ、d、nd、n;喜德、美姑、甘洛等地彝语的 tɕ 系声母则为 tɕ、tɕʰ、dʑ、ɳdʑ、ɲ。

原始藏缅语发展演变至彝语,语音经过简化与整化、同化与腭化、脱落与补偿、减音与增音,有了很大变化。古代藏缅语的 *pr 系、*pl 系、*pj 系"简化"与"整化"为现代彝语的 ʈ 系、t 系、tɬ 系、tɕ 系、p 系,有的地区保存着 pj、pl。我们把以上彝语 t 系以及各地的变体形式归为五个声类,构拟为 *pl、*pʰl、*bl、*mbl、*ml,这大概比较近乎历史事实,也易于被人们所接受。

凉山彝语骈俪词调律探讨*

　　凉山彝语四音骈俪词是词汇的重要组成部分,它们的语音格调并不依赖于双声叠韵或押韵等表达手段,声调起伏为其主要特色。本文拟对骈俪词的调律作初步探讨。

一

　　声调是汉藏语系语言的重要特征。在语流中,一定音值的声调可以限定在一个音节上,也可以限定在两个或两个以上的音节上。①

　　凉山彝语骈俪词的声调以单音节调和双音节调为基础,调型在骈俪词中虽受语速、语气的影响而有所变动,但基本上不改变原有调型,一般都具备辨义功能,是骈俪词声调的基础。②

　　凉山彝语的单音节调在单读时有四种基本调型,可以描述为高平(55)、次高平(44)、中平(33)和低降(21)。

　　双音节调指两个单音节调组合的连读变调。它的调型是两个原调型相连的序列。四个单音节调在双音节连读时可组成十六种调型,但彝语次高平调是一个后起的调,由中平调和低降调异化而来,和其他三个声调组合时不存在44+55、55+44 和 44+44 的音节结构类型。因此,彝语单音节调组合成双音节调时实际上只有十三种组合方式(拉玛兹倮1991)。③ 可用音系学法则的表达式表示如下("/"指在后面条件下,"→"是"变为","#"表示后面不接别的调):④

---

* 本文原载《民族语文》1995 年第 2 期。
① 参阅沈同《新派上海话声调的底层形式》,《语言研究》1985 年第 1 期。
② 参阅吴宗济《普通话语句中的声调变化》,《中国语文》1982 年第 6 期。
③ 参阅拉玛兹倮《试论彝语次高调产生的原因》,《民族语文》1991 年第 5 期。
④ 参阅吴宗济、林茂灿主编《实验语音学概要》,高等教育出版社,1989 年。

55→55/55#（高平）   55→53/33#（高中降）

55→51/21#（高低降）   44→43/33#（次高中降）

44→41/21#（次高低降）   33→35/55#（中高升）

33→34/44#（中次高升）   33→33/33#（中平）

33→31/21#（中低降）   21→15/55#（低高升）

21→14/44#（低次高升）   21→13/33#（低中升）

21→21/21#（低降）

以上各式"→"后反映出两个单音节调组合成双音节调后的新调型,如最后一个表达式 21→21/21#中第二个 21 表示两个 21 调音节连读形成的双音节调。这些调型包括平直调、升调和降调三类。我们举例分析如下：①

平直调：X生 dʑa³³（粮食）+bo³³（棵）→#dʑabo³³#庄稼

降　调：♪⌐ ma̱⁵⁵（教）+mo²¹（师）→#ma̱mo⁵¹#老师

升　调：⟨⟩Y ŋɯ²¹（荞）+tɕʰʅ³³（甜）→#ŋɯtɕʰʅ¹³#甜荞

从以上例子可以看出：两个单音节词（或词素）紧密组合在一起后,声调层产生了一个新调型,这个调型是在原调型的基础上紧缩、变调而成的。为了直观反映双音节调,本文标示双音节调位时保留原调号调值表示单音节调型,然后打上括号,在括号右上角标出双音节调调值数字,如上面所举三个例子标为：(dʑa³³bo³³)³³"庄稼"、(ma̱⁵⁵mo²¹)⁵¹"老师"、(ŋɯ²¹tɕʰʅ³³)¹³"甜荞"。

二

凉山彝语的四音骈俪词,如以 A、B、C、D 依次代表四个音节,无论从语音还是意义上看,都是 AB 结合在一起,CD 结合在一起。如：

---

① 参阅吴宗济、林茂灿主编《实验语音学概要》,高等教育出版社,1989 年。

A	B	C	D	
𖼀	𖼁	𖼂	𖼃	
dʑa³³	mbo³⁴	zʅ³³	ndʑa⁵⁵	美味佳肴
饭	好	汤	鲜	

骈俪词是由两组双音节词（或词素）组合在一起的。这样，彝语十三种双音节调在骈俪词中有四十九种组合方式，以此反映出语流升降起伏的九种调律特征：由升而升、由升而平、由升而降、由平而升、由平而平、由平而降、由降而升、由降而平、由降而降。

（一）由升而升

1. 中高升+中高升

𖼄𖼅𖼆𖼇（fu̠³³tsʰʅ⁵⁵）³⁵（tɕʰɔ³³tsʰʅ⁵⁵）³⁵　　门当户对

𖼈𖼉𖼊𖼋（he³³kʰa⁵⁵）³⁵（ŋɔ³³kʰa⁵⁵）³⁵　　兴高采烈

以上骈俪词的调律是两个双音节调的组合，可简单表示为：35+35。下同。

2. 低高升+低中升

𖼌𖼍𖼎𖼏（de²¹gu̠⁵⁵）¹⁵（de²¹ka³³）¹³　　坡窄地

𖼐𖼑𖼒𖼓（do²¹dʑʅ⁵⁵）¹⁵（do²¹zʅ³³）¹³　　说大话

调律：15+13。

3. 低高升+中高升

𖼔𖼕𖼖𖼗（hi²¹pu⁵⁵）¹⁵（ŋgo³³pu⁵⁵）³⁵　　直言不讳

𖼘𖼙𖼚𖼛（hi²¹kɯ⁵⁵）¹⁵（ŋgo³³kɯ⁵⁵）³⁵　　巧舌如簧

调律：15+35。

4. 低中升+低高升

𖼜𖼝𖼞𖼟（kʰa²¹dʑʅ³³）¹³（kʰa²¹zo⁵⁵）¹⁵　　参差不齐

𖼠𖼡𖼢𖼣（dʑi²¹pʰu̠³³）¹³（dʑi²¹tɕʰo⁵⁵）¹⁵　　沧桑变化

调律：13+15。

5. 低中升+低中升

ꃴꈨꃴꈪ（tʂʰa²¹bi³³）¹³（tʂʰa²¹ȵe³³）¹³   衣衫褴褛

ꀋꐷꀋꑠ（a²¹ndʐʅ³³）¹³（a²¹ʑi³³）¹³   坚定不移

调律：13+13。

（二）由升而平

6. 中高升+高平

ꌠꌦꁆꌦ（zʅ³³zʅ⁵⁵）³⁵（pi⁵⁵zʅ⁵⁵）⁵⁵   割草

ꃆꌦꍈꌦ（mu³³sʅ⁵⁵）³⁵（ʐo⁵⁵sʅ⁵⁵）⁵⁵   精雕细刻

调律：35+55。

7. 中高升+中平

ꉐꊂꆿꎭ（he³³tɕʰʅ⁵⁵）³⁵（la³³ʂa³³）³³   伤心

ꎈꌦꎈꐷ（ŋɯ³³zʅ⁵⁵）³⁵（ŋɯ³³dʐʅ³³）³³   收割荞麦

调律：35+33。

8. 低中升+中平

ꉛꀟꀊꀉ（hi²¹pʰʅ³³）¹³（ȵo³³xo³³）³³   痛心疾首

ꑳꅐꑋꅐ（ŋo²¹lu³³）¹³（ʑi³³lu³³）³³   思想

调律：13+33。

9. 中次高升+中平

ꇐꁆꇐꐪ（lu³³pʅ³⁴）³⁴（lu³³tɕi³³）³³   格言成语

ꈫꋭꈫꉎ（gu³³tsʰi³⁴）³⁴（gu³³ho³³）³³   高寒山区

调律：34+33。

（三）由升而降

10. 中高升+次高中降

ꉐꃳꆤꎸ（he³³mbu⁵⁵）³⁵（ȵo³⁴ɕe³³）⁴³   心慌意乱

ꐷꌦꐷꉜ（dʐʅ³³zʅ⁵⁵）³⁵（dʐʅ³⁴hi³³）⁴³   打闹戏耍

调律：35+43。

11. 低中升+高低降

ꉬꊰꂷꂷ（ndu²¹ʐu³³）¹³（si⁵⁵dʑi²¹）⁵¹   针锋相对

ꋀꊱꋀꋀ（to²¹dʑu³³）¹³（tɕe⁵⁵dʑu²¹）⁵¹   准备程度

调律：13+51。

12. 低中升+次高中降

ꑍꂷꆈꂷ（ŋo²¹lu³³）¹³（tɕʐ³⁴lu³³）⁴³   思想

ꆹꆈꆈꆈ（la²¹hi³³）¹³（la³⁴hi³³）⁴³   摇摇晃晃

调律：13+43。

13. 中次高升+高低降

ꄷꀾꀝꀀ（ɕʐ³³kʰi³⁴）³⁴（lo⁵⁵kʰi²¹）⁵¹   碍手碍脚

ꀬꊰꀾꊱ（zʐ³³dʑi³⁴）³⁴（la⁵⁵dʑi²¹）⁵¹   土崩瓦解

调律：34+51。

14. 中次高升+次高中降

ꂷꆈꀋꋀ（mu³³lu³⁴）³⁴（ma³⁴tʰe³³）⁴³   行为举止

ꃅꋀꃅꋀ（fu̠³³dʑu̠³⁴）³⁴（fu³⁴tɕe³³）⁴³   婚姻法规

调律：34+43。

15. 中次高升+中低降

ꍜꋀꆈꋀ（tɕʰʐ³³dʑu³⁴）³⁴（luɯ³³dʑu²¹）³¹   麂獐足迹

ꈬꃀꆈꃀ（kʰu³³do³⁴）³⁴（hi³³do²¹）³¹   当面(说)一套,背后(说)一套

调律：34+31。

（四）由平而升

16. 高平+中高升

ꀨꀙꂷꀙ（ʐo⁵⁵kɯ⁵⁵）⁵⁵（de³³kɯ⁵⁵）³⁵   巧于编织

ᥫᥬ丰ᥬ（i⁵⁵su⁵⁵）⁵⁵（n̠i³³su⁵⁵）³⁵　　　　安然入睡

调律：55+35。

17. 高平+低高升

半⊖⊖⊟（kʰu⁵⁵ndʐ̩a⁵⁵）⁵⁵（ɬɯ²¹ndʐ̩a⁵⁵）¹⁵　　美好岁月

ᡱᡥᛓᡥ（m̠a⁵⁵kɯ⁵⁵）⁵⁵（ʑi²¹kɯ⁵⁵）¹⁵　　　施教有方

调律：55+15。

18. 中平+中高升

⊟⋖ᵸᵸ（pʰu³³ʐ̩³³）³³（tʰa³³n̠u⁵⁵）³⁵　　　很器重

ᛃᛉᛃ半（bo³³ɕ̩³³）³³（bo³³lo⁵⁵）³⁵　　　高山峻岭

调律：33+35。

（五）由平而平
19. 高平+高平

ᥫᵰᥫ米（i⁵⁵tʂu⁵⁵）⁵⁵（i⁵⁵n̠o⁵⁵）⁵⁵　　　蜷曲而眠

♂ᛉ♂ᛜ（mo⁵⁵vi⁵⁵）⁵⁵（mo⁵⁵ga⁵⁵）⁵⁵　　戎装战袍

调律：55+55。

20. 中平+中平

ᛃᥩᛃᔰ（mu³³ku³³）³³（mu³³tɕi³³）³³　　　雷声大作

ᛓ⊗ᦞ半（he³³gu̠³³）³³（n̠ɔ³³ga³³）³³　　　满意

调律：33+33。

（六）由平而降
21. 中平+高中降

ᛃᛐᛉᛐ（mu³³tʰi³³）³³（zo⁵⁵tʰi³³）⁵³　　所作所为

ᒛᛋᑗᛋ（z̩ɻ³³dʑu̠³³）³³（pi⁵⁵dʑu̠³³）⁵³　　青草茂密

调律：33+53。

22. 中平+中低降

ꇑꇬꇑꇄ（pʰo³³ʂɿ³³）³³（pʰo³³ko²¹）³¹   想方设法

ꀞꈌꀞꏬ（dʑɔ̢³³mu³³）³³（dʑɔ̢³³gɯ²¹）³¹   强凶霸道

调律：33+31。

23. 中平+次高中降

ꌼꑍꌼꑍ（ɣɯ³³n̠ʑi³³）³³（tɕi³⁴n̠ʑi³³）⁴³   身强力壮

ꀌꊨꀍꊨ（ku³³ẓɿ³³）³³（xo³⁴ẓɿ³³）⁴³   彪形大汉

调律：33+43。

（七）由降而升

24. 高低降+中次高升

ꇻꈌꀕꈌ（mbo⁵⁵kʰo²¹）⁵¹（de³³kʰo³⁴）³⁴   藏物之所

ꇰꐩꈛꇢ（lo⁵⁵fu²¹）⁵¹（mo³³fu³⁴）³⁴   农忙时节

调律：51+34。

25. 高中降+低中升

ꑴꁨꀋꁨ（kʰu⁵⁵ʂɿ³³）⁵³（ɬɯ²¹ʂɿ³³）¹³   逢年过节

ꂷꌼꁮꌼ（m̠a⁵⁵ɣɯ³³）⁵³（ʑi²¹ɣɯ³³）¹³   难以教育

调律：53+13。

26. 中低降+中高升

ꈍꃀꈍꂱ（na³³mu²¹）³¹（na³³mi⁵⁵）³⁵   病情

ꃚꃀꃚꂱ（fu̱³³mu²¹）³¹（fu̱³³mi⁵⁵）³⁵   结婚情况

调律：31+35。

27. 中低降+中次高升

ꊛꌼꀕꌼ（ẓu³³ɣɯ²¹）³¹（de³³ɣɯ³⁴）³⁴   落入掌心

ꀉꐩꀕꐩ（zo³³dʑi²¹）³¹（de³³dʑi³⁴）³⁴   学成出师

调律：31+34。

28. 次高中降+低中升

ȝ¥θ¥（ʂ1³⁴tɕɔ³³）⁴³（ɬo²¹tɕɔ³³）¹³　　　　姹紫嫣红

♂ᵭ𝄐𝄐（fu̲³⁴tɕe³³）⁴³（tɕʰɔ²¹tɕe³³）¹³　　　通婚规矩

调律：43+13。

29. 次高中降+中高升

𝄐𝄐𝄐（bo³⁴o³³）⁴³（bo³³tʰo⁵⁵）³⁵　　　　高山绝顶

𝄐𝄐𝄐（n̪a³⁴ngo³³）⁴³（n̪a³³tsɿ⁵⁵）³⁵　　　刨根问底

调律：43+35。

30. 次高中降+中次高升

𝄐𝄐𝄐（bo³⁴tɕʰe³³）⁴³（lo³³ndo³⁴）³⁴　　　翻山越岭

𝄐𝄐𝄐（a³⁴ndʐe³³）⁴³（a³³ɕi³⁴）³⁴　　　与众不同

调律：43+34。

（八）由降而平

31. 高低降+中平

𝄐𝄐𝄐𝄐（tʰi⁵⁵sɿ²¹）⁵¹（le³³ga³³）³³　　　披枷戴锁

𝄐𝄐𝄐𝄐（ti⁵⁵l̩ɿ²¹）⁵¹（mo³³tʂʰɯ³³）³³　　强人所难

调律：51+33。

32. 高中降+高平

ZZ𝄐𝄐（hi⁵⁵ɕ1³³）⁵³（hi⁵⁵lo⁵⁵）⁵⁵　　　野兽的四肢

θ𝄐θH（n̪u⁵⁵bo³³）⁵³（n̪u⁵⁵pʰa⁵⁵）⁵⁵　　猴子的来源

调律：53+55。

33. 高中降+中平

𝄐𝄐𝄐𝄐（i⁵⁵sa³³）⁵³（n̪i³³sa³³）³³　　　好睡好坐

𝄐𝄐𝄐𝄐（i⁵⁵ɣɯ³³）⁵³（n̪i³³ɣɯ³³）³³　　坐卧不宁

调律：53+33。

34. 中低降+中平

ᛒᛒᛒᛒ（lu³³tʂɯ²¹）³¹（lu³³pʰi³³）³³　　　　锅碗瓢盆

ᚻ♪ᚻᛃ（pʰo³³tsʰɿ²¹）³¹（pʰo³³le³³）³³　　　　毫无办法

调律：31+33。

35. 次高中降+中平

ᛉᛒᛒᛒ（sɿ³⁴tɕʰi³³）⁴³（lu³³tɕʰi³³）³³　　　　树木叶子

ᛗᛞᛠᚹ（ʑi³⁴dʐu³³）⁴³（ka³³ti³³）³³　　　　安家落户

调律：43+33。

36. 低降+中平

ᛞᛉᛒᛠ（pʰu²¹lu²¹）²¹（ʂo³³lo³³）³³　　　　糊里糊涂

ᚠᚪᚾᛃ（mu²¹ŋo²¹）²¹（vi³³kʰɯ³³）³³　　　　刑事案件

调律：21+33。

（九）由降而降

37. 低降+低降

ᛗᛗᚪᚪ（dʑi²¹dʑi²¹）²¹（ŋo²¹ŋo²¹）²¹　　　　渣滓

ᚼᚼᛉᛉ（po²¹po²¹）²¹（tsʰi²¹tsʰi²¹）²¹　　　　整整齐齐

调律：21+21。

38. 高低降+低降

♪ᛒᛋᛒ（m̥a⁵⁵mbo²¹）⁵¹（ʑi²¹mbo²¹）²¹　　　　教育得好

♪ᛏᛋᛏ（m̥a⁵⁵do²¹）⁵¹（ʑi²¹do²¹）²¹　　　　教诲的话

调律：51+21。

39. 高低降+高低降

ᛝᛐᚻᛐ（tɕʰɿ⁵⁵tɕi²¹）⁵¹（ɣa⁵⁵tɕi²¹）⁵¹　　　　哀思之情

ᛉᛞᛉᛞ（a⁵⁵m̥ɿ²¹）⁵¹（a⁵⁵tɕo²¹）⁵¹　　　　落后不前

调律：51+51。

40. 高低降+高中降

ㄒ王ㄒ屵（ i⁵⁵po²¹ ）⁵¹（ i⁵⁵tɕe³³ ）⁵³　　　　被褥床单

♪⅃♪貝（ m̥a⁵⁵mo²¹ ）⁵¹（ m̥a⁵⁵si³³ ）⁵³　　　　一代宗师

调律：51+53。

41. 高低降+中低降

θθㄒθ（ ȵu⁵⁵ɬɯ²¹ ）⁵¹（ va³³ɬɯ²¹ ）³¹　　　　猴年鸡月

※ꇾ凷ꇾ（ z̥o⁵⁵mbo²¹ ）⁵¹（ de³³mbo²¹ ）³¹　　　编得很好

调律：51+31。

42. 高中降+高低降

ㄨⅠ⁰ㄨθ（ vu⁵⁵tʂu̠³³ ）⁵³（ vu⁵⁵ɬo²¹ ）⁵¹　　　浓绿润泽

ㅐ※ㅐㅓ（ si⁵⁵tsʅ³³ ）⁵³（ si⁵⁵to²¹ ）⁵¹　　　　备战

调律：53+51。

43. 高中降+高中降

ㄩꊉㄩꊕ（ vi⁵⁵lu³³ ）⁵³（ vi⁵⁵ga³³ ）⁵³　　　　衣物

ㄒㅑㄒⅫ（ i⁵⁵pu̠³³ ）⁵³（ i⁵⁵le³³ ）⁵³　　　　辗转反侧

调律：53+53。

44. 高中降+次高中降

公ㅐꋷ彐（ dʐʅ⁵⁵mu³³ ）⁵³（ ka³⁴tʰɔ³³ ）⁴³　　　世界

ㄒ袅彗袅（ i⁵⁵ʂo³³ ）⁵³（ ȵi³⁴ʂo³³ ）⁴³　　　假装入睡

调律：53+43。

45. 中低降+高低降

ㅛㅊ㑇ㅑ（ ɕʅ³³ndʐɯ²¹ ）³¹（ pi⁵⁵ndʐɯ²¹ ）⁵¹　　运送肥料

ㅛ呈㑇呈（ ɕʅ³³ndu²¹ ）³¹（ pi⁵⁵ndu²¹ ）⁵¹　　　捣碎肥料

调律：31+51。

46. 中低降+中低降

ꃴꉙꑊꀨ（sʅ^{33}dʐu^{21}）^{31}（lu^{33}mo^{21}）^{31}　　　草木灰烬

ꆈꑭ（he^{33}z̩ʅ^{21}）^{31}（ŋ̩ɔ^{33}z̩ʅ^{21}）^{31}　　　深信不疑

调律：31+31。

47. 次高中降+低降

（ɬʅ^{34}nɔ^{33}）^{43}（vo^{21}nɔ^{21}）^{21}　　　狂风暴雨

（ʐu^{34}k^{h}u^{33}）^{43}（mu^{21}ŋ̩o^{21}）^{21}　　　盗窃

调律：43+21。

48. 次高中降+高中降

（ŋ̩i^{34}bu^{33}）^{43}（hi^{55}bu^{33}）^{53}　　　野兽

（ɕʅ^{34}l̩^{33}）^{43}（lo^{55}l̩^{33}）^{53}　　　笨手笨脚

调律：43+53。

49. 次高中降+次高中降

（le^{34}vu^{33}）^{43}（le^{34}ŋ̩e^{33}）^{43}　　　拥挤

（ʂʅ^{34}bu^{33}）^{43}（ʂʅ^{34}z̩ʅ^{33}）^{43}　　　五彩斑斓

调律：43+43。

凉山彝语骈俪词每个超音段调型基本上是两个单音节调型相连的序列，但受连读的影响，前后两调或变低或变高，并通过紧缩而成为十三种双音节调。从音段层看，骈俪词连读时，一个双音节调限定两个音段（音节）。这是彝语语音的实际情况。在语流切分中我们可以有种种不同的切割理论和方法。彝语语流中音段和韵律音高成分不是一对一的。

彝语动物名词"性"的表达方式 *

彝语的动物名词,有"阳性"(指雄性)、"阴性"(指雌性)和"中性"之分。这些"性"是在动物名词词根后加不同词素表达的。大家知道,汉语普通话里,在动物名词词根之前加上"公、母"或"雌、雄"两种词素,即可表达动物的性别。而在彝语里,这两种词素远远表达不了动物的性别。表达彝语动物名词"性"的标志词素相当丰富:家畜的"性"、家禽的"性"、野兽的"性"以及野禽的"性"往往有不同的标志词素,其表达方式多种多样、丰富多彩、独具特色。可以说,"性"的区分详尽、多样、整齐是彝语名词的特点,而这一点往往为彝语研究者所忽略。本文运用丰富的方言材料,试对彝语动物名词"性"的表达方式进行整理和探讨,希望有助于彝语语法的深入研究,为彝语词法研究提供有说服力的材料依据。

一、阳性的表达方式

在彝语里,并不是一个"公"或"雄"词素就能表达所有动物的阳性,而是用不同的表达词素:哺乳动物和禽类动物用不同的词素表达,家养动物和野生动物也用不同的词素表达,用于配种的阳性又用特殊的词素表达。这些表达有形式多样、归类清楚、互不混淆等特点。下面我们分别举例叙述。

(一)哺乳类动物阳性和禽类动物阳性的表达方式

哺乳类动物分为家畜和野兽两类,禽类动物分为家禽和野禽两类,这四类的"阳性"标志词素是不同的,具体如下:家畜阳性标志词素是 pa^{33}(pa^{21}、pu^{33}、

---

* 本文原载《西南民族学院学报》(哲学社会科学版)1999 年第 1 期。

pu^{21}、bu^{21}、po^{33}、po^{21}）（括号内为语音变体或方言变体举例，下同），野兽阳性标志词素是 a^{21}pu^{33}（ʔi^{33}po^{55}、ʔu^{33}pa^{21}）、kɣ^{21}ka^{21}、ndʐʰɯ^{33}，家禽阳性标志词素是 pʰu^{33}（pʰu^{55}、pʰu^{11}、pu^{33}）、fi^{55}pa^{21}，野禽阳性标志词素是 ʔi^{33}pʰu^{22}、kɣ^{21}pʰu^{55}。部分方言有交叉使用或合用阳性标志词素的现象。比如喜德诺苏彝语家畜阳性标志词素是 pa^{33}（pa^{55}），家禽阳性标志词素是 pu^{33}，不混淆，但野生动物阳性标志词素合用一套，即野兽阳性和野禽阳性都用 a^{21}pu^{33}。详见下表：

1. 畜类（哺乳类）动物阳性①

	喜德诺苏 pa^{33}/pa^{55}/ bu^{33}/a^{21}pu^{33}	禄劝纳苏 po^{33}/po^{55}/ bɣ^{33}/ndʐʰɯ^{33}	寻甸白彝 pu^{55}	峨山那苏濮 po^{33}/bu^{33}/ kɣ^{21}ka^{33}
猪	vo^{55}pa^{33}	va^{55}po^{33}	va^{33}pu^{55}	va^{32}po^{33}
狗	kʰɯ^{33}pa^{55}	tɕʰi^{21}po^{55}	tɕʰi^{21}pu^{55}	tɕʰi^{33}po^{33}
山羊	tʂʅ^{55}bu^{33}	tʂi̠^{55}po^{33}	—	a^{55}tɕʰi^{21}bu^{33}
牛	la^{21}bu^{33}	ɳi^{33}lo^{21}bɣ^{33}	ŋʅ^{33}pu^{55}	ni^{33}bu^{33}
马	mu^{21}pa^{55}	mu^{33}po^{55}	mo^{21}pu^{55}	mo^{33}po^{33}
猫	a^{34}ȵe^{33}a^{21}pu^{33}	a^{33}mə^{55}ndʐʰɯ^{33}	a^{33}mɛə^{55}pu^{55}	a^{55}mɛə^{33}po^{33}
虎	la^{55}mo^{21}a^{21}pu^{33}	lo^{55}ndʐʰɯ^{33}	lu^{55}bo^{11}pu^{55}	lo^{33}kɣ^{21}ka^{33}
豹	zʅ^{55}a^{21}pu^{33}	zi̠^{55}ndʐʰɯ^{33}	zi^{33}pu^{55}	ʒ^{32}kɣ^{21}ka^{33}
猴子	a^{33}ȵu̠^{55}a^{21}pu^{33}	a^{33}ŋo^{55}ndʐʰɯ^{33}	ŋɒ^{55}pu^{55}	a^{55}nu^{33}kɣ^{21}ka^{33}
野猪	vo^{55}ɳi^{33}a^{21}pu^{33}	va^{55}ndʐʰɯ^{33}	va^{33}ɳʅ^{11}pu^{55}	va^{33}ni^{55}kɣ^{21}ka^{33}

	宜良撒尼 pɔ^{55}	弥勒阿细 po^{55}/bu^{33}/ʔi^{33}po^{55}	巍山腊鲁拔 pa^{21}/ʔu^{33}pa^{21}
猪	ve^{11}pɔ^{55}	və^{33}po^{55}	a^{55}vi̠^{21}pa^{21}
狗	tʂʅ^{11}pɔ^{55}	tɕʰi^{11}po^{55}	a^{55}kʰɯ^{21}pa^{21}

---

① 本文所用材料来自原中国科学院少数民族语言调查第四工作队编《各地彝语对照表》（油印本，1956 年）。各点为：喜德：李子乡洛列格村；禄劝：德乌乡至苴村；寻甸：龙潭乡糯勒村；峨山：新建乡倪家村；宜良：狗街乡太平村；弥勒：起飞乡大平地村；巍山：爱国乡土家支。下文"石屏聂苏"指石屏三区聂苏濮彝语。

	宜良撒尼 pɔ⁵⁵	弥勒阿细 po⁵⁵/bu³³/ʔi³³po⁵⁵	巍山腊鲁拔 pa²¹/ʔu³³pa²¹
山羊	tɕʰi¹¹pɔ⁵⁵	tɕʰi̠³²bu³³	a⁵⁵tʂʅ²¹pa²¹
牛	lɔ¹¹ŋ¹¹pɔ⁵⁵	lo³³bu³³	a⁵⁵ŋ²¹pa²¹
马	m̩⁵⁵pɔ⁵⁵	mo³³po⁵⁵	a⁵⁵mɿ²¹pa²¹
猫	mæ³³næ³³pɔ⁵⁵	mæ⁵⁵næ³³ʔi³³po⁵⁵	a²¹ni⁵⁵pa²¹
虎	lɔ⁵⁵pɔ⁵⁵	lo⁵⁵ʔi³³po⁵⁵	la²¹pa²¹ʔu³³pa²¹
豹	zʅ¹¹pɔ⁵⁵	zʅ²¹ʔi³³po⁵⁵	zʅ²¹pa²¹ʔu³³pa²¹
猴子	a³³no³³pɔ⁵⁵	a³³nu⁵⁵ʔi³³po⁵⁵	a⁵⁵mo̠²¹ʔu³³pa²¹
野猪	ve¹¹ȵo³³pɔ⁵⁵	vie³³ȵi̠³³ʔi³³po⁵⁵	a⁵⁵vi²¹ʔu³³pa²¹

2. 禽类动物阳性

	喜德诺苏 pu³³/a²¹pu³³	禄劝纳苏 pu³³/ndʐɯ³³	寻甸白彝 pʰu¹¹
鸡	va³³pu³³	ɣa³³pu³³	—
鸭	e³³pu³³	ʔɛ³³ndʐɯ³³	ŋa³³ɣɤ³³pʰu¹¹
鹅	o³³pu³³	ʔɒ²¹ndʐɯ³³	ŋa²¹u¹¹uɤ²¹pʰu¹¹
鸟	he³⁴tsʅ³³a²¹pu³³	ŋa³³ndʐɯ³³	ŋa²¹tsi⁵⁵zu³³pʰu¹¹
野鸡	ʂu̠³³a²¹pu³³	ŋa³³ʂu²¹pu³³ndʐɯ³³	ʂo²¹pʰu¹¹

	峨山那苏濮 pʰu⁵⁵/kɤ²¹pʰu⁵⁵	宜良撒尼 pʰu³³	弥勒阿细 pʰu³³/ʔi³³pʰu³³	巍山腊鲁拔 fi⁵⁵pa²¹/ʔu³³pa²¹
鸡	ja³³pʰu⁵⁵	—	ʑe³³pʰu³³	a⁵⁵ʑi̠³³fi⁵⁵pa²¹
鸭	ɣ³³kɤ²¹pʰu⁵⁵	ŋe³³pi³³pʰu³³	ʑe³³pi̠³³ʔi³³pʰu³³	ʔɛ³³ʔu³³pa²¹
鹅	a³³lo⁵⁵kɤ²¹pʰu⁵⁵	m̩⁵⁵hi³³mɔ³³pʰu³³	ʑe³³χo³³mo³³ʔi³³pʰu³³	a⁵⁵ny⁵⁵ʔu³³pa²¹
鸟	xa³³kɤ²¹pʰu⁵⁵	ŋe³³pʰu³³	χe³³zo¹¹ʔi³³pʰu³³	a⁵⁵ȵ³³ʔu³³pa²¹
野鸡	sɒ³³kɤ²¹pʰu⁵⁵	ʂʅ⁵⁵pʰu³³	χo⁵⁵ʔi³³pʰu³³	a⁵⁵ʂu²¹ʔu³³pa²¹

"猫"在喜德（用词素 $a^{21}pu^{33}$）、禄劝（用词素 $nd\underline{z}^hɯ^{33}$）、弥勒（用词素 $ʔi^{33}po^{55}$）被划入野生动物范围内，而在其他各点则属于家畜，由此可见，上述三个点驯化猫可能较晚。同理，"鸭"、"鹅"在禄劝、峨山、弥勒、巍山四个点被划入野禽动物内，由此猜想，这几个点驯化鸭、鹅的时间也较晚。如果有人专门研究彝族驯化动物的时间层次，从动物名词的"性"标志词素着手是一个途径。彝族是一个较早驯化动物的民族，史志上认为彝族先民源于古代游牧民族氐羌，这是有一定道理的。我们从彝语动物名词"阳性"标志词素的同源程度高这一点即能获得旁证。从上面几个表中可以看到，家畜阳性标志词素 pa（喜德）、po（禄劝）、pu（寻甸）、po（峨山）、pɔ（宜良）、po（弥勒）、pa（巍山）明显同源，没有疑义；家禽阳性标志词素 p^hu（寻甸、峨山、宜良、弥勒）、pu（喜德、禄劝）也是同源的。野兽阳性标志词素 $ʔi^{33}po^{55}$（弥勒）、$ʔu^{33}pa^{21}$（巍山）同源（但禄劝的 $nd\underline{z}^hɯ^{33}$ 与其他点没有同源关系，其来源不明，待考），野禽阳性标志词素 $a^{21}pu^{33}$（喜德）、$kɤ^{21}p^hu^{55}$（峨山）、$ʔi^{33}p^hu^{33}$（弥勒）、$ʔu^{33}pa^{21}$（巍山）也同源。

我们从彝语动物名词"性"标志词素丰富而又同源这点可以断定，彝族先民曾与动物有着千丝万缕的关系，而且较早地形成了他们所接触动物之性别的区分词素。这对于那些以农业为主的农耕民族来讲是做不到也没有必要做到的。

（二）配种动物阳性的表达方式

在彝语里，用于配种、接种的家畜有专门的"性"标志词素（配种动物阳性仅限指家畜）。配种动物阳性通常在词根后加词素 lo^{33}（lo^{21}、$lu^{55}pa^{21}$、$lo^{33}χɒ^{55}$），禄劝纳苏彝语分得更细，除用 lo^{21} 外，还用 $gɯ^{33}$、$n̠ɯ^{55}$、t^hu^{21} 等不同词素，表达不同配种动物的阳性。例如：

	喜德诺苏 lo^{33}/la^{33}	禄劝纳苏 $lo^{21}/gɯ^{33}/n̠ɯ^{55}/t^hu^{21}$	寻甸白彝 $lu^{33}/lu^{33}fiɒ^{33}$
猪	$vo^{55}la^{33}$	$va^{55}lo^{21}$	$va^{33}lu^{33}fiɒ^{33}$
狗	（$k^hm^{33}la^{33}$）	$tɕ^hi^{21}t^hu^{21}$	$tɕ^hi^{11}lu^{33}fiɒ^{33}$
绵羊	$ʐo^{33}lo^{33}$	$fiɒ^{21}lo^{21}$	$fiɒ^{11}lu^{33}$

续 表

	喜德诺苏 lo³³/la³³	禄劝纳苏 lo²¹/gɯ³³/ȵɯ⁵⁵/tʰu²¹	寻甸白彝 lu³³/lu³³ɸɤ³³
山羊	（tʂʰʅ⁵⁵lo³³）	tʂʰi⁵⁵gɯ³³	tɕʰi³³lu³³
牛	（lɯ³³la³³）	ȵi²¹lo²¹	mo¹¹lu³³ɸɤ³³
马	（mu³³la³³）	mu³³ȵɯ⁵⁵	ȵi³³lu³³ɸɤ³³

注：括号内表示不常说，但能知道含义。下同。

	峨山那苏濮 lo³³χEɚ²¹	巍山腊鲁拔 lu⁵⁵pa²¹
猪	va²¹lo³³χEɚ²¹	a⁵⁵vi̠²¹lu⁵⁵pa²¹
狗	tɕʰi³³lo³³χEɚ²¹	a⁵⁵kʰɯ²¹lu⁵⁵pa²¹
绵羊	χa²¹lo³³χEɚ²¹	a⁵⁵z̠u⁵⁵lu⁵⁵pa²¹
山羊	A⁵⁵tɕʰi³³lo³³χEɚ²¹	a⁵⁵tʂʰʅ²¹lu⁵⁵pa²¹
牛	ni³³lo³³χEɚ²¹	a⁵⁵ŋɤ²¹lu⁵⁵pa²¹
马	mo³³lo³³χEɚ²¹	a⁵⁵mɤ²¹lu⁵⁵pa²¹

从表中看，配种动物阳性标志词素 lo³³（la³³ 喜德）、lo²¹（禄劝）、lu³³（lu³³ɸɤ³³ 寻甸）、lo³³χEɚ²¹（峨山）、lu⁵⁵pa²¹（巍山）都有 lo 及其变体或包含 lo，这是同源的。但禄劝的 gɯ³³、ȵɯ⁵⁵、tʰu²¹ 与其他方言不同源，其来源待考。

二、阴性的表达方式

跟"阳性"一样，彝语动物名词"阴性"的表达方式也不是只在词根后加"母"或"雌"就能体现，而是有多种"阴性"标志词素。彝语动物名词的"阴性"，可以通过在词根后加不同"性"标志词素来反映阴性动物的"生育状况"，即生育过（或下过蛋）的用一类阴性标志词素，未生育过（或未下过蛋）的用另一类标志词素，不会生育（或不会下蛋）的再用另一类阴性标志词素。我们依这三类分别叙述。

（一）生育过（或下过蛋）的阴性表达方式

在彝语动物名词中，生育过（或下过蛋）的动物阴性，在词根后加"性"标志词素 mo^{21}（mo^{33}、$mɔ^{33}$、$mə^{33}$、ma^{55}、ma^{33}）来表达。这是指家养动物。但野生动物阴性也归在生育过（或下过蛋）之列，大概是不好确定野生动物"生育"与否之故吧。与"阳性"标志词素表达相同的一点是：在"阴性"标志词素里也区分家养动物阴性标志词素（如上）和野生动物阴性标志词素。野生动物阴性标志词素是：$a^{21}mo^{21}$（$ʔi^{33}mo^{33}$、$ka^{33}mo^{33}$、$ma^{33}ko^{33}$）。与"阳性"不同的是，"阴性"不区分哺乳类和禽类，都用 mo^{21}（mo^{33}、$mɔ^{33}$、$mə^{33}$、ma^{55}、ma^{33}，家养动物）和 $a^{21}mo^{21}$（$ka^{33}mo^{21}$、$ʔi^{33}mo^{33}$、$ma^{33}ko^{33}$，野生动物）。请看例子：

	喜德诺苏 $mo^{21}/ma^{55}/a^{21}mo^{21}$	禄劝纳苏 $mo^{21}/mɒ^{21}$	寻甸白彝 mo^{21}	峨山那苏濮 $mo^{21}/ka^{33}mo^{21}$
猪	$vo^{55}mo^{21}$	$vA^{55}mo^{21}$	$vA^{33}mo^{21}$	$va^{32}mo^{21}$
狗	$k^hɯ^{21}mo^{21}$	$tɕ^hi^{21}mo^{21}$	$tɕ^hi^{11}mo^{21}$	$tɕ^hi^{33}mo^{21}$
山羊	$tʂ^hʅ^{55}mo^{21}$	$tʂ^hi^{55}mo^{21}$	$tɕ^hi^{32}mo^{21}$	$A^{55}tɕ^hi^{32}mo^{21}$
绵羊	$ʐo^{21}mo^{21}$	$ɦɒ^{21}mo^{21}$	$ɦɒ^{11}mo^{11}$	$χa^{21}ka^{33}mo^{21}$
牛	$ŋ̩i^{21}mo^{21}$	$ŋ̩i^{21}mo^{21}$	$ŋ̩i^{33}ʂɛ^{21}mo^{21}$	$ni^{33}ni^{55}mo^{21}$
马	$mu^{21}mo^{21}$	$mu^{21}mɒ^{21}$	$mo^{11}mo^{32}$	$mo^{33}mo^{21}$
猫	$a^{34}ŋ̩e^{33}a^{21}mo^{21}$	$A^{33}mɚ^{55}mo^{21}$	$A^{33}mɛɚ^{55}mo^{21}$	$A^{55}nE^{33}mo^{21}$
虎	$la^{55}mo^{21}a^{21}mo^{21}$	$lo^{55}mo^{21}$	$ɭu^{55}bɚ^{11}mo^{21}$	$lo^{32}ka^{33}mo^{21}$
豹	$zʅ^{55}a^{21}mo^{21}$	$zɿ^{55}mo^{21}$	$zi^{32}mo^{21}$	$ʐ̩^{32}ka^{33}mo^{21}$
野猪	$vo^{55}ŋ̩i^{33}a^{21}mo^{21}$	$vA^{55}ndʑ^hɯ^{33}mo^{21}$	$vA^{33}ŋ̩i^{21}tɯ^{33}mo^{21}$	$va^{32}ni^{55}ka^{33}mo^{21}$
猴子	$a^{33}ŋ̩u^{55}a^{21}mo^{21}$	$ʔA^{55}ŋo^{55}mo^{21}$	$A^{33}ŋɚ^{55}mo^{21}$	$A^{55}nu^{32}ka^{33}mo^{21}$
鸡	$va^{33}ma^{55}$	$ɣa^{21}mo^{21}$	—	$jA^{33}mo^{21}$
鸭	$e^{33}ma^{55}$	$ʔɛ^{33}mo^{21}$	$ŋa^{33}ŋɣ^{33}mo^{21}$	$ɣ^{33}mo^{21}$
鹅	$o^{21}mo^{21}$	$ʔɒ^{21}mɒ^{21}$	$ŋa^{21}ʔu^{11}ʔə^{11}mo^{21}$	$ɚ^{55}io^{33}ka^{33}mo^{21}$
鸟	$he^{33}tsʅ^{33}a^{21}mo^{21}$	$ŋA^{33}mo^{21}$	$ŋA^{11}tsi^{55}zu^{33}mo^{21}$	$χa^{33}ka^{33}mo^{21}$
野鸡	$ʂu^{33}a^{21}mo^{21}$	$ŋA^{32}ʂu^{21}pu^{33}mo^{21}$	$ʂo^{21}mo^{21}$	$so^{33}ka^{33}mo^{21}$

	宜良撒尼 mɔ³³	弥勒阿细 mo³³/ʔi³³mo³³	巍山腊鲁拔 ma³³ko³³
猪	ve²²mɔ³³	vie²²mo³³	a⁵⁵vi̠²¹ma³³ko³³
狗	tɕʰɻ̍¹¹mɔ³³	tɕʰi¹¹mo³³	a⁵⁵kʰɯ²¹ma³³ko³³
山羊	tɕʰi¹¹mɔ³³	tɕʰi²²mo³³	a⁵⁵tʂʰɻ̍²¹ma³³ko³³
绵羊	z̠o³³mɔ³³	z̠u¹¹mo³³	a⁵⁵z̠u⁵⁵ma³³ko³³
牛	lɔ¹¹ŋ̍³³mɔ³³	ȵi¹¹mo³³	a⁵⁵ŋ²¹ma³³ko³³
马	m̩⁵⁵mɔ³³	mo¹¹mo³³	a⁵⁵mɻ²¹ma³³ko³³
猫	mæ³³næ³³mɔ³³	mæ⁵⁵næ³³mo³³	a⁵⁵ni⁵⁵ma³³ko³³
虎	lo⁵⁵mɔ³³	lo⁵⁵ʔi³³mo³³	lo⁵⁵ma³³ko³³(lo⁵⁵mo²¹)
豹	zɻ²²mɔ³³	zi²²ʔi³³mo³³	zi⁵⁵ma³³ko³³(zi⁵⁵mo²¹)
野猪	ve²²n̠o³³mɔ³³	vie³²n̠i³³ʔi³³mo³³	a⁵⁵vi²¹gu²¹ma³³ko³³
猴子	ɑ³³no⁵⁵mɔ³³	ɑ³³nu⁵⁵ʔi³³mo³³	a⁵⁵mo²¹ma³³ko³³
鸡	—	z̠e³³mo³³	a⁵⁵z̠i³³ma³³ko³³
鸭	ŋe³³pi³³mɔ³³	z̠e³³pi³³ʔi³³mo³³	ʔE³³ma³³ko³³
鹅	m̩⁵⁵hɪ²²mɔ³³	z̠e³³χo³²mo³³ʔi³³mo³³	a⁵⁵ny⁵⁵ma³³ko³³
鸟	ŋe³³mɔ³³	χe³³zo¹¹ʔi³³mo³³	a⁵⁵n̩³³ma³³ko³³
野鸡	ʂɻ⁵⁵mɔ³³	χo⁵⁵mo³³	a⁵⁵ʂu²¹ma³³ko³³

从上表看,生育过(或下过蛋)的阴性标志词素 mo²¹(寻甸、峨山、ma⁵⁵喜德、mɔ²¹禄劝)、mɔ³³(宜良)、mo³³(弥勒)同源甚至相同,野生动物阴性标志词素 a²¹mo²¹(喜德)、ka³³mo²¹(峨山)、ma³³ko³³(巍山)同源。

(二) 未生育过(或未下过蛋)的阴性表达方式

前文提过,可能不便区分野生动物阴性是否生育过(或下过蛋),故在彝语里,野生动物的阴性都归入生育过的阴性中表达。因此,未生育过(或未下过蛋)的阴性只反映在家畜和家禽的阴性上。未生育过(或未下过蛋)的动物阴性标志词素较多、较复杂,可归纳为以下七类:

(1) tʰa̠⁵⁵(tʰo̠⁵⁵禄劝,家畜、家禽类)

(2) ŋd̠z̠ʰɤ̠²¹(ŋd̠z̠ɯ⁵⁵、tʂ̠ʰo²¹禄劝,家畜类)

（3）ɦa⁵⁵（禄劝，用于"牛"）

（4）gʁ²¹zo³³（石屏三区聂苏彝语，禽畜通用）

（5）ma³³za²¹（巍山，畜类；mo²¹zɯ³³喜德，畜类）

（6）ma³³pʰe²¹（巍山，禽类）

（7）tɕʰu⁵⁵mo²¹（喜德，禽类）

	喜德诺苏 mo²¹zɯ³³ / tɕʰu⁵⁵mo²¹	禄劝纳苏 tʂʰo²¹/tʰo̠⁵⁵/tʰa⁵⁵ / ŋdzʐ̩ʁ²¹/ŋdzɯ̠⁵⁵/ɦa⁵⁵	石屏聂苏 gʁ²¹zo³³	巍山腊鲁拔 ma³³za²¹ / ma³³pʰe²¹
猪	vo⁵⁵mo²¹zɯ³³	va⁵⁵tʂʰo²¹	ve̠²¹gʁ²¹zo³³	a⁵⁵vi̠²¹ma³³za²¹
狗	kʰɯ²¹mo²¹zɯ³³	tɕʰi̠²¹tʰo̠⁵⁵	tɕʰi³³gʁ²¹zo³³	a⁵⁵kʰɯ²¹ma³³za²¹
山羊	tʂʰ̩⁵⁵mo²¹zɯ³³	tʂʰi̠⁵⁵ŋdzʰ̩ʁ²¹	tɕʰi²¹gʁ²¹zo³³	a⁵⁵tʂʰ̩²¹ma³³za²¹
绵羊	zo²¹mo²¹zɯ³³	ɦɒ²¹tʰa⁵⁵	—	a⁵⁵zu̠⁵⁵ma³³za²¹
牛	ŋi²¹mo²¹zɯ³³	ŋi²¹ɦa⁵⁵	ŋi³³gʁ²¹zo³³	a⁵⁵ŋ²¹ma³³za²¹
马	mu²¹mo²¹zɯ³³	mu²¹ŋdzɯ⁵⁵	mu³³gʁ²¹zo³³	a⁵⁵mŋ²¹ma³³za²¹
鸡	va³³tɕʰu⁵⁵mo²¹	ʁa²¹tʰo̠⁵⁵	e³³gʁ²¹zo³³	a⁵⁵i̠³³ma³³pʰe²¹
鸭	（e³³tɕʰu⁵⁵mo²¹）	—	ʁ³³gʁ²¹zo³³	ʔE³³ma³³pʰe²¹
鹅	（o²¹tɕʰu⁵⁵mo²¹）	—	—	a⁵⁵ny⁵⁵ma³³pʰe²¹

从上表看，未生育过（或未下过蛋）的动物阴性标志词素，除巍山 ma³³za²¹ 与喜德 mo²¹zɯ³³ 有同源关系外，其他的看不出有明显的同源关系，特别是禄劝纳苏彝语，几乎是不同动物就有不同的词素表达其未生育过（或未下过蛋）的阴性。从这些不同源词素看，未生育过（或未下过蛋）的阴性标志词素是后起的，是在彝语方言分裂后，在不同方言内各自产生的。

（三）不会生育的动物阴性表达方式

在禄劝纳苏彝语和巍山腊鲁拔彝语里，家畜类动物阴性除区分生育过和未生育过两种"性"外，不会生育的动物阴性也有专门的"性"标志词素。其表达方式是在动物名词词根后加词素 pʰu⁵⁵（禄劝）、ma³³mɯ⁵⁵（巍山）。例如：

	禄劝纳苏 pʰu⁵⁵	巍山腊鲁拔 ma³³mɯ⁵⁵
猪	va⁵⁵pʰu⁵⁵	a⁵⁵vi̠²¹ma³³mɯ⁵⁵
狗	tɕʰi²¹pʰu⁵⁵	a³³kʰɯ²¹ma³³mɯ⁵⁵
绵羊	ɦɒ²¹pʰu⁵⁵	a⁵⁵ʐu⁵⁵ma³³mɯ⁵⁵
山羊	tʂʰi̠⁵⁵pʰu⁵⁵	a³³tʂʰɿ²¹ma³³mɯ⁵⁵
牛	n̠i²¹pʰu⁵⁵	a⁵⁵ŋ²¹ma³³mɯ⁵⁵
马	mu²¹pʰu⁵⁵	a⁵⁵mɿ²¹ma³³mɯ⁵⁵

从表中看,禄劝纳苏彝语的 pʰu⁵⁵ 和巍山腊鲁拔彝语的 ma³³mɯ⁵⁵ 没有同源关系,可能也是后起的。目前我们手里没有其他方言的类似材料来证明这两个词素的来源,其来源有待进一步研究考证。

三、中性的表达方式

动物中,除"阳性"、"阴性"两类外,还有一类经过阉割的动物。动物一经阉割,即变得"非公非母"、"非阴非阳",也即成为"中性"动物。野生动物不存在"阉割"问题,因此,彝语动物名词的"中性"仅指家养动物。"中性"又因动物在阉割前是阳性或阴性而有不同的标志词素来表达。下面分两类叙述。

(一)阳转中性

"阳转中性"是指动物在阉割前是阳性动物,其标志词素有以下四种:

(1)na⁵⁵(喜德,家畜类;no⁵⁵禄劝,家畜类;na²¹pa²¹巍山,家畜类)

(2)ʂo⁵⁵(喜德,家禽类和某些家畜;ʂɤ̠⁵⁵禄劝,禽畜都用)

(3)mɯ²¹(巍山,禽类)

(4)po³³(禄劝,用于"猪")

由于"阳转中性"动物来源于阳性动物,因此,在某些方言里,"中性"是在相应动物阳性标志词素后加上述"中性"词素构成的。具体请看下表:

	喜德诺苏 na^{55} / so^{55}	禄劝纳苏 no^{55} / $s\textit{ʁ}^{55}$ / po^{33}	巍山腊鲁拔 $na^{21}pa^{21}$ / $m\textit{ɯ}^{21}$
猪	$vo^{55}pa^{33}so^{55}$	$va^{55}po^{33}$	$a^{55}vi^{21}na^{21}pa^{21}$
狗	—	$t\textit{ɕ}^{h}i^{21}no^{55}$	$a^{55}k\textit{ɣ}^{21}na^{21}pa^{21}$
山羊	$t\textit{ʂ}^{h}\textit{ɻ}^{55}bu^{33}so^{55}$	$t\textit{ʂ}^{h}i^{55}s\textit{ʁ}^{33}$	$a^{55}t\textit{ʂ}^{h}\textit{ɻ}^{21}na^{21}pa^{21}$
绵羊	$z\textit{ʮ}o^{21}na^{55}$	$fi\textit{ŋ}^{21}no^{55}$	$a^{55}z\textit{ʮ}u^{55}na^{21}pa^{21}$
牛	$la^{21}bu^{33}so^{55}$	$\textit{ɲ}i^{33}lo^{33}s\textit{ʁ}^{55}$	$a^{55}\textit{ŋ}^{21}na^{21}pa^{21}$
马	($mu^{21}pa^{55}$ so^{55})	$mu^{33}s\textit{ʁ}^{55}$	$a^{55}m\textit{ɣ}^{21}na^{21}pa^{21}$
鸡	$va^{33}pu^{55}so^{55}$	$\textit{ɣ}a^{21}pu^{33}s\textit{ʁ}^{55}$	$a^{55}z\textit{i}^{33}m\textit{ɯ}^{21}$

从上表看，"阳转中性"的标志词素 $\textit{ŋ}a^{55}$（喜德）、no^{55}（禄劝）、$na^{21}pa^{21}$（巍山）同源；so^{55}（喜德）和 $s\textit{ʁ}^{55}$（禄劝）同源；巍山的 $m\textit{ɯ}^{21}$ 来源不明，待考。禄劝的 po^{33} 用于"猪"，其语音形式与"猪"的阳性标志词素 po^{33} 完全相同，也即"$va^{55}po^{33}$"是"公猪"又是"阉猪"。为何这样，原因不明，有待以后与其他方言、语言作比较。

（二）阴转中性

"阴转中性"指动物在阉割前是阴性动物。禄劝纳苏彝语中还区分"阴转中性"的动物在阉割前是否生育过（或下过蛋）。其表达方式是：阉割前生育过（或下过蛋）的动物，在其生育过（或下过蛋）的阴性标志词素后加"中性"标志词素 no^{55}、$s\textit{ʁ}^{55}$、po^{33}；同理，在未生育过（或未下过蛋）的阴性标志词素后加"中性"标志词素 no^{55}、$s\textit{ʁ}^{55}$、po^{33}，即表示此动物在转中性（被阉割）之前未生育过（或未下过蛋）。笔者母语甘洛阿嘎乡诺苏（圣乍土语）彝语能区分"阴转中性"，但不区分其在"转中性"前是否生育过（或下过蛋）。甘洛诺苏彝语"阴转中性"的表达方式是在动物"阴性"标志词素 mo^{21}（ma^{55}）后加"中性"标志词素 so^{55}。例如：

	禄劝纳苏 no^{55} / $s\textit{ʁ}^{55}$ / po^{33}		甘洛诺苏 so^{55}
	生育过转中性	未生育过转中性	阴转中性
猪	$va^{55}mo^{21}po^{33}$	$va^{55}t\textit{ʂ}^{h}o^{21}po^{33}$	$vo^{55}mo^{21}so^{55}$
狗	$t\textit{ɕ}^{h}i^{21}mo^{21}no^{55}$	$t\textit{ɕ}^{h}i^{21}t^{h}\textit{o}^{55}no^{55}$	—

续　表

| | 禄劝纳苏
no⁵⁵/ʂɤ⁵⁵/po³³ | | 甘洛诺苏
ʂo⁵⁵ |
	生育过转中性	未生育过转中性	阴转中性
山羊	tʂʰi⁵⁵mo²¹ʂɤ⁵⁵	tʂʰi⁵⁵ŋdʑʰɿ̱ʸ²¹ʂɤ⁵⁵	tʂʰɿ̱⁵⁵mo²¹ʂo⁵⁵
绵羊	fiŋ²¹mo²¹no⁵⁵	fiŋ²¹tʰa⁵⁵no⁵⁵	zo³³mo²¹ʂo⁵⁵
马	mu³³mo²¹ʂɤ⁵⁵	mu²¹ndʑʰɯ̱⁵⁵ʂɤ⁵⁵	(mu³³mo²¹ʂo⁵⁵)
鸡	ɣa²¹mo²¹ʂɤ⁵⁵	ɣa²¹tʰo̱⁵⁵ʂɤ⁵⁵	va³³ma⁵⁵ʂo⁵⁵

四、彝语名词有没有"性"范畴？（代小结）

综上所述,彝语动物名词有"阳性"、"阴性"和"中性"之分,它们的"性"标志词素大部分同源且有规律可循,这就为我们提出了彝语名词有"性"范畴的可能性。另外,在我们手里的材料中,除动物外,其他一些名词也有"性"的区分。这些名词也像动物名词一样用"性"标志词素表达其"阴性"和"阳性"。我们略举几例于下:

1. 人的"性"区分

甘洛诺苏彝语有如下几对表示人的名词有"性"的区分,它们的"性"标志词素同动物"性"标志词素一致:

	阳　性 pu³³/pa³³	阴　性 mo²¹
"汉根奴隶"	ʂɔ³³pu³³	ʂɔ³³mo²¹
女子称兄或弟之子女	çɿ²¹pa³³（外侄子）	çɿ²¹mo²¹（外侄女）
继母（带来）的孩子	dʑɯ²¹pu³³（子）	dʑɯ²¹mo²¹（女）

2. 植物的"性"

在彝语里,有少数植物名词有"性"的区分,其"性"标志词素与动物名词的"性"标志词素一致。这类植物主要指在同类植物中能开花、结果者为"阴性",不能开花、结果（或开花、结果不多）者为"阳性"。例如:

禄劝纳苏彝语：

	阳　性	阴　性
核桃	sɒ^{21}me^{21}ndʐʰɯ^{33}（不结果者）	sɒ^{21}me^{21}mo^{21}（结果多者）
地莲花	ŋɒ^{21}bɯ^{55}ndʐʰɯ^{33}（不开花者）	ŋɒ^{21}bɯ^{55}mo^{21}（开花多者）

巍山腊鲁拔彝语：

	阳　性	阴　性
麻树	dʐɿ^{21}fi̠^{55}	dʐɿ^{21}ma^{33}

弥勒阿细彝语：

	阳　性	阴　性
草	çi^{55}pʰu^{33}	çi^{55}mo^{33}
树	si̠^{33}pʰu^{33}	si̠^{33}mo^{33}

甘洛诺苏彝语：

	阳　性	阴　性
核桃	sɿ^{21}m̩i^{21}a^{21}pu^{21}（结果少）	sɿ^{21}m̩i^{21}a^{21}mo^{21}（结果多）
梨	sɿ^{21}nda^{33}a^{21}pu^{21}（结果少）	sɿ^{21}nda^{33}a^{21}mo^{21}（结果多）
蒿草	hi^{55}kʰɯ^{33}a^{21}pu^{21}（细、叶少）	hi^{55}kʰɯ^{33}a^{21}mo^{21}（枝多叶多）
玉米	i^{55}mu^{21}a^{21}pu^{21}（结果小,秆甜）	i^{55}mu^{21}a^{21}mo^{21}（结果大,秆不甜）

峨山那苏濮彝语：

	阳　性	阴　性
核桃	sa^{21}me^{21}ka^{33}	sa^{21}me^{21}mo^{21}
玉米	so^{55}bɤ^{21}pa^{33}	so^{55}bɤ^{21}mo^{21}

3. 其他事物的"性"

在彝语中,某些事物因其成双成对,或形体大小不同等原因,而被区分为"公"、"母"。例如：

禄劝纳苏彝语：

	阳 性	阴 性
瓦	$ŋʋ^{21}pu^{33}$	$ŋʋ^{21}mo^{21}$
针	$ɣɤ^{55}ndʐɯ^{33}$（中号针）	$ɣɤ^{55}mo^{21}$（大针）
弩	$tɕʰa^{55}pu^{33}$	$tɕʰa^{55}mo^{21}$
锄头	$tsi^{55}kʰo̠^{21}ndʐɯ^{33}$（形小、长条形）	$tsi^{55}kʰo̠^{21}mo^{21}$（形大、方形）
口弦	$la^{55}mbʰʑ̠^{21}pu^{33}$（音高）	$la^{55}mbʰʑ̠^{21}mo^{21}$（音低）
锣	$ma^{33}lo̠^{21}pu^{33}$（音高）	$ma^{33}lo̠^{21}mo^{21}$（音低）

弥勒阿细彝语：

	阳 性	阴 性
石头	$lu̠^{33}po^{55}$	$lu̠^{33}mo^{33}$

峨山那苏濮彝语：

	阳 性	阴 性
瓦	$mo̠^{21}po^{33}$	$mo̠^{21}mo^{21}$

巍山腊鲁拔彝语：

	阳 性	阴 性
磨子	$ɣu^{33}du^{55}fi̠^{55}$	$ɣu^{33}du^{55}ma^{33}$
连枷	$ʔɿ^{21}kʰa^{21}fi̠^{55}$	$ʔɿ^{21}kʰa^{21}ma^{33}$

　　从这些例子看,彝语名词的"性"还存在于人、植物和其他一些事物中。关于人、植物和其他事物的"性",我们搜集到的材料不多,但这不影响我们把"性"的区分作为彝语名词的一大特点来看。如果语法体系需要,专门为彝语名词提出一个"性"范畴是完全可以的。

　　最后我们将彝语名词"性"标志词素列表整理于下,以便读者查阅：

性		阳　性			阴　性			中　性	
动物分类		哺乳类	禽类	配种类	生育过	未生育过	不会生育	阳转中性	阴转中性
哺乳类动物	家畜	*pa *po *bu		*lo *la *lu χEɚ *lu pa	*mo *ma	*tʰo̠ *ndʐʰɤ *ma za *gɤ zo	*pʰu *ma mɯ	*n̥a *so *po *napa	*mo sɤ （生育过） ndʐʰɤ sɤ （未生育过） *mo no （生育过） tʰo no （未生育过） *mo po （生育过） ts̺ʰopo （未生育过）
	野兽	*a pu *kɤ po *ndʐʰɯ			*a mo *ka mo				
禽类动物	家禽		*pʰu *pu		*mo *ma	*tʰo̠ *tɕʰu mo *gɤ zo *ma pʰe	*pʰu *ma mɯ	*so *mɯ *mpʰɤ	*mo sɤ （下过蛋） *tʰo̠ sɤ （未下过蛋）
	野禽		*a pu *kɤ pʰu *ndʐʰɯ		*a mo *ka mo				

注：有＊者是同源词的代表，不一定是其原始形式。

凉山彝语田坝土语古词拾零 *

  彝语田坝土语主要分布在四川省凉山彝族自治州甘洛县、越西县,乐山地区峨边彝族自治县以及雅安地区的汉源县。土语中心在甘洛县田坝区,故名。使用人口10万多。田坝土语在彝语北部方言里是一个比较特殊的土语,除其语音较特殊外,还保留了一些古彝语词、古彝缅语词乃至古藏缅语词。本文以甘洛县苏雄区乌斯大桥乡为例,整理出一些遗存在田坝土语里的古词,并运用同语族语言和方言材料加以论证,以供研究彝语史的同仁参考。

  国内外历史语言学家的研究成果表明:语言的发展演变速度是不完全相同的,这造成了亲属语言分化后的语音特征、词汇系统以及语法结构等的不平衡。但历史语言学又认为语言的发展和演变是有规律的,即所谓"音变的规则性"。例如某一个词中某一个音发生了变化,那么,其他有同一个音的词也会发生相应变化,最后造成同一套语音的变化。这是语言学家研究语言历史发展的基本信条。然而,确实也有这样的例外:有同一个音的一个或几个词没有按照规律演变。于是,语言学家又提出了"词汇扩散"理论,认为某一个词的某一个音发生变化时,其他有同一特征的词不是马上发生变化,而是逐渐地从一个词"扩散"到另一个词。因此,若要使所有含有这个音的词都发生同一种变化,需要相当长的一段时间。在这段时间里,这个音变规律会逐渐丧失它的动力,使一些一直未能被扩及的词汇,长期保持原有读音,成为"古词"。和彝语北部方言其他土语一样,田坝土语多数情况下发生了有彝语北部方言特点的演变,而且和其他土语严格对应。然而,也有没按演变规律演变的情形,我们认为这是"词汇扩散"时没有被扩及的缘故。因此,田坝土语里保留了一些古彝语、古彝语支、古彝缅语乃至古藏缅语古词。

---

* 本文原刊于《凉山民族研究》1995年年刊。

一、古藏缅语词

1. "头发"

$ʋ^{33}tsʰ\textbf{ɿ}^{33}$（乌斯大桥彝语，以下简称大桥话）；$ɔ^{33}ɳe^{33}$（凉山彝语标准音点喜德话，以下简称喜德话）

大桥话保留了古藏缅语塞擦音特点。喜德话反映为舌面前鼻音，是语音"腭化"的结果，其发展速度比大桥话快。也就是说，"腭化"这条音变规律还没有扩及田坝土语大桥话。我们说大桥话保留了古音特点，是因为亲属语言和方言仍反映为同一特点，而与喜德话的舌面前鼻音相同的是少数，是音变的结果，是后起的。请看例词：①

$o^{55}tsʰ\textbf{ɤ}^{33}$（云南石林撒尼彝语，以下简称撒尼），$u^{55}tsʰ\textbf{ʅ}^{33}$（云南南华彝语，以下简称南华），$u^{33}tsʰe^{33}$（云南武定彝语，以下简称武定），$ʔy^{21}tɕʰy^{55}$（云南巍山彝语，以下简称巍山），$o^{55}tsʰe^{33}$（傈僳语），$tsʰa^{33}$（怒苏怒语），$tsʰe^{33}kʰɔ^{55}$（绿春哈尼语），$tsʰɛ^{33}kʰu^{55}$（墨江哈尼语），$tsʰɛ^{44}kʰɤ^{44}$（基诺语），$ji^{31}tsʰ\textbf{ʅ}^{33}kʰɯ^{33}$（嘎卓语），$tɕʰi^{55}$（土家语），$tsʰam^{33}$（勒期语），$tsʰɛ^{55}$（波拉语），$tsʰɛ^{31}$（浪速语），$u^{21}tsʰam^{51}$（载瓦语），$gu^{33}tsʰ\textbf{ʅ}^{55}$（扎坝语），$tsʰam$（墨脱门巴语），$sʰam^2paŋ^2$（缅文转写，下同），$shã^{22}pī^{22}$（缅语），$tɕe^{31}$（吕苏语），$htɕa$（夏河藏语），$tʂa^{55}$（拉萨藏语），$tʂa^{55}$（巴塘藏语）。

"头发"一词的词根在古藏缅语里是舌尖前塞擦音声母。这个声母在以上这些语言和方言以及田坝土语大桥话里得到了保留。其中，对一些语言和方言来说，这种保留是符合其演变规律的（即保留古音的"演变"），而对于彝语北部方言来说，腭化是这个词的演变规律，但这条规律没有扩及大桥话的这个词（"头发"），因此，大桥话仍保留了其古音形式。"头发"一词的古藏缅语声母，著名的国际汉藏语言学家白保罗（Paul K. Benedict）构拟为 *tsam。②

---

① 本文语言和方言材料来自戴庆厦顾问，黄布凡主编《藏缅语族语言词汇》，中央民族大学出版社，1992 年；中国社会科学院民族研究所语言室编《藏缅语语音和词汇》，中国社会科学出版社，1991 年。大桥话是笔者调查记录的。

② 见 Paul K. Benedict, *Sino-Tibetan: A Conspectus*（简称 *STC*），有中国社会科学院民族研究所语言室译本《汉藏语言概论》，乐赛月、罗美珍译，1984 年。

2．"蛇"

vu³³（大桥话）；ʂʅ³³（喜德话）

大桥话保留了古藏缅语双唇音形式，同样，我们可以在亲属语言中看到这种保留。请看例词：

vu³¹（拉祜语），vʼi³³（怒苏怒语），wo⁵³（土家语），u³³tθe̱³¹（克伦语），bəɻ⁵³（纳木兹语），ɣɯ³¹（基诺语），mẓui⁵⁵（仙岛语），mẓui⁵⁵（阿昌语），mwe²²（缅语），mrwe²（缅文），ja⁵⁵bu⁵⁵（义都珞巴语），tabɯ（博嘎尔珞巴语），ta³¹bu⁵⁵（达让僜语），bɯ³¹（阿侬怒语），bɯ⁵³（独龙语），lǎ³³pu̱³³（景颇语），bɯ³³ɣɯɯ³⁵（吕苏语），bʒ³³ru⁵³（史兴语），pə⁵⁵rɛ⁵⁵（却域语），mphri（道孚语），khabrɛ（嘉戎语），bu¹¹ẓɛʅ⁵⁵（九龙普米语），be¹³zạ⁵⁵（兰坪普米语），bəs（羌语），butɕhila（墨脱门巴语），bre:³⁵（错那门巴语），rbu（阿力克藏语），sbrul（藏文转写，下同）。

推测，"蛇"一词在古藏缅语里的声母是复辅音*sbr，正如藏文所反映的那样。这个词在长期发展演变中，在某些语言里，擦音音素移到后面，如羌语bəs；一些语言的流音*r卷舌化，如普米语、阿昌语、仙岛语；在一些语言里唇音和流音脱落，尔后擦音卷舌化成为ʂ，如喜德话。喜德话的演变途径推测是这样的：*sbr > *sbẓ > *sẓ > ʂ。[①] 而大桥话则不同，它直接脱落音素而成，其演变途径推测是这样的：*sbr> *b > v。古汉语有"重唇轻唇不分"之说，大桥话的v正是从重唇b演化并固定而成。附带说一下，喜德话口语里"蛇"是bu³³ʂʅ³³，其中的音节bu³³意为"虫"，也是虫类的泛称，它的声母为双唇音，与古藏缅语"蛇"声母相同，这是偶合。

3．"骂"

gɯ⁵⁵（大桥话）；tsʅ⁵⁵（喜德话）

大桥话表现为舌根音，喜德话表现为舌尖前塞擦音。从亲属语言看，大桥话保存了古舌根塞音。请看例词：

gçe（藏文），hkax（夏河藏语），wkuk（阿力克藏语），kharamphi（墨脱门巴语），χiɛ（羌语），kanasŋo（嘉戎语），kʰa⁵⁵ŋu⁵⁵kʰe¹³（却域语），a²⁴（木雅语），kʰu⁵³（达让僜语），kʰo⁵⁵（义都珞巴语），kʰa²¹（巍山），χə³³（南华），ka⁵⁵ʃi⁵⁵（傈僳语），

---

① 符号">"表示演变成后者。下同。

kʰa³³kʰa³³(纳西语)，χɤ³³(嘎卓语)。

在喜德话里，古舌根浊塞音通过腭化、清化、舌位移前等音变方式发展为舌尖前塞擦音。推测其演变过程为：*g> *gj> *dʑ > *tɕ > ts。现甘洛县吉米彝语(笔者母语)的"骂"为dʑ̩⁵⁵，保持在腭化的阶段上。

4. 凸

bu³³(大桥话)；ŋgu³³(喜德话)

大桥话的双唇塞音声母保留了古藏缅语特点，这在亲属语言中可以看到。请看例词：

bu²¹(怒苏怒语)，bi⁵⁵(巍山)，bu⁵³(达让僜语)，bɹwu⁵⁵(格曼僜语)，by⁵⁵by¹¹(九龙普米语)，bə³⁵bə⁵⁵(史兴语)，phuŋbuχ(羌语)，pv̩³³(武定)，pɤ²(撒尼)，gə²¹bv̩²¹(纳西语)，pʰoːt⁵⁵(勒期语)，pau⁵⁵(浪速语)，pu⁵⁵(载瓦语)，pʰãu⁵⁵(缅语)，pʰɔŋ³(缅文)，puɯ³¹guŋ⁵³(独龙语)，poŋ³³(景颇语)，puŋ¹³puː⁵⁵(拉萨藏语)，ɸiburɸibur(藏文)，mbu⁵⁵mbu⁵⁵(巴塘藏语)，mbər(夏河藏语)，nbər(阿力克藏语)，kambur(嘉戎语)，mbərmbər(道孚语)，mbʌ³³lʌ⁵⁵(扎坝语)。

从以上例词看，"凸"一词的古声母可能是个复辅音，如格曼僜语、藏文转写、现代藏语方言以及部分羌语方言现在仍为复辅音声母；又从羌语、缅文转写和藏语方言看，这个词古音带塞音韵尾，而且可能是舌根塞音韵尾。随着语言的发展，古藏缅语中的这个词分化为两个音节，其中一个音节以唇塞音为声母，另一个以舌根塞音(原韵尾)为声母，如独龙语、纳西语和嘉戎语。喜德话里丢失了唇音部分，保留了舌根音，而大桥话里脱落了舌根音部分，保留了唇音部分。这就是它们不同的原因。

5. "(牛)圈"

(ŋy³³)lʌ⁵⁵(大桥话)；(luɯ³³)xo³³(喜德话)

"圈"在大桥话里为舌边音声母，喜德话里为舌根擦音。从亲属语言比较看，大桥话保留了古藏缅语形式。请看例词：

lə³³(木雅语)，loŋ⁵¹(景颇语)，a³¹lɔ³¹(克伦语)，li¹³tʰa⁵⁵(却域语)，le⁵⁵tʰa⁵⁵(扎坝语)，ra(夏河藏语)，ra(博嘎尔珞巴语)，rta ra(藏文，"马圈")，ta⁵⁵ra⁵⁵(拉萨藏语，"马圈")，ta⁵⁵ra⁵³(巴塘藏语，"马圈")，rta ra(阿力克藏语，

"马圈")。

这个词在喜德话里为什么是舌根音声母呢？从进一步比较看，"圈"的声母没有舌根音的痕迹，即喜德话的形式不是传承于古藏缅语形式。推测，喜德话的"圈"借用了"房子"一词的义项，"牛圈"表示为"牛的房子"。现"房子"一词在彝语支语言里为舌根擦音声母，例如：

hi⁵⁵（巍山），xi³³（南华），hə¹¹（武定），hæ³³（撒尼），hɪ³³o⁵⁵du³³（傈僳语），la³¹xø⁵⁵（绿春哈尼语），ɔ⁵⁵xu⁵⁵（墨江哈尼语），xɤ³³（嘎卓语），xo²¹（白语），xi³¹（克伦语）。

喜德话的"房子"ʐi³³是从舌根音腭化而来的。对喜德话而言，"圈"xo³³保留了古彝语支"房子"的形式。

6. "砍（树）"

tsʰu̠³³（大桥话）；kʰe³³（喜德话）

大桥话所反映的塞擦音声母在藏缅语亲属语言里仍有保留。例如：

tə³³tsʰə⁵⁵（扎坝语），na³³tsa⁵³（木雅语），tsi⁵³（嘎卓语），tso̠³³tsɿ²¹（白语），sə（夏河藏语），tʰə¹³ʃtʃa⁵⁵（兰坪普米语），tɕɛ⁵²（拉萨藏语），tɕe⁵³（义都珞巴语），tɕen³¹（阿昌语），gtɕod（藏文）。

从藏文转写形式看，"砍"的古音是复辅音声母，而且是舌根塞音加舌尖塞擦音，我们拟测为 *gts。在语音演变过程中，由于受塞音韵尾脱落、声调产生等诸因素的影响，古藏缅语"砍"的声母经历了音素脱落、清化等过程。其中，喜德话经历了塞擦音脱落、舌根浊塞音清化、送气化等过程，表示为：*gts > *g > *k > kʰ；而大桥话经历了舌根塞音脱落、塞擦音送气化等过程，表示为：*gts > *ts > tsʰ。

7. "辣椒"

fu²¹tsɿ³³（大桥话）；dʑi⁵⁵（喜德话）

大桥话 fu²¹tsɿ³³ 是一个古藏缅语词，请看亲属语言材料：

χæi tʂhua（羌语），hɐi tʂo（嘉戎语），hosav（道孚语），xu³³tʂo⁵⁵（扎坝语），kʰu²¹tsa⁵⁵（贵琼语），ku³³tsi⁵³（史兴语），hu³³tɕu⁵³（吕苏语），pɯ³¹tsi⁵⁵（达让僜语），pɯ³¹tsi⁵⁵（格曼僜语），bi⁵⁵tsi⁵⁵（义都珞巴语），χuo³¹tsuo⁵³（纳木兹语）。

这些材料的词中，第二个音节都是塞擦音声母，与喜德话的形式是同源的，但是，古藏缅语似乎应为清声母，喜德话却变为浊声母，其音变条件目前尚不清楚，有待研究。第一个音节的古音声母推测是带擦音的浊唇复辅音 *hb，其浊唇音音素在一些语言里丢失，如羌语、嘉戎语、道孚语、扎坝语、吕苏语、纳木兹语等，有些语言则丢失了舌根擦音且使唇塞音清化，如达让僜语、格曼僜语。在大桥话里，先是舌根擦音弱化并受其影响，使浊唇音清化，其后舌根擦音丢失，附带使清不送气唇音变为送气音，最后成为唇擦音（轻唇音），表示为：*hb > *xp > *pʰ> f 。

8. "锤子"

po⁵⁵lo⁵⁵（大桥话）；la³³tʰu³³（喜德话）

大桥话的这个词，是从古藏缅语唇塞边复辅音声母 *pl 分化成两个音节的。在亲属语言里，仍有保留 pl 声母的，其他一些点反映为两个音节，跟大桥话一样，一个音节以唇塞音为声母，另一个音节以舌尖中塞音为声母。例如：

ta³¹plaŋ³⁵（格曼僜语），sai⁵³ta³¹plaŋ³⁵（达让僜语），tho ba（藏文），rbo（道孚语），pat²¹tu⁵¹（载瓦语），pɛʔ³¹tau³¹（浪速语），pɛʔ³¹tau⁵⁵（波拉语），pat³¹tu³¹（勒期语），tʰạ⁵⁵pɣ̩¹¹（武定），di³¹pʰu³¹（绿春哈尼语）

"锤子"这个词在亲属语言里部分只反映为舌尖中塞音声母音节，例如：

tʰoː⁵⁵（拉萨藏语），tʰa⁵⁵（巴塘藏语），tʰo（夏河藏语），tʰoŋ（墨脱门巴语），toː（博嘎尔珞巴语），tu²（缅文），tu²²（缅语），tu⁴²（基诺语）。

这说明舌尖中塞音在"锤子"一词的古音中占有一席之地，大桥话把它丢失了。而喜德话兼顾二者，既保留了复辅音中的边音音素 *l，又保留了这个舌尖中塞音 tʰ，但仍是两个音节。

9. "胃"

fʌ⁵⁵（大桥话）；hi⁵⁵（喜德话）

大桥话里"胃"为双唇擦音声母，而喜德话里声母为舌根后擦音。从藏缅语族亲属语言看，"胃"的古音是双唇音。例如：

ɔ³¹fɯ³⁵qo¹¹（拉祜语），bɔ³³ma³³（绿春哈尼语），pu³³mɔ³³（墨江哈尼语），ba³⁵tu⁵⁵（贵琼语），pʰɔː⁵⁵（错那门巴语），pʰa⁵⁵（巴塘藏语），pʰoː⁵⁵（拉萨藏语），

tço pə（夏河藏语），pʰo wa（藏文）。

但一些语言除反映为双唇声母外，还有舌根音声母。例如：

qhʂəs qa（羌语），pho laŋ（墨脱门巴语），pʰo⁵⁵ko⁵⁵（格曼僜语），kʰji²¹pʰam²¹（载瓦语），kʰji²¹pʰam²¹（勒期语），ɡǎ³¹pʰɯ⁵⁵（克伦语）。

这就暗示我们大桥话的形式来源于古双唇音，喜德话的形式传承了古舌根音部分。即，"胃"一词在古藏缅语里可能由以舌根音为声母的和以双唇音为声母的两个音节组成，在彝语北部方言里，其他土语脱落了以双唇音为声母的音节，而田坝土语脱落了另一个音节，故产生了与同方言其他土语不同的特点。

10. "芋头"

ɹ⁵⁵dʑɹ³³（大桥话）；ʐu²¹tʰo²¹（喜德话，借汉语）

"芋头"一词在彝语北部方言其他土语里多为借词，但田坝土语却保留了古藏缅语形式。这点可以从亲属语言中看到，例如：

jur tse（藏文），jur tsə（泽库藏语），jy¹²tsə⁵³（错那门巴语），y³⁵tsə⁵³（桃巴普米语），y tsɻ（尔龚语），jy³⁵tsə⁵³（门巴语），ji⁵⁵tsi⁵³（义都珞巴语）。

从例词看，第二音节声母似乎应为清声母，但在大桥话里反映为浊声母且已腭化为舌面前塞擦音，其演变条件还需作进一步研究探讨。

二、古彝缅语词

11. "脖子"

li⁵⁵vu³³（大桥话）；ku²¹li³³（喜德话）

大桥话第一个音节和喜德话第二个音节有共同来源，但大桥话第二个音节和喜德话第一个音节的来源却不相同。大桥话的双唇音反映了古彝缅语特点。例如：

laȵ²paŋ³（缅文），lɛ²²pɹ⁵⁵（缅语），lɛ²⁴pɛ³³（嘎卓语）。

但在一些语言里双唇音异化为舌尖塞擦音，例如：

laŋ³¹tsəŋ³¹（阿昌语），lɤŋ³¹tsɤŋ³⁵（仙岛语），liŋ⁵¹tsiŋ²¹（载瓦语），lɤŋ³¹tsaŋ³⁵（浪速语），ləŋ³¹tsəŋ³³（勒期语），lɤ³¹tsʰɤ⁵⁵（基诺语）。

"脖子"一词在其他亲属语言中有舌根音声母形式，那可能与喜德话第一个音节声母有着共同的来源。例如：

ske（藏文），ke^{55}（拉萨藏语），ke^{53}（巴塘藏语），hke tə（夏河藏语），rke（阿力克藏语），pɑ^{55}（兰坪普米语），lăɛ^{55}（却域语），ʁə̠^{55}tsa^{53}（木雅语），ʁɛ^{33}tsʰi^{53}（史兴语），go^{31}ɹo^{55}（阿侬怒语），xuŋ^{55}（格曼僜语），lɯŋ guŋ/lwŋ poŋ（博嘎尔珞巴语），lu^{55}ka^{21}tsʅ^{33}（巍山），li^{33}ɣɯ^{21}（南华），læ^{33}ky̠^{33}（傈僳语），kʰɔ^{31}lɔ^{55}（绿春哈尼语），kʰɯ^{31}l̥ɯ^{55}（墨江哈尼语），qɔ^{11}（拉祜语），ɣæ^{53}da^{31}（纳木兹语），ku̠^{21}mi̠^{21}tsa̠^{33}（白语），kʰoŋ^{55}ti^{55}（土家语），kʰo^{31}dze^{33}（克伦语）。

在上例中，博嘎尔珞巴语的第二个音节既可以是舌根音声母，也可以是双唇音声母，这是分化的结果，处于"转换"过程。"转换"指二者用任何一个都行，也即相互可以替换。转换的结果会使其中一个被遗弃不用。遗弃对象的不同将导致如大桥话（遗弃舌根音声母音节）和喜德话（遗弃唇音声母）这样不同的结果。

12. "小"

ɹ^{55}nɪ^{33}（大桥话）；e^{55}tsʅ^{33}（喜德话）

大桥话的词根来源于古彝缅语，现部分彝缅语言仍保留鼻音声母。例如：

nie^{24}（嘎卓语），a^{44}ni^{55}（基诺语），ŋi^{55}（绿春哈尼语），ȵɔ^{33}（武定），ŋɛ^{31}（勒期语），ŋai^{55}（波拉语），ŋai^{31}（浪速语），ɲɛ^{51}（仙岛语），ȵi^{55}（阿昌语），ŋaj^{2}（缅文），ŋɛ^{22}（缅语），*n-yay^{1}（原始彝缅语，布莱德雷构拟）。[1]

除此以外，部分语言的"小"一词为舌尖前或舌面前的塞擦音和擦音声母，这是喜德话塞擦音声母的来源所在。例如：

stə^{33}tsæ^{53}（木雅语），tʂʅ^{55}（史兴语），dʑi^{33}（怒苏怒语），zɒ^{11}（撒尼），tsʰi^{55}（克伦语），se^{21}（白语），suan^{53}（土家语），a^{33}tsʅ^{53}（纳木兹语），tɕi^{55}（纳西语），zo̠^{33}（傈僳语），za^{33}（南华），i^{55}tɕi^{55}a^{55}（义都珞巴语），eː tɕop/a tɕop（博嘎尔珞巴语），tɕi^{55}la^{55}（阿侬怒语），za^{13}zi^{55}（却域语），kəktsi（嘉戎语），qa^{13}tsɛ^{13}（兰坪普米语），χtʂa（羌语），ze mo（墨脱门巴语），tɕʰoŋ（阿力克藏语），tɕʰoŋ wo（夏河藏语），tɕʰu^{13}tɕʰu^{55}（巴塘藏语），tɕʰv̩^{55}tɕʰy^{55}（拉萨藏语），huŋ ŋu（藏文）。

---

[1] 见澳大利亚彝缅语专家 D. 布莱德雷著《彝语支源流》，乐赛月、陈康、鲁丁译，四川民族出版社，1991 年。

从藏文形式看,"小"一词在古藏缅语里可能是两个音节,其中一个音节以塞擦音为声母,另一个音节以鼻音为声母。喜德话丢失了以鼻音为声母的音节,而大桥话则丢失了以塞擦音为声母的音节。

13. "楼"

gʊ³³gʊ⁵⁵(大桥话);li³⁴tʰi³³(喜德话)

大桥话的舌根塞音声母形式反映了古彝缅语特点。请看亲属语言例词:

kʰua⁵³(吕苏语),kɹiŋ⁵⁵(独龙语),kjam²¹(载瓦语),kjɛ³¹(浪速语),kjɛ³¹(波拉语),kjam³³(勒期语),kɹe³¹(怒苏怒语),kɯ³³(墨江哈尼语),ŋgo(夏河藏语)。

从夏河藏语看,"楼"一词古音是复辅音声母,而且主要辅音是舌根浊塞音。参看布莱德雷构拟的原始彝缅语 *m-gu^{1/2}(梯子)。喜德话的 li³⁴tʰi³³估计是早期汉语借词"楼梯",或者还有我们尚不知道的演变方式和来源,有待进一步探讨。

14. "舌头"

çe³³(大桥话);ha³³ne³³(喜德话)

大桥话的舌面擦音声母保留了古彝缅语特点,现缅语支语言较完整地保留和反映为舌面擦音声母,纳西语也反映为舌面擦音声母。请看例词:

ça³³(缅语),çɔ⁵⁵(阿昌语),ʃɔ⁵⁵(仙岛语),ʃo⁵¹(载瓦语),ʃɔ³¹(浪速语),ʃa⁵⁵(波拉语),çi⁵⁵(纳西语)。

"舌头"一词的缅文转写形式是 hljaa²,缅语 ça²² 便是直接从缅文(13世纪前后)形式演化而来的。布莱德雷的构拟是 *ʔ-(y)a¹。也就是说,"舌头"一词的古音声母的主要辅音是边音,它的前面有一个喉音或舌根音,后面跟了一个高元音或半元音 j。边音音素受其后高元音或半元音的影响而腭化,舌位前移,成为舌面音,同时受喉音或舌根音的影响而成为擦音。这是缅语、大桥话相同的演变途径。而喜德话强调了舌根音(或喉音),丢掉了其他音素,成为舌根擦音。ha³³ 是词根,如"鸡舌"为 va³³ha³³。

15. "妻子"

nɪ³³nɪ³³(大桥话);çɻ²¹mo²¹(喜德话)

大桥话的舌尖鼻音声母反映了古彝缅语形式。现部分彝缅语言仍是舌尖鼻音声母。请看例词:

ȵi³³nv̩²¹(纳西语),ma²¹ny⁵⁵(巍山),lo²¹ka²¹ȵi²¹(土家语),va³³ɲi²¹(白语),ni⁵⁵mɔ³¹(仙岛语),ȵi³¹mɔ³¹(阿昌语)。

少数其他语言也保留了这种形式,例如:

mo¹³ȵo⁵³(巴塘藏语),naχ mo(夏河藏语),mo³³ȵo⁵³(木雅语)。

严格地说,喜德话ɕʅ²¹mo²¹和大桥话nɪ³³nɪ³³并不同源。喜德话的ɕʅ²¹是"嫁"的意思,mo²¹是"女性"的意思,ɕʅ²¹mo²¹是"嫁的女人",是动词和名词组成的偏正词,应是后起的。属于圣乍土语的甘洛县吉米彝语对"妻子"一词的说法,除ɕʅ²¹mo²¹外,还有一个mu²¹nɪ²¹,后者的nɪ²¹才是与大桥话同源的词根。

16. "乌鸦"

hʌ³³no²³(大桥话);a³⁴dʑi³³(喜德话)

"乌鸦"一词在古藏缅语中的声母是舌根音,这点我们可以从现部分藏缅语里看到。例如:

go¹³i¹³(兰坪普米语),qa¹¹lɛi⁵⁵(九龙普米语),ki(嘉戎语),ka ʐe(道孚语),qa³³lə⁵⁵(却域语),kʰa⁵⁵ji³³(扎坝语),qa³³ra⁵³(木雅语),ka³⁵li⁵⁵(贵琼语),qʰuu⁵⁵la³³(史兴语),kua³¹li⁵³(吕苏语),kǎ̱³³kʰa³³(景颇语),taŋ³¹ka⁵⁵(独龙语),dʑa³¹kʰa⁵⁵(阿侬怒语),pia⁵³kɪa⁵⁵(达让僜语),kji³kan³(缅文),tɕi⁵⁵ka⁵⁵(缅语),kǎ³¹lam³¹(阿昌语),kak⁵⁵(仙岛语),ɣa³³ko⁵⁵(傈僳语),le³³kæ²¹(纳西语),la³³quo³¹(纳木兹语),ka²¹(土家语),xə³³o⁵⁵(白语),*ka(原始藏缅语,白保罗构拟,见 *STC* 词汇附录)。

这样,我们便知道了喜德话词根dʑi³³的来源。其来源是古藏缅语舌根塞音通过腭化成为舌面前塞擦音声母:*g > *gj > dʑ。其演变方式与缅文kji³kan³ > 缅语tɕi⁵⁵kɑ⁵⁵的过程相似。而大桥话仍保留了舌根音声母:*g > h。从现部分彝缅语言例词看,古彝缅语的构词方式之一是在"乌鸦"后面加一个"黑"表示强调。例如:

ŋo²⁵⁵no²¹(载瓦语),ŋɔ̠²⁵⁵nɔ³¹(勒期语),a⁵⁵nɪ³³(ba³³)(巍山),a³³ne³³(南华),ɒ³⁴ne³⁴(mɒ³³)(撒尼),xa³¹na³³(绿春哈尼语),a⁵⁵na³³(墨江哈尼语),a³⁵na⁵⁴(qa¹¹)(拉祜语),k˩a⁵⁵na̠⁵³(怒苏怒语),kɑ̌³¹na³¹(波拉语),kə²³¹nɔ²³¹(浪

速语)。

大桥话 $hA^{33}no^{33}$ 正是保留了古彝缅语这种构词方式。

三、古彝语支和古彝语词

在彝语支和彝语内部,其语音演变方式总的来讲是比较相似的,如塞音韵尾脱落演化成紧元音、复辅音声母减少等,但一些微观的、个别的演变却因不同语言不同方言而有所不同。田坝土语里保留的古彝语文和古彝语词较多,这里不一一列举论证,仅归纳几条较普遍的特征说明如下:

1. 古鼻、边音声母没有经历清化的词

彝语北部方言语音特征之一是有一套清化鼻、边音声母m̥、n̥、l̥(或记作ɬ)。清化音的产生是古语复辅音声母中前置清辅音对主要辅音影响的结果,从 13 世纪的缅文和现代缅语之间的演变关系可以清楚地看到这一点。例如:

意义	缅文	缅语
闭(眼)	hmit	$me^{?44}$
埋(物)	hmrup	$mjo^{?44}$
鼻涕	hnap	$n̥a^{?44}$
二	hnas	$n̥i^{?44}$①

也就是说清化鼻、边音是后起的。大桥话没有产生清化鼻、边音表明其保留了古音特征。现除彝语北部方言其他三个土语外,同语支其他语言和方言也没有产生清化鼻、边音,因此,我们说彝语北部方言保留了古彝语支语言特征。请看例词:

A:唇鼻音

意义	大桥话	喜德话
名字	$mɿ^{33}$	$mɿ^{33}$
教	mA^{55}	$m̥a^{55}$
熟	$mɿ^{21}$	$m̥i^{21}$

---

① 引自《藏缅语语音和词汇·导论》,中国社会科学出版社,1991 年。

吹	mɯ³³	m̥o³³

B：舌尖中鼻音

意义	大桥话	喜德话
闻	nɪ²¹	ni²¹
哄（小孩）	nʌ⁵⁵	na⁵⁵
问	nɤ³³	na³³
红	ʌ³³nɪ³³	a³³ni³³

C：边音

意义	大桥话	喜德话
晒	lɛ⁵⁵	li⁵⁵
脱	lɛ³³	le³³
涮	l̥o³³	l̥o³³
秧	lu³³	l̥o³³
月（份）	bu³³lʌ²¹	bu²¹l̥ɯ²¹

2. 古舌根音没有经历腭化的词

古舌根音受后面的高元音 *i 或半元音 *j 的影响，会舌位前移成为腭化音——舌面前塞擦音和擦音。如古汉语的见母，构拟为 *k 母，演变到现在的北京话中为舌面前塞擦音 tɕ 母，这是腭化的结果。彝语北部方言语音演变规律之一是古语的舌根音声母通过腭化成为舌面前塞擦音和擦音，但这条规则没有扩及田坝土语，因此，我们说大桥话保留了古彝语特点。请看例词：

意义	大桥话	喜德话	古彝语声母
星星	(m̩³³)kɯ³³	(mu³³)tɕʐ̩³³	*k
自缢	(lɛ⁵⁵)kɪ̠³³	(le⁵⁵)tɕi³³	*k
铜	gɯ³³	dʑʐ̩³³	*g
融化（自动）	gɯ³³	dʑʐ̩³³	*g
皮肤	gɯ⁵⁵gɯ³³	ndʑʐ̩³³	*ŋg
肥料	xɯ³³	ɕʐ̩³³	*x

脚	xɯ⁵⁵xɯ³³	(tɕi³³)çɿ³³	*x
水	ɣɯ³³	zɿ³³	*ɣ
笑	ɣʌ³³	zɿ³³	*ɣ

3. 古塞音声母没有产生前附鼻音的词

彝缅语部分语言的声母中塞音前附有同部位的鼻音,称为鼻冠声母。据戴庆厦教授研究,彝缅语的鼻冠声母是后起的,它们来自古藏缅语复辅音声母的前置辅音,其中主要是鼻音。但是,目前只有纳西语、彝语东部方言部分土语和北方言部分土语发现有鼻冠声母,大多数的彝缅语言都没有。[①] 在彝语北部方言里,四种土语中圣乍、所地、义诺土语有鼻冠声母,而田坝土语没有。既然鼻冠声母是后起的,那么我们可以说田坝土语保留了古彝语特征。为减少篇幅,例词从略。

四、结　语

根据历史语言学理论,语言的发展是有层次性的。以藏缅语言为例,假设北到今青海省(如藏语)、南到今缅甸(如缅语)、东到今湖南省(如土家语)、西到今印度曼尼普尔邦(如曼尼普尔语)这么一片地域的人们,古代某一时期曾同用一种共同语——古藏缅语,但由于时间的推移、人口的迁徙、部族的形成等种种原因,这个共同语随之分化,产生了差异,其中南部的人们使用的语言虽与其他地方有了差异,但其内部仍是一致的,称为古彝缅语;同理,古彝缅语分化为古缅语支和古彝语支语言,古彝语支又分化为古彝语、古哈尼语、古纳西语、古傈僳语、古拉祜语、古基诺语等等,而古彝语又分化为不同的方言和土语。这种假设抛开了不同语族语言接触、融合后产生相似现象的可能性,但这种亲属语言谱系归类方法,没有古语音文献的语言重建古音系统的需要。这样,可以通过比较,找出大量同源词,层层构拟古音系统,以达到了解具体语言历史演变途径和规律的目的。在寻找同源词时,我们会发现一些不符合演变规律的例外词,正如本文开头所谈到的那样,那是因为语言发展演变除有层次

---

① 参阅戴庆厦《彝缅语鼻冠声母的来源及发展》,《民族语文》1992 年第 1 期。

性、规则性外，还有不平衡性。这种不平衡性是词汇扩散速度的不同造成的。比如在一些语言和方言中，由于人们交往频繁，语言使用频率高，词汇扩散就比较快，也比较彻底。相反，在另一些语言、方言或土语里，就会有一些没有被扩及的古词。对于"古词"的整理和研究可以为重建古代语言提供有力的证据，这就是本文的目的和意义所在。

汉彝"团结话"的语言学特征[*]

一

在四川省凉山彝族自治州,一些以彝语为母语的彝族人,基本掌握了汉语以后,由于受母语的影响,在说汉语的时候改变不了"彝腔"(彝语口音重),说出来的是用彝语的声韵调规则套用过来的汉语,具有鲜明的民族特色。人们称这种话为"团结话"。"团结话"这个词应该产生于中华人民共和国成立以后,党和政府不断宣传和强调民族平等、民族团结,只有在这样的条件下,才可能使用"团结"这样的词为一种语言变体命名。"团结话"是对彝汉两个民族、两种语言长期以来相互影响、相互融合的产物的一种形象称呼。

"团结话"是汉语的一种特殊变体。它虽然在整体上遵循了汉语的规则,但在语音、词汇和语法各方面都或多或少地打上了彝语的"烙印"。因此,称之为"汉彝语团结话"可能更恰当一些。例如,由于彝语的韵母都是单元音,没有鼻音韵尾 n、ŋ,因此,"团结话"把"工厂"说成 ꇩꊨ ko⁵⁵tʂʰa³³,把"中国共产党"说成 ꄉꇩꇩꊨꄉ tʂo³³ko²¹koʔ tʂʰa³³ta³³。又如,也许是学第二语言时叹词不好掌握,或者是母语的叹词最为顽固的缘故,"团结话"常把汉语叹词"哎哟"说成 ꀊꂷ a³³ma³³(彝语表示突然受到刺痛,如突然被针扎等)或 ꀊꁈ a³³bo³³(彝语表示惋惜、赞叹等)。再如,由于彝语句子常用的语序是主—宾—谓结构,因此,在说"我吃饭了"时,"团结话"会说成"我饭吃了"。这种彝语化了的汉语,有时会给交际造成障碍,影响工作和学习。显然,"团结话"是掌握和使用彝汉双语不平衡的结果,是基本掌握了汉语的彝族人不能完全摆脱母语的影响和干扰导致的。

---

* 本文原载朱崇先、王远新编《双语教学与研究(第一辑)》,中央民族大学出版社,1998 年。题目有所改变。

开展双语教学的最终目的，是让学生用彝汉两种语言或其中一种语言掌握科学文化知识，从而提高民族文化素质，投入祖国的各项现代化建设中去。这样看来，消除"团结话"是双语教学的一个内容。"团结话"是客观存在的，它的存在并不以我们的意志为转移。对一个一生下来就说彝语的人来说，学习汉语时难免要受到母语的影响和干扰，谁也不能保证他刚开始学就能说出一口流利纯正的汉语。打比方说，一个母语为汉语的人学习英语或者一个只会汉语粤方言的人学习汉语普通话，谁也不能保证前者马上就能说纯正的英语，后者立刻掌握汉语普通话。因为汉语和英语、汉语粤方言和汉语普通话之间的差异是客观存在的。这时，我们需要做的只能是加强对这些不同语言、不同方言的对比研究，找出它们之间的对应规律，有的放矢地进行教学，逐步达到最后让他们分别掌握"纯正"英语和汉语普通话的教学目的。同理，在以彝语为母语的彝族人学习使用汉语时，免不了会受到母语的影响和干扰，即不可避免地有一个说"团结话"的过程。如果说"团结话"是学习"纯正"汉语的必经之路，那么，对比研究"团结话"和汉语、彝语的特点，找出它们之间的对应规律，并把研究结果应用于双语教学，对于早日结束彝族学生长期受"团结话"困扰的状况，使他们掌握较纯正的汉语，无疑是有帮助的。本文的目的就是对比研究彝语和"团结话"之间的对应关系，希望能对凉山地区的彝汉双语教学有所帮助，对有类似情况的其他兄弟民族的双语教学有所启发。

二

关于"双语"的概念，1992 年 8 月出版的《朗曼语言学词典》①的解释是："并存于同一社团而用途不同的两种语言或语言变体。通常，其中的一种是更为标准的变体，多用于政社机关、宣传、教育及宗教仪式，叫高层次语体（High variety 或 H-variety）；另一种是非威望变体，用于家庭成员和朋友之间或买东西等场合，叫低层次语体（Low variety 或 L-variety）。在瑞士，讲德语的地区就有这种情况。其高层次语体是一种标准德语形式，其低层次语体是瑞士的一些瑞士地方方言。还有一些国家也存在双语，如海地和阿拉

---

① 杰克·理查兹、约翰·普兰特、赫迪·魏伯编著：《朗曼语言学词典》，刘润清等译，山西教育出版社，1992 年。

伯国家。"

　　显然,这个释义是结合西方社会的特点作出的,它不能完全反映我国至少是凉山彝族地区的客观情况。凉山州的语言使用状况与这个释义大致有以下两点区别。

　　一、所谓"并存于同一社团"的人,可以指同一个民族,也可以指两个或两个以上的民族。在此释义的例子里指的是"瑞士人",只是他们都可以讲两种有不同功能的语言而已。而在凉山能讲"彝汉双语"的不仅仅是彝族和汉族,还有藏族、蒙古族、纳西族等兄弟民族,但在边远山区更多的情况是各民族只会讲自己的母语。当然,在城镇有彝族转用汉语的情况,在彝族聚居区有汉族转用彝语的现象,这些都属于单语者。凉山地区的这些民族都是中华民族大家庭中的兄弟姐妹,是"并存于同一社团"的人。

　　二、此释义中所谓"高层次语体"和"低层次语体"的区分,在凉山彝族地区也不完全相同。汉语在凉山"用于政社机关、宣传、教育及宗教仪式",但彝语文也被民族区域自治法赋予了与汉语文相同的地位。在凉山,政府公文、公告、布告一般要发汉彝两种文字;四川人民广播电台、凉山州广播电台有彝语宣传广播;有用彝语配音的电视电影节目;凉山日报社办有《凉山日报》彝文版,《凉山文艺》编辑部办有《凉山文艺》彝文版(月刊)。用彝语文教学的学校已从小学到大学本科"全线通车"。彝族的"经师"叫毕摩($\natural$ $\hat{\natural}$ pi^{33}mo^{34}),他们所念的经文从古至今都是用彝文写、用彝语念的。常璩《华阳国志》载:"夷中有桀黠能言议屈服种人者,谓之耆老,便为主,议论好譬喻物,谓之夷经。今南人言论,虽学者亦半引夷经。"[①]此处的"夷经"当是用彝文写、用彝语念的,因为没有文字记载的经文很难固定下来,没有固定的形式也就不能让更多的人理解和传播。丁文江先生在他的《爨文丛刻》序中也认为这段话里所说的"夷经"应该是指用文字记载的经文。

　　凉山地区的双语现状是:

　　第一,州城、县城的汉族说汉语,彝族中的青少年多转用汉语,中老年人使用彝汉双语,其中多数老年人说的是"团结话"。这些地方可以直接用汉语教学;

---

① 刘琳:《华阳国志校注》,巴蜀书社,1984年,第366页。

第二，乡、镇、村公所所在地和彝族聚居区的汉族老居民都能讲彝汉双语，其中老年人彝语讲得最为地道，中青年人多带有"汉腔"（实际上也是一种"团结话"），少年儿童只说汉语，但能听懂一些彝语。新到那儿工作的人只说汉语，但往往因工作需要，会逐步学习和掌握一些常用的彝语。彝族老年人和少年儿童只能讲彝语，但能听懂部分汉语，中青年人操双语，其中多数讲汉语时说的是"团结话"。这些地方的汉族少年儿童可以直接用汉语教学，彝族则需要彝汉双语教学；

第三，居住在汉族聚居自然村的彝族，能熟练操用彝汉双语，可以直接用汉语教学。彝族聚居的自然村只通用彝语，杂居其间的汉族多已转用彝语。这些地方最需要用彝汉双语教学。①

本文论及的对象主要是第二类地区的中青年人。这部分人在凉山州所占比例不小，他们是 1949 年后出生和成长的，现在正是各级政府部门、各行各业的骨干，是凉山地区经济和文化建设的主力。

要有意识地在双语教学中消除"团结话"，首先要了解"团结话"的根源，找出彝语影响汉语的成分。这就要把汉语、彝语和"团结话"三者加以比较，其中既像汉语又像彝语的成分就是产生"团结话"的根源。只要找到了根源，就可以清楚地告诉学生：像汉语的成分要保留、巩固，像彝语的成分要纠正过来。基于这种想法，我们找到了一些产生"团结话"的"根源"，现分语音、词汇和语法三个方面介绍如下。

（一）语音

"团结话"最明显的特点是，语音上"彝语化"太严重。消除彝语语音的影响和干扰是消除"团结话"的先决条件。请看具体情况。

1. 声母

凉山彝语有 43 个声母：

---

① 以上情况是根据笔者的家乡——四川省凉山彝族自治州甘洛县的现状总结的。原凉山州各县的情况应与甘洛县相似，但原属西昌地区现划归凉山州的那部分县的情况可能会有所不同，因为这些县彝族和汉族的人口比例与原凉山州各县不同。

			双唇	唇齿	舌尖前	舌尖后	舌面	舌根	喉
塞	清	不松气	p		t			k	
		送气	pʰ		tʰ			kʰ	
	浊	纯	b		d			g	
		鼻冠	mb		nd			ŋg	
塞擦	清	不送气			ts	tʂ	tɕ		
		送气			tsʰ	tʂʰ	tɕʰ		
	浊	纯			dz	dʐ	dʑ		
		鼻冠			ndz	ndʐ	ndʑ		
鼻音	清		m̥		n̥				
	浊		m		n		ȵ	ŋ	
边音	清				ɬ				
	浊				l				
擦音	清			f	s	ʂ	ɕ	x	h
	浊			v	z	ʐ	ʑ	ɣ	

其数目远远超过四川话（汉语西南官话四川土语，下同）的声母（23 个）：

b	p	m	f	v
d	t	n	l	
g	k	ŋ	h	
j	q		x	
zh	ch		sh	r
z	c		s	

这里的声母基本都能在彝语中找到，因此，彝族学生掌握汉语的声母应该没有多少困难。从学习普通话的角度看，"团结话"的声母可能反而比四川话准确。比如，四川地区的汉族人学习汉语普通话的一个难点是分不清卷舌音和舌尖音，"知识"念作"$tsɿ^{55}sɿ^{21}$"、"$tʂɿ^{55}sɿ^{21}$"、"$tsɿ^{55}ʂɿ^{21}$"等都可以。20 世纪 80 年代，笔者还在上中学的时候，四川的语文高考复习书往往要用专章介绍它们的区别，但部分汉族学生仍掌握不好。对于彝族学生来说，只要老师强调一

下它们的区别,就能轻易把它们区分开来,因为彝语里的卷舌音和舌尖音区分得很清楚,因此,他们在说汉语时也常常能分清这两套音。有些已完全掌握了四川话(卷舌音和舌尖音不分)的彝族人,在学说"团结话"时,就会回过头来区分和强调这两套音的差别。笔者回凉山时,由于平时说汉语普通话的习惯,在说四川话时,是把这两套音区分开的,但有些朋友惊奇地说:"你离开凉山这么长时间了,怎么说话还有'团结话'的味道?"因此,在用四川话同当地汉族朋友交谈时,我尽量学他们的样子,故意不分这两套音,免得人家说我没把汉语学好。

2. 韵母

"团结话"的最大特点是单元音化的韵母,韵母的教学难度也最大。这是因为彝汉两种语言韵母数量悬殊,发音部位和发音方法多有不同。彝语有 16 个韵母,①都是单元音,而汉语有 35 个韵母(指汉语普通话,下同),除了 7 个单元音外,都是复元音。以彝语为母语的人,受彝语只有 16 个韵母的影响,在面对有 35 个韵母的汉语时,只能把汉语的 35 个韵母分配到 16 个韵母中,这形成了"团结话"最鲜明的特色。下面我们先把两种语言的韵母列出来,然后分析它们的规律:

彝语韵母:

陈士林系统 (10 个韵母)		陈康、巫达系统 (16 个韵母)	
松元音	紧元音	松元音	紧元音
i		ɪ	ɪ̠
	e	e	e̠
	a	a	a̠
	o	o	o̠
	ɔ	ɔ	ɔ̠
ɯ		ɯ	ɯ̠
u	u̠	u	u̠
ʅ	ʅ̠	i	i̠

① 本文使用的韵母注音方法是根据陈康、巫达的《彝语语法(诺苏话)》标注的,与陈士林等《彝语简志》的方法有所差异,但音位、音值相同。这样处理是为了与彝语其他方言保持一致。

汉语韵母：

a	o	e	ai	ei	ao	ou	an	en	
ang	eng	ong	i	ia	ie	iao	iou	ian	in
iang	ing	iong	u	ua	uo	uai	uei	uan	
uen	uang	ueng	ü	üe	üan	ün			

汉语韵母有 35 个，比彝语多出很多，这样的情况就会造成一个彝语韵母需要对应多个汉语韵母，这形成了"团结话"的一个重要特征。

汉语的 35 个韵母是如何分配到"团结话"中去的呢？笔者通过观察和体会，认为其分配情况如下（以上述表中的陈康、巫达系统为准）：

（1）汉语韵母 a、an、ia 被读成彝语韵母 a；

（2）汉语韵母 o、iou、uen、üe、ün 被读成彝语韵母 o；

（3）汉语韵母 e 被读成彝语韵母 ɯ；

（4）汉语韵母 ian 被读成彝语韵母 ɿ/e̱；

（5）汉语韵母 ei 被读成彝语韵母 ɿ；

（6）汉语韵母 uo、uai、uan、uang、üan 被读成彝语韵母 ɔ；

（7）汉语韵母 ou、ong、iong、uei、ueng 被读成彝语韵母 o̱；

（8）汉语韵母 en、eng 被读成彝语韵母 ɯ；

（9）汉语韵母 ang、iang 被读成彝语韵母 a̱；

（10）汉语韵母 u、ü 被读成彝语韵母 u、u̱；

（11）汉语韵母 ai 被读成彝语韵母 e̱；

（12）汉语韵母 ao、iao、ua 被读成彝语韵母 ɔ；

（13）汉语韵母 ie 被读成彝语韵母 e；

（14）汉语韵母 in 被读成彝语韵母 i̱；

（15）汉语韵母 i 被读成彝语韵母 i/ɿ；

（16）汉语韵母 ing 被读成彝语韵母 ɿ。

下面按照《汉语拼音方案》韵母表的顺序，把汉语韵母和彝语韵母的对应情况列表如下，并各举三个例子，并附上例字的"团结话"读音：

序号	例字	汉语韵母	所变彝语韵母	"团结话"读音
（1）	啊、嘎、八	a	a	a^{33} / ka^{55} / pa^{21}
（2）	喔、莫、玻	o	o	o^{33} / mo^{21} / po^{55}
（3）	鹅、车、革	e	ɯ	ɯ^{21} / tʂhɯ^{55} / kɯ^{21}
（4）	哀、开、太	ai	e̠	ŋe̠^{55} / khe̠^{33} / the̠^{21}
（5）	诶、背、给	ei	ɪ	ɪ̠^{21} / pɪ̠^{55} / kɪ̠^{55}
（6）	熬、高、刀	ao	ɔ	ŋɔ^{21} / kɔ^{55} / tɔ^{55}
（7）	欧、狗、豆	ou	o̠	ŋo̠^{55} / ko̠^{21} / to̠^{21}
（8）	安、汉、看	an	a	ŋa^{55} / xa^{21} / kha^{21}
（9）	恩、根、身	en	ɯ̠	ŋɯ̠^{55} / kɯ̠^{55} / ʂɯ̠^{55}
（10）	昂、钢、帮	ang	a̠	ŋa̠^{21} / ka̠^{55} / pa̠^{55}
（11）	亨、耕、增	eng	ɯ	xɯ^{55} / kɯ^{55} / tsɯ^{55}
（12）	轰、龙、公	ong	o̠	xo̠^{55} / lo̠^{21} / ko̠^{55}
（13）	衣、鸡、字	i	i/ɪ	zɪ^{55} / tɕi^{55} / tsi^{21}
（14）	呀、鸭、家	ia	a	ʐa^{55} / ʐa^{21} / tɕa^{55}
（15）	耶、蝶、别	ie	e	ʑe^{55} / te^{21} / pe^{21}
（16）	腰、桥、教	iao	ɔ	ʑɔ^{55} / tɕhɔ^{21} / tɕɔ^{55}
（17）	忧、丢、酒	iou	o	ʑo^{55} / to^{55} / tɕo^{21}
（18）	烟、电、天	ian	ɪ̠/e̠	zɪ^{33} / te̠^{21} / the̠^{55}
（19）	因、金、宾	in	i̠	zi̠^{55} / tɕi̠^{55} / pi^{55}
（20）	央、娘、讲	iang	a̠	ʐa̠^{21} / ŋa̠^{21} / tɕa̠^{21}
（21）	英、听、病	ing	ɪ	zɪ^{55} / thɪ^{55} / pɪ^{21}
（22）	雍、熊、穷	iong	o̠	ʑo̠^{55} / ço̠^{21} / tɕho̠^{21}
（23）	乌、哭、都	u	u	vu^{55} / khu^{21} / tu^{55}
（24）	蛙、花、瓜	ua	ɔ̠	ɣɔ̠^{55} / xɔ^{55} / kɔ̠^{55}
（25）	窝、多、国	uo	ɔ	ɣɔ^{55} / tɔ^{55} / kɔ^{21}
（26）	歪、怪、快	uai	ɔ	ɣɔ^{55} / kɔ^{21} / khɔ^{21}
（27）	威、对、推	uei	o̠	ɣo̠^{55} / to̠^{21} / tho̠^{55}

序号	例字	汉语韵母	所变彝语韵母	"团结话"读音
(28)	弯、断、宽	uan	ɔ	ɣɔ⁵⁵/ tɔ²¹/ khɔ⁵⁵
(29)	温、困、滚	uen	o	ɣo⁵⁵/ kho²¹/ ko²¹
(30)	汪、光、筐	uang	ɔ	ɣɔ⁵⁵/ kɔ²¹/ khɔ⁵⁵
(31)	翁、瓮、蕹	ueng	o̠	ɣo̠⁵⁵/ ɣo̠⁵⁵/ ɣo̠⁵⁵
(32)	迂、区、举	ü	u	ʐu³³/ tɕhu⁵⁵/ tɕu³³
(33)	约、决、缺	üe	o	ʐo⁵⁵/ tɕo²¹/ tɕho²¹
(34)	冤、卷、全	üan	ɔ	ʐɔ⁵⁵/ tɕɔ³³/ tɕhɔ²¹
(35)	晕、军、群	ün	o	ʐo⁵⁵/ tɕo³³/ tɕho²¹

3. 声调

彝语有四个声调,分别称为高平调、次高调、中平调和低降调,用五度标调法分别记作55、34、33、21。汉语阴平调在四川话里为55,阳平调为31,上声调为53,去声调为13。从调值看,彝语的高平调(55)与四川话的阴平调(55)对应,彝语的低降调(21)与四川话的阳平调(31)和去声调(13)对应,彝语的中平调(33)与四川话的上声调(53)对应。例如:

序号	例字	四川话调值	对应彝语调值	"团结话"读音
(1)	妈、疤、锅	55	55	ma⁵⁵/ pa⁵⁵/ ko̠⁵⁵
(2)	麻、拔、国	31	21	ma²¹/ pa²¹/ ko̠²¹
(3)	马、靶、果	53	33	ma³³/ pa³³/ ko̠³³
(4)	骂、爸、过	13	21	ma²¹/ pa²¹/ ko̠²¹

（二）词汇

会说"团结话"的人,一般都掌握了汉语的基本词汇,但有些词由于受彝语的影响,在用法上往往容易出错。下面举几组例子:

1. "背"—"赔"

例1:他儿子打死了老马家一只鸡,他背(赔)了一只鸡钱。

例2：我把你衣服弄掉（丢）了，我来背（赔）。

例3：你把我的表打烂（坏）的话，你背（赔）不起。

原来，彝语里的"背"和"赔"是同音词（也可能是同根词）：背东西的"背"和赔偿的"赔"都叫ʧ pɿ²¹。受彝语的影响，说"团结话"的时候就出现了这样的混淆。

2. "穿"—"戴"

例1：把你的鞋子戴（穿）起，外面很冷。

例2：我今天忘记戴（穿）袜子了。

在彝语里，表示"穿"、"戴"的动词，其使用范围与汉语有差异：身上的衣物，只有大件的如上衣、裤子等用"穿"（H ga⁵⁵），小件的如鞋、袜子、手套、腰带、帽子等都用"戴"（N ndi⁵⁵）。这是受母语影响而出现误用。

3. "小"—"儿子"

彝语中部分名词的大小是用"母"（∂ mo²¹）和"子"（♪ zɯ³³）来区分的，比如：

"大石头"叫ʒ∂ lu̠³³mo²¹，直译为"石头母"；

"小石头"叫ʒ♪ lu³³zɯ³³，直译为"石头子"；

"大斧头"叫ᴊ∂ vi³³mo²¹，直译为"斧头母"；

"小斧头"叫ᴊ♪ vi³³zɯ³³，直译为"斧头子"；

"大拇指"叫ᴗ∂ lo⁵⁵mo²¹，直译为"手指母"；

"小手指"叫ᴗʧ♪ lo⁵⁵tɕɿ³³zɯ³³，直译为"手指子"；

……

由于受这种构词方式的影响，"团结话"造出了以下一类词：

"刀儿子"（小刀）、"猪儿子"（小猪）、"牛儿子"（小牛）、"鸡儿子"（小鸡）、"马儿子"（小马）、"狗儿子"（小狗）……

4. "猪姑娘"—"马婆娘"

有这样一个故事：

一天，一位彝族老人急匆匆地用汉语问一些过路的汉族人："喂！你们看见一个猪姑娘和一个马婆娘从路上跑过去没有?"过路的人以为是在找两个人,都说没有看见。后来才知道,老人找的是一只小母猪和一匹老母马。

显然,老人说的是受彝语思维和习惯影响的"团结话"。彝族原是游牧民族,对牲畜的观察很仔细,因此彝语中有关牲畜的词很丰富,对牲畜的性别除区分公和母以外,还有其他更详细的区分,如生产过和未生产过的、阉割过和未阉割过的等等。① 老人找的是一只"未生产过的小母猪"(猪姑娘)和一匹"已生产过的老母马"(马婆娘)。

(三)语法

彝汉两种语言都属于汉藏语系,它们的语法结构既有许多相似之处,也有不少差异,这种差异虽然不是形成"团结话"的主要因素,但也是不可忽略的因素。现举两例说明如下:

1. "团结话"的"主—宾—谓"结构

彝语的句子结构是"主—宾—谓",动词词素和名词词素组合的复合词是动词词素在前、名词词素在后,即宾动关系。这种结构常常影响到使用汉语,从而形成"团结话"的一大特色,比如"我饭吃了"(我吃饭了)、"他工作干了三天"(他干了三天工作)。

2. "团结话"的"……说"句型和彝语的"……ʃ di³⁴"句型

在转述第三者的话时,彝语要把说话者的话复述一遍以后,在句尾加上表示复述标志的语法标记词ʃ di³⁴。例如:

例1: ᵡ ⅁ ⅄ ⅃ ⅍ ⎁ ⎇ ʃ。

$tsʰ\gamma^{33}$　　hi^{21}　　ko^{33}　　$\imath^{33}$　　a^{21}　　la^{33}　　o^{34}　　di^{34}

他　　说　　POST　　我　　NEG　　来　　PERF　　云(转述)

他说"我不来了"。

---

① 参见本书《彝语动物名词"性"的表达方式》一文。

例 2：ꂷꃀ　　ꉠ　　ꏿ　　ꃆꎭꑆ　　ꊪꃆ　　ꆹ　　ꄸ。

　　　ma⁵⁵mo²¹　ŋo²¹　tɕo³⁴　mu²¹ʂʅ³³n̠i²¹　z̠ʅ³⁴mu³³　la³³　di³⁴

　　　老师　　我们　向　明天　　早点儿　来　云（转述）

　　　老师叫我们明天早点儿来。

由于受彝语语法的影响，这两句话在"团结话"里会被说成这样：

例 1：他说"我不来了"说。

例 2：老师跟我们说明天早点儿来说。

　　本文对"团结话"这种特殊的语言变化作了粗略分析。笔者认为，在对彝族学龄儿童的双语教学中，结合彝语学习汉语，最终达到彝汉兼通的目的，是非常有必要的，而且实践证明也是行之有效的。凉山彝区的语言使用现状是，有一大批成年人使用"团结话"这种特殊的语言变体，而且还影响着他们的子女。这就要求双语教学和双语工作者在实际工作中解决这个问题，以达到使彝族人掌握标准汉语的目的，在学龄儿童的双语教学中应向学生讲清彝语和汉语的对应规律和特点，避免他们在学校、家庭、社会中受"团结话"这种语言变体的影响。而对已操"团结话"的成年人，虽很难为他们提供再学习的条件，但可以举办双语短期培训班或夜校，为纠正他们的"团结话"提供机会，这样既可以提高他们的汉语水平，更重要的是可以为他们的子女创造更好的语言环境。

试论彝字在彝语古音构拟中的作用*

一、引　　言

　　随着藏缅语族语言研究理论和方法的更新,及研究的不断深入,彝语古音构拟成果不断涌现,但是总的来说,彝语古音构拟还需要深入探讨。汉语音韵学中有"同声必同部"的观点,如果两个汉字有同样的声旁,则它们一定属于同一个韵部,其古音很可能相同。据此,彝语古音是否也可以在彝文中获得呢?从目前笔者手中的一些材料来看,答案似乎是肯定的。一些偏旁部首相同的彝字,其声母的读音出现不同的形式,从而可以推测该声旁所代表的彝语古音形式。其基本逻辑是:相同部首的一组彝字,如果有两组(或更多)声母形式与之相对应,那么就可以推测这个部首的古音是复辅音。

　　本文的彝文例字来自国务院批准推行的《规范彝文方案》里的 819 个彝字(不包括 345 个次高调字)[①]。规范彝字共分 26 个部首,其形体如下:丨、丿、「、八、厂、丬、s、ɔ、ᴄ、ᴜ、ᴗ、Ɑ、ᴑ、ᴅ、ᴐ、ꝫ、ꞷ、ꞡ、X、Ƨ、X、ㄒ、''。部分部首可以单独成字,如:

部首/彝字	彝语拼音	国际音标	意义
∫	cyp	$ts^h\underline{1}^{21}$	一
S	lyr	$l\underline{1}^{33}$	动
ꓕ	mop	mo^{21}	老
ᴄ	hxuo	$h\mathfrak{ɔ}^{33}$	勤劳
ᴖ	nyop	ηo^{21}	劳动

*　本文是 2010 年 10 月 29 日—11 月 2 日在北京大学召开的"第二届四川境内藏缅语国际研讨会"上宣读的论文,本次出版略有改动。
① 规范彝文的次高调字,是在中平调字的上方加一小圆弧构成。

Ɔ	tu	t^hu^{33}	白色
Ɛ	s^hy	$ʂʅ^{33}$	黄色
⋉	cip	ts^hi^{21}	整齐

其中有些部首还有数个变体形式。彝文部首的位置一般在字的上、左、右、中、外。如：ᶌ（取ᶌ部）——部首在上，ᶇ（取ᶌ部）——部首在左，ᶌ（取ᶌ部）——部首在右，ᶍ（丨部）——部首在中，ɷ（取Ɔ部）——部首在外。①

根据对彝语方言和彝文的仔细比较，可以归纳出以下三条推测形式：(1)"ᶌ／ᶈ／ᶉ"是古彝语复辅音为 ﹡gl 的声旁；(2)"Ɔ"是古彝语复辅音为 ﹡pl、﹡p^hl 和 ﹡t^hl 的声旁；(3)"ᴵ"是古彝语复辅音为 ﹡pl 和 ﹡p^hl 的声旁。本文中关于彝语方言与古彝语的论证，其例词部分笔者已于 1996 年在另一篇论文中列出，可以参看。② 藏缅语部分的比较材料主要参考了 James A. Matisoff 的《原始藏缅语手册》③中彝文古音构拟的例词。

二、"ᶌ／ᶈ／ᶉ"是古彝语复辅音为 ﹡gl 的声旁

ᶌ／ᶈ／ᶉ是表示"鸟类"的形旁，例如ᶌ是"鸡"的意思。"ᶉ"是表示"鸟类、禽类"的形旁，相当于汉字的"鸟"旁。中国社会科学院民族学与人类学研究所陈康研究员 1990 年曾向国际汉藏语会议提交一篇论文，从构字法的角度讨论了彝字形旁存在的可能性。在这里，作者同意陈康教授"ᶉ"表示"鸟类、禽类"的形旁这一观点的同时，认为它也是一个声旁，其古音声母是复辅音﹡gl。这不仅可从同一形旁的彝字的读音推测出来，还可以从当代彝语方言材料中得到论证。例如，包含彝文部首ᶌ／ᶈ／ᶉ的彝字，声母为 g 的例子：

彝字	彝语拼音	国际音标	意义
ᶇ	ggat	ga^{55}	穿
ᶌ	ggo	go^{33}	尽

---

① 《彝文检字本》编委会：《彝文检字本》，四川民族出版社，1978 年。
② 见本书《彝语 ʈ 系声母考》一文。
③ Matisoff, James A. 2003. *Handbook of Proto-Tibeto-Burman: System and Philosophy of Sino-Tibeto-Burman Reconstruction* (*HPTB*). John Benjamins.

ꉬ	ggop	go²¹	（水桶）干缩
ꉰ	ggut	gu⁵⁵	中间
ꉱ	ggap	ga²¹	路

包含彝文部首ꆈ/ꆉ/ꆊ的彝字，声母为 l 的例子：

彝字	彝语拼音	国际音标	意义
ꆨ	le	lɯ³³	牛
ꆹ	lie	le³³	烫
ꆺ	liet	le⁵⁵	坎
ꆻ	liep	le²¹	拧
ꆼ	li	li³³	去
ꆽ	lit	li⁵⁵	空闲
ꆿ	la	la³³	来

在 James A. Matisoff 的《原始藏缅语手册》中，"鹰"和"骨髓"的声母被构拟成复辅音 *gl，如下：

鹰（eagle）⇒ *glaⵯ ｛23，75｝；*lak & *laⵯ ｛263，393，521｝[1]

骨髓（marrow）⇒ *glaⵯ ｛265，507｝；*kl（y）aⵯ & *kliⵯ ｛128，282，283，495，507｝；*suy ｛230｝[2]

在当代彝语方言中，"鹰"和"骨髓"两词也有严格的对应规律可循：[3]

	砚山	永胜	大姚	姚安	永仁	丽江	巍山	南涧
骨髓	—	tʂu³³（！）	pu̱³⁴	pi³³	pu̱³³	—	ku̱⁵⁵（！）	ku̱⁵⁵（！）
鹰	tɔ¹³（！）	—	—	—	—	—	pɑ³³	—

---

① Matisoff, James A. 2003. *Handbook of Proto-Tibeto-Burman: System and Philosophy of Sino-Tibeto-Burman Reconstruction.* John Benjamins, p.648.

② Matisoff, James A. 2003. *Handbook of Proto-Tibeto-Burman: System and Philosophy of Sino-Tibeto-Burman Reconstruction.* John Benjamins, p.658.

③ 以下彝语资料均来自作者 1996 年发表的《彝语 t 系声母考》一文，该文已收入本书。

	威宁	大方	禄劝	武定	昭通	弥勒
骨髓	tu^{13}	tu^{33}	tu^{33}	tu^{33}	tu^{33}	to^{33}
鹰	ta^{13}	ta^{13}	ta^{55}	ta^{55}	te^{13}	te^{55}

	盘县	寻甸	邱北	墨江聂苏	峨山	新平
骨髓	tu^{33}	tu^{33}	tu^{33}	tu^{55}	tu^{55}	tu^{55}
鹰	ta^{32}	ta^{55}	te^{55}	te^{21}	te^{21}	te^{21}

	喜德	美姑	甘洛	布拖	元谋	通海
骨髓	tɕu^{33}	tɕu^{22}	tɕu^{33}	tu^{33}	tu^{33}	—
鹰	tɕo^{55}	tɕo^{25}	tɕo^{55}	tɕɿ^{22}	tɕi^{55}	tsi^{31}(！)

	石林撒尼	文山阿扎
骨髓	tɬu^{33}	tɬø^{33}
鹰	tɬe^{55}	tɬe^{55}

	文山莫吉	富宁末昂	墨江保保	南华	永胜他留
骨髓	sui^{53}(！)	siʔ^{33}(！)	tɕiu^{21}	pju^{33}	pu^{55}
鹰	ljaŋ^{55}(！)	ljaŋ^{51}(！)	—	—	tɕʌ^{55}(！)

由于彝文部首 ↲/↲/↿ 同时有 g 和 l 两组声母相对应，推测这组部首古音是复辅音 *gl，现在语音已经分化为两组，但字形没有改变。古彝语中复辅音 *gl 的构拟，已经在彝语及彝语支语言中得到论证。[①] 同时，藏缅语专家的原始语复辅音 *gl 构拟也论证了这种推测。

三、"〇"是古彝语复辅音为 *pl、*pʰl 和 *tʰl 的声旁

以"〇"为部首的彝字，其声母多为 p、pʰ、tʰ 和 l，推测"〇"这个声旁的古复

---

① 详见本书《彝语 ʈ 系声母考》一文。

辅音是 *pl、*pʰl 和 *tʰl。从古音演变规律来看，*pʰl 更古一些，*tʰl 稍晚一些，从彝语方言的一些同源词来看，二者有同源关系。例如，包含彝文部首"〇"的彝字，声母为 p 的例子：

彝字	彝语拼音	国际音标	意义
	bit	pi^{55}	掏
	bie	pe^{33}	渣子
	bo	po^{33}	搜

包含彝文部首"〇"的彝字，声母为 pʰ 的例子：

彝字	彝语拼音	国际音标	意义
	pie	$p^{h}e^{33}$	到达
	pur	$p^{h}u^{33}$	风吹
	pi	$p^{h}i^{33}$	剖
	pot	$p^{h}o^{55}$	派

包含彝文部首"〇"的彝字，声母为 tʰ 的例子：

彝字	彝语拼音	国际音标	意义
	tu	$t^{h}u^{33}$	白
	tut	$t^{h}u^{55}$	家

包含彝文部首"〇"的彝字，声母为 ɬ 的例子：

彝字	彝语拼音	国际音标	意义
	hlat	$ɬa^{55}$	裤子
	hle	$ɬɯ^{33}$	缓期
	hlep	$ɬɯ^{21}$	月
	hlur	$ɬu^{33}$	灌（脓）
	hlip	$ɬi^{21}$	连枷
	hlop	$ɬo^{21}$	月亮

包含彝文部首"〇"的彝字，声母为 l 的例子：

彝字	彝语拼音	国际音标	意义
	lip	li^{21}	坏
	lut	lu^{55}	够

包含彝文部首"〇"的彝字，声母为 tɕʰ 的例子：

彝字	彝语拼音	国际音标	意义
◐	qip	$t\textctc^h i^{21}$	蛋
◖	qu	$t\textctc^h u^{33}$	白
◖	qur	$t\textctc^h u^{33}$	剃
◌	qop	$t\textctc^h o^{21}$	伙伴
◍	qo	$t\textctc^h o^{33}$	跟随

在《原始藏缅语手册》中，"叶子"、"白"等词的声母被构拟成复辅音：

叶子（leaf）⇒ *la｛48｝；*lap｛336，342｝；*lay｛209｝；*nas ｛432｝；*pak｛48，317｝；*rwak｛321｝[①]

白（white）⇒ *bok｛378｝；*hwa：r｛385，402，426｝；*hwa：r & * yar｛429｝；*plu｛71，74，180，184｝；*pwa（：）r｛402｝；*wa｛429｝[②]

在彝语方言里，"叶子"、"白"、"变"等词是同源的，而且可以看出其古音形式经历了从复辅音声母 $^*p^h l$ 到 $^*t^h l$ 再到 $^*t\textctc^h$ 的过程：

	石林撒尼	文山阿扎
白、银	$\textltailn u^{33}$	$\textltailn ø^{21}$
变	pe^{55}（！）	$p\tilde{e}^{35}$（！）
叶子	$\textltailn a^{21}$	$p^h e^{33}$

	文山莫吉	富宁末昂	墨江倮倮	南华	永胜他留
白、银	$p^h ju^{13}$	tso^{53}（！）	$p^h ju^{33}$	$p^h ju^{33}$	$p^h u^{55}$
变	$pi\varepsilon^{13}$	$pian^{51}$（！）	—	—	pjo^{21}
叶子	$p^h jɔ^{21}$	$p^h ja^{\prime 21}$	$p^h i^{55}$	—	$p^h ju^{21}$

---

① Matisoff, James A. 2003. *Handbook of Proto-Tibeto-Burman: System and Philosophy of Sino-Tibeto-Burman Reconstruction*. John Benjamins, p.656.

② Matisoff, James A. 2003. *Handbook of Proto-Tibeto-Burman: System and Philosophy of Sino-Tibeto-Burman Reconstruction*. John Benjamins, p.674.

	砚山	永胜	大姚	姚安	永仁	丽江	巍山	南涧
白、银	p^hi^{33}	p^hu^{55}	p^hu^{34}	p^hi^{33}	p^hu^{33}	p^ha^{33}	fu^{55}	fu^{55}
变	t^ha^{13}	pio^{21}	—	$pɿ^{55}(!)$	p^ha^{21}	$pi^{51}(!)$	$pɿ^{55}(!)$	$pɿ^{55}(!)$
叶子	p^hia^{13}	p^hy^{21}	—	$p^hɛ^{55}$	p^he^{21}	$tʂ^ha^{21}$	$p^hɿ^{21}$	$p^hɿ^{31}$

	威宁	大方	禄劝	武定	昭通	弥勒
白、银	t^hu^{13}	t^hu^{33}	t^hu^{33}	t^hu^{33}	t^hu^{33}	t^ho^{33}
变	t^hi^{13}	t^he^{13}	$tə^{55}$	$tə^{55}$	$t^hi^{13}(!)$	$t^ha^{21}(!)$
叶子	t^hu^{33}	t^hu^{33}	t^ho^{33}	t^ho^{33}	t^ha^{33}	t^ho^{21}

	盘县	寻甸	邱北	墨江聂苏	峨山	新平
白、银	t^hu^{21}	t^hu^{33}	t^ho^{33}	t^hu^{55}	t^hu^{55}	t^hu^{21}
变	$t^hɛ^{32}$	$t^hə^{55}$	ta^{21}	$tʌ^{21}$	$t^hə^{21}$	$t^hɛ^{21}$
叶子	$t^hɔ^{33}$	t^ho^{33}	t^ho^{21}	p^he^{21}	p^ha^{21}	p^he^{21}

	喜德	美姑	甘洛	布拖	元谋	通海
白、银	$tɕ^hu^{33}$	$tɕ^hu^{22}$	$tɕ^hu^{33}$	t^hu^{33}	t^hu^{33}	$tɕ^hiɛ^{33}$
变	$tɕ^ho^{55}$	$tɕ^hɔ^{25}$	$tɕ^ho^{55}$	$tɕ^hɿ^{55}$	$tɕ^hi^{55}$	$piɛ^{53}(!)$
叶子	$tɕ^hi^{33}$	$tɕ^hɿ^{22}$	$tɕ^hi^{33}$	$tɕ^hi^{33}$	$tɕ^hi^{33}$	$tɕ^ha^{31}$

古彝语复辅音 $^*pl$、$^*p^hl$ 和 $^*t^hl$ 在现在的彝语方言中分别变为不同的语音形式,这在彝语不同方言的比较中已经得到论证。[①] 仅从语音形式来看,某些音在凉山彝语中可以同时存在,而彝文则用同部首的两个或多个字来表达。例如,在凉山彝语标准音点喜德话里,"$tɕ^hu^{33}$"(〇)和"t^hu^{33}"(〇)都是"白"的意思,二字可以相互转用,但从彝文上来看,这种语音差异则反映在部首上。

四、"工"是古彝语复辅音为 $^*pl$ 和 $^*p^hl$ 的声旁

以"工"为部首的彝字,其声母多为 p、p^h 和 l,推测"工"这个声旁的古复辅

---

① 详见本书《彝语 t 系声母考》一文。

音是 *pl 和 *pʰl。例如，包含彝文部首"工"的彝字，声母为 p 的例子：

彝字	彝语拼音	国际音标	意义
工	buop	pɔ²¹	帮（助）
Ħ	bat	pa̱⁵⁵	办（事）
ㄩ	ba	pa³³	交换
ㄒ	bap	pa²¹	稀泥
ㄌ	buo	pɔ³³	裂开
Ξ	bop	po²¹	展示

包含彝文部首"工"的彝字，声母为 pʰ 的例子：

彝字	彝语拼音	国际音标	意义
H	pat	pʰa̱⁵⁵	发明

包含彝文部首"工"的彝字，声母为 l 的例子：

彝字	彝语拼音	国际音标	意义
Ħ	lat	la̱⁵⁵	老虎

在《原始藏缅语手册》中，"蜜蜂"、"满"、"脓"、"多"、"猴子"等词的声母被构拟成复辅音，如下：

　　蜜蜂（bee）⇒ *bra≥ {302}；*bya {19，34，63，68，169，171}；*plyum {531}[1]

　　满（full）⇒ *bli≥ & *pli≥ {74，281，282，296，307，496}[2]

　　脓（pus）⇒ *blen {69，74，124，291}[3]

　　多（many）⇒ *mra & *mya {39，80，164，169}[4]

　　猴子（monkey）⇒ *mruk {80，145}；*myuk {37，39，96}[5]

① Matisoff, James A. 2003. *Handbook of Proto-Tibeto-Burman: System and Philosophy of Sino-Tibeto-Burman Reconstruction*. John Benjamins, p.641.

② Matisoff, James A. 2003. *Handbook of Proto-Tibeto-Burman: System and Philosophy of Sino-Tibeto-Burman Reconstruction*. John Benjamins, p.652.

③ Matisoff, James A. 2003. *Handbook of Proto-Tibeto-Burman: System and Philosophy of Sino-Tibeto-Burman Reconstruction*. John Benjamins, p.663.

④ Matisoff, James A. 2003. *Handbook of Proto-Tibeto-Burman: System and Philosophy of Sino-Tibeto-Burman Reconstruction*. John Benjamins, p.658.

⑤ Matisoff, James A. 2003. *Handbook of Proto-Tibeto-Burman: System and Philosophy of Sino-Tibeto-Burman Reconstruction*. John Benjamins, p.659.

这几个词在彝语方言里也是整齐对应的：①

	威宁	大方	禄劝	武定	昭通	弥勒
蜜蜂	ɖu^{33}	ɖu^{33}	ɖo^{21}(！)	ɖo^{33}	ɖɑ^{33}	ɖo^{21}
满	ɖe^{21}	ɖie^{21}(！)	ɖə^{21}	ɖə^{21}	ɖu^{21}	ɖɛ^{33}
淡	ɖɿ^{33}	ɖe^{33}	ɖə^{21}	ɖə^{21}	ɖe^{33}	ɖɑ^{33}
踢	ɖe^{33}	ɖɔ^{33}	ɖʰo^{33}	ɖu^{21}(！)	ɖo^{33}	ɖʰu^{33}
脓	nde^{21}(！)	ɖe^{21}	ɖʰə^{21}	ɖɣ^{21}(！)	ɖu^{21}	tɕɛ^{21}(！)
多	ŋu^{33}	ŋɑ^{33}(！)	ŋo^{33}	ŋo^{33}	ŋɑ^{33}	no^{21}(！)
猴	ŋe^{13}	ŋɔ^{13}	ŋo^{55}	ŋu^{55}	ŋo^{13}	ŋu^{55}(！)

	盘县	寻甸	邱北	墨江聂苏	峨山	新平
蜜蜂	do^{33}	do^{33}	do^{21}	do^{33}	dv^{33}	do^{33}
满	dɛ^{21}	dɣ^{21}	dɛ^{33}	—	də^{21}	də^{21}
淡	dɛ^{32}	də^{21}	dɑ^{33}	dʌ^{33}	də^{33}	dɛ^{33}
踢	ndo^{32}	—	du^{33}	du^{33}	du^{33}	du^{33}
脓	ndɛ^{21}	—	tɛ^{33}	—	ɬɑ^{55}	də^{21}
多	no^{33}	no^{33}	no^{21}	no^{33}	nv^{33}	no^{33}
猴	no^{32}	hu^{55}	—	nu^{21}	nu^{21}	nu^{21}

	石林撒尼	文山阿扎
蜜蜂	dɑ^{21}	tɬɛ^{33}
满	dlɛ^{21}	tɬo^{33}
淡	dlɑ^{33}	—
踢	dlu^{33}	tɬe^{33}
脓	tɬɛ^{21}	—
多	nɑ^{55}	no^{21}
猴	no^{55}	—

---

① 具体例词及其论证请参见本书《彝语 ʈ 系声母考》一文。

	喜德	美姑	甘洛	布拖	元谋	通海
蜜蜂	dʑi³³	dʑɪ²²	dʑɪ³³	dʑɪ³³	dʑi³³	tɕa³¹
满	dʑi²¹	dʑɪ⁴²	dʑɪ²¹	dʑɪ²¹	dʑi²¹	tɕɛ³³
淡	dʑi³³	dʑɪ²²	dʑɪ³³	dʑɪ³³	dʑi³³	—
踢	ȵdʑu̠³³	ȵdʑu²²	dʑu̠³³	ȵdʑɔ³³	dʑʅ³³	tɕʰɛ⁵⁵
脓	ȵdʑi̠³³	ȵdʑɪ²²	dʑɪ̠³³	ȵdʑɪ³³	dʑʰi³³	tɕɛ³²³
多	ȵi̠³³	ȵi²²	ȵo³³	ȵi³³	ȵo³³	ȵa³¹
猴	ȵu̠⁵⁵	ȵu̠²⁵	ȵu̠⁵⁵	ȵʊ⁵⁵	ȵo⁵⁵	ȵo⁵³

	砚山	永胜	大姚	姚安	永仁	丽江	巍山	南涧
蜜蜂	biu¹³	by̠²¹	bo²¹	biʊ²¹	bo²¹	dʑʅɣ²¹(！)	ba²¹	ba²¹
满	biᴀ²¹	bi³³	bi³³	bi³³	bi³³	dʑɣ³³(！)	vi³³	tsi³³(！)
淡	biᴀ³³	—	bᴀ³³	bi³⁴	ba³³	ȵᴀ³¹(！)	ba³³	ba³³
踢	ndu⁵⁵(！)	tʰiᴀ³³(！)	tʂuᴀ̠²¹(！)	tʰi³⁴(！)	tʰa̠³³(！)	pi⁵⁵	tʂʰa³³(！)	tʂʰa³³(！)
脓	biᴀ³³	bi⁵⁵	—	bi³³	bi³³	dʑi³¹(！)	vi⁵⁵	dʑi⁵⁵(！)
多	miu¹³	dʑa⁵⁵(！)	mo²¹	miʊ²¹	mo²¹	ȵᴀ²¹	kʰE⁵⁵	kʰu⁵⁵(！)
猴	—	mio²¹	mu̠²¹	mio̠³⁴	mo̠²¹	mi³³	mo²¹	mo²¹

	文山莫吉	富宁末昂	墨江倮倮	南华	永胜他留
蜜蜂	pjɔ²¹	pja³³	bjɔ²¹	bjo²¹	bju²¹
满	pi²¹	be̠³³	bi³³	bi³³	bi³³
淡	ta³³(！)	—	tʰæ³³(！)	—	bjᴀ³³
踢	—	tsʰok⁵⁵(！)	—	tʰiᴀ̠³³(！)	tʰuᴀ³³(！)
脓	bje¹³	—	bi³³	—	bi⁵⁵
多	bu⁵⁵(！)	mja³³	mjɔ²¹	mjo²¹	mju²¹
猴	—	—	væ³³(！)	vɔ⁵⁵(！)	mjo²¹

五、结　语

在世界各地现存的古文字里面,彝文的研究可以算是比较薄弱的。对彝文的造字法的研究也众说纷纭,一些学者套用汉字的造字法,对彝字作过一些分类,但仍然存在难以服众的诸多疑问。例如,彝字的性质到底是表意文字还是表音文字,或者是表意、表音兼存,或者还有其他一套彝字所特有的性质?彝族文字的研究任重道远。

本文借鉴汉字"同声必同部"的思路,在彝文中找到一些部首相同的字,发现这些部首相同的彝字的读音也有规律可循,通过这些读音,可以找到彝语方言的语音对应规律,从而指出彝字暗含的语音学价值。如果本文的研究方法成立,那么,彝字本身的语音研究成果,对彝语的古音构拟、彝语支的古音构拟乃至藏缅语族语言的古音构拟,均有一定的参考或印证作用。

本文涉及的彝字,仅从《规范彝文方案》819个字中挑选,主要是四川地区的,还没有顾及贵州、云南等其他地区的彝文。据统计,贵州、云南、四川等各个地区的彝文单字加在一起,数量在一万个以上。另外,使用上述三种部首的彝字,有些在发音上并不符合相应的读音,存在不少"例外"现象。不过,"例外"在历史比较方法里是允许存在的,因此姑且存疑,留待进一步研究讨论。对彝文的深入研究是彝语古音构拟的重要前提,同时,对古彝语音韵学的深入研究,也可为彝文研究提供重要依据,二者是相辅相成、互为依托的关系。

从历史语言学探讨古西南丝绸之路沿线族群互动与融合

一、引　　言

　　古代四川盆地以成都为中心的区域是中国著名的丝绸产地之一,其丝绸产品一是从西北经西安走向世界,另一条路是从西南经今天的凉山彝族自治州境内的古灵关道至云南境内,再输往东南亚地区。因此,从整体上看,"一带一路"的范围不仅包括以西安为起点的陆上丝绸之路和以泉州为起点的海上丝绸之路,还应包括古西南丝绸之路。西南地区的"灵关道",北起成都,向西南经过邛崃、雅安、汉源,跨过大渡河进入今凉山彝族自治州地区,进入凉山之后经过数个驿站,包括海棠、腊梅营、保安、越西、登相营,到达西昌,再往南经过会理出凉山进入云南境内,最后从云南出境,进入今缅甸,最远处到达印度和阿富汗等地。《史记·大宛列传》载,张骞出使西域,"在大夏时,见邛竹杖、蜀布"。据信此"邛竹杖"产自临邛(今四川邛崃市),是通过西南丝绸之路到达大夏(今阿富汗境内)的。凉山地区自古以来为兵家必争之地,唐时属于南诏国,宋时属于大理国。对于这个区域曾经出现过的族群,也即曾经分布在今中国西南境内的古羌人,司马迁有详细的描述:

　　　西南夷君长以什数,夜郎最大;其西靡莫之属以什数,滇最大;自滇以北,君长以什数,邛都最大。此皆魋结,耕田,有邑聚。其外西自同师以东,北至楪榆,名为嶲、昆明,皆编发,随畜迁徙,毋常处,毋君长,地方可数千里。自嶲以东北,君长以什数,徙、筰都最大;自筰以东北,君长以什数,冉駹最大。其俗或土著,或移徙,在蜀之西。自冉駹以东北,君长以什数,白马最大。皆氐类也。此皆巴蜀西南外蛮夷也。①

在这段话里,分布在古西南丝绸之路沿线凉山段的族群有"邛"、"嶲"、"徙"、"筰"。另外,在文献中还出现了"昆"、"叟"等族群名称。但目前这个区域仅存"诺苏"(彝族)、汉族、"尔苏"(藏族)三个族群,其中彝族人口最多,汉族次之,尔苏人最少。当然,在今天的凉山彝族自治州木里藏族自治县范围内还有"普米"、"年米"、"嘎米"、"诺"(摩梭人)等,冕宁县还有"多续",石棉县还有"木雅"等等族群,虽然离古西南丝绸之路还有一些距离,但应该也与上述司马迁所记录的族群有一定的关系。本文主要聚焦于彝(诺苏)、汉、藏(尔苏)与古西南丝绸之路沿线族群之间的关系,通过语言学和历史文献资料的比较与考证,讨论古西南丝绸之路沿线的族群与成都平原古代蜀人之间的长距离族群互动。通过研究比较可知,彝族人称汉族人为"朔"($ʂɔ^{33}$),是指历史上的"嶲人"、"叟人",而嶲人和叟人是"蜀人"的同类;尔苏人称汉族人为"乍"($dʑa^{33}$),是指历史上的"筰人"(古音构拟为 $^{*}dʐok$);诺苏人称尔苏人为"哦柱"($ʌʘꟿ\,o^{21}\,dʐu^{21}$),从语音上看,也是指历史上的"筰人"。

二、古西南丝绸之路沿线的历史文化关联

根据历史学、语言学、考古学、民族学和人类学的研究,凉山彝族跟古羌人、古西南夷有密切的关系。历史语言学最为重要的概念是"原语言"(proto-language)。这个概念是从类型学的角度确认现存语言的亲属关系,并通过现存语言的亲属关系重构这些语言的"原语言"。早在 1850 年左右,语言学者就从七世纪根据梵文创制的藏文与十二世纪创制的缅文的比较中,发现了这两种语言的亲属关系。爱尔兰语言学家 George Abraham Grierson 的《印度语言调查》(*Linguistic Survey of India*,1903—1928)一书中,有三卷牵涉到藏缅语族语言。1930 年左右,美国语言学者 Robert Shafer 开始对汉藏语系语言进行研究,并于 1966 年出版了《汉藏语言介绍》(*Introduction to Sino-Tibetan*)一书,

---

① 《史记》卷一一六《西南夷列传》。

对藏缅语族语言进行了进一步的分类和介绍。美国藏缅语研究大家白保罗（Paul K. Benedict）1972 年出版了《汉藏语概论》（*Sino-Tibetan: A Conspectus*），在这部划时代的研究著作中，白保罗对藏缅语族语言的谱系分类一直影响到现在的语言学界。

凉山彝语属于汉藏语系藏缅语族彝语支彝语的北部方言，或叫"诺苏方言"。彝语所属的藏缅语族的四界，东至湖南省，代表语言是土家语；北至宁夏回族自治区，其代表语言是西夏党项语（现已消亡）；西至印度曼尼普尔邦，其代表语言是曼尼普尔语；南至缅甸，其代表语言是缅甸语。

方国瑜的《彝族史稿》认为："彝族祖先从祖国西北迁到西南，结合古代记录，但与'羌人'有关。早期居住在西北河湟一带的就是羌人，分向几方面迁移，有一部分向南流动的羌人，是彝族的祖先。"①方国瑜同意《后汉书·西羌传》的叙述并总结了六条彝族与古羌人文化内容相同的地方：（1）"以父名母姓为种号"；（2）"十二世后，相与婚姻"；（3）"父殁则妻后母，兄亡则纳釐嫂"；（4）"言语多好譬类"，冉駹夷说；（5）"死则焚其尸"；（6）"贵妇人，党母族"。②

借用"亲属语言"的概念，当今使用藏缅语族语言的各民族各族群文化之间的关系是"亲属文化"的关系。通过现存的"亲属文化"的比较并结合古文献、考古学的材料，可以构拟出古藏缅语民族或族群的"原文化"。方国瑜总结的古羌人六条文化内容跟当今的彝族文化有亲属关系。其中，跟本文相关的是第五条"死则焚其尸"的火葬文化。这种火葬文化一直延续下来，在汉语文献中留下了痕迹。例如，《吕氏春秋》记载："氐羌之民，其虏也，不忧其系累，而忧其死不焚也。"③北宋李昉、李穆、徐铉等编纂的《太平御览》记载了三世纪后期三国至西晋间的情况："《永昌郡传》曰：建宁郡④葬夷，置之积薪之上，以火燔之，烟气正上，则大杀牛羊，共相劳贺作乐。若遇风烟，气旁邪尔，乃悲哭也。"⑤唐代樊绰的《蛮书》在描写蒙舍（南诏）和乌蛮的时候描述道：

① 方国瑜：《彝族史稿》，四川民族出版社，1983 年，第 14 页。
② 方国瑜：《彝族史稿》，四川民族出版社，1983 年，第 15 页。
③ 《吕氏春秋》卷十四《义赏》。
④ 建宁郡，方国瑜《彝族史稿》指在今云南省滇池曲靖区域。
⑤ 《太平御览》卷五五六《礼仪部三十五》。

　　蒙舍及诸乌蛮不墓葬,凡死后三日焚尸,其余灰烬,掩以土壤,唯收两耳。南诏家则贮以金瓶,又重以银为函盛之,深藏别室,四时将出祭之。其余家或铜瓶、铁瓶盛耳藏之也。①

元大德年间(1297—1307)李京的《云南志略》描述:

　　罗罗,即乌蛮也。……酋长死,以豹皮裹尸而焚,葬其骨于山,非骨肉莫知其处。葬毕,用七宝偶人,藏之高楼,盗取邻近贵人之首以祭。如不得,则不能祭。祭祀时,亲戚毕至,宰祭牛羊动以千数,少者不下数百。每岁以腊月春节,竖长竿横设一木,左右各座一人,以互相起落为戏。……自顺元、曲靖、乌蒙、乌撒、越巂,皆此类也。②

明代景泰年间(1450—1457)刊印的陈文等人所撰《云南图经志书》卷二《罗雄州》中说:

　　州多罗夷,死无棺,其贵者用虎豹皮,贱者用牛羊皮裹其尸,以竹箦舁于野焚之,会亲友,杀牲祭享,异其骨而不收,酋长及富者,则令婢看守,长者二三月,幼者月余而止,藏其骨,非亲人莫知其处。其罗罗散居各处者,其俗亦同,非特此州然焉。③

杨成志1930年在其《云南民族调查报告》中所描述的凉山彝族丧葬习俗则跟现在的凉山彝族大同小异:

　　至谈到其丧葬,他们并不是用土葬,或水葬,或天葬,而却用火葬。当男子死时妇女不哭,妇女死时男子不哭,甚至夫妇也是如此。吊唁和送葬是举行的。有择日出殡而没有择地焚尸,没有棺材而用尸架来抬尸的。架用长木两根,横短木若干根以绳束缚而构成,其状如梯式,死尸放置其

①　《蛮书》卷八。
②　李京撰,王叔武辑校:《云南志略辑校》。
③　陈文修,李春龙、刘景毛校注:《景泰云南图经志书校注》,云南民族出版社,2002年。

上,四人以肩扶架前往山上掘一窟,下架柴,上放尸架后,即举火焚烧,颇似佛教遗制。[①]

综上所述,凉山彝族的丧葬文化中的火葬习俗是从数千年前的古羌人那里传承下来的。古羌人的火葬习俗很普遍,从地理区域上来看,遍及今西南地区。这个区域的古羌人普遍施行火葬,其形式与古代相比没有太大的变化。但是,随着汉文化及儒家文化深入西南地区,火葬文化逐渐被土葬文化所替代,施行火葬的区域和范围越来越小,可以说,直到 1949 年,在国家推行火葬改革之前,这个地区仅凉山彝族保持了古羌人的火葬文化,其他民族则已逐渐接受了汉人的土葬文化。

三、古西南丝绸之路沿线的族群互动

在今大、小凉山地区的彝族、藏族(尔苏人)的传说里,流传着彝族、汉族和藏族都来自同一个祖先的传说。故事说：

远古的时候,人类得罪了主宰天的天神恩体古兹,他打算放洪水把整个人类都淹没。这个时候,地上住着辛勤耕作的三兄弟。有一天,三兄弟发现头一天辛辛苦苦耕好的地,第二天早上又恢复到原来的样子,似乎没有耕过。他们很纳闷,不知道什么原因,只得又重新再耕一遍。可是,一夜过去,早上那块耕过的地又恢复到没有耕过的样子。于是,三兄弟商量晚上躲在那块耕好的地旁边,看看是怎么回事。果然,到了晚上从天上下来一个人,走到耕地上把耕地恢复成原样。三兄弟一起上去把那个人抓住。老大说"把他杀了",老二说"把他打一顿",老三居木乌乌说"不要着急,先问问怎么回事"。于是,三兄弟开始审问那个人。那人说："我是天神恩体古兹的使者,奉命到人间施放洪水淹没人类。很快这里就要洪水滔天,你们耕地还有什么用?"三兄弟慌忙问怎么办。使者就叫老大制作一个大金柜,把日常需要的用具和粮食放进去;叫老二制作一个大铁柜,也把日常需要的用具和粮食放进去;叫老三制作一个大木

---

① 杨成志:《云南民族调查报告》,《国立中山大学语言研究所周刊》第 11 集(1930 年)第 129—132 期合刊,收入李文海主编、夏明芳、黄兴涛副主编《民国时期社会调查丛编·少数民族卷》,福建教育出版社,2005 年,第 27 页。

柜,只需带一些粮食,不带其他用具。使者施放洪水之后,大地很快消失在洪水之中,老大和老二的大金柜和大铁柜沉入了洪水里面,老大、老二被淹死了,老三因他的木柜浮在水面而得救。不仅这样,老三还救活了一批被洪水冲过来的动物。据说,彝族的十二生肖就是按居木乌乌救上来的动物的顺序排列的。居木乌乌得救了,但人类已经被洪水淹没,没有适合婚配的人类女子了。于是,居木乌乌得到那些在洪水中被他救上来的动物朋友的帮助,经过许多周折,娶到了天神恩体古兹的女儿兹阿姆那多。婚后,生了三个儿子,但都不会说话。居木乌乌派动物朋友们到天上向恩体古兹询问让孩子们说话的方法。恩体古兹因不满意这门亲事,不愿告知如何让小孩说话。后来,动物朋友们多番躲到恩体古兹家里偷听、打探,终于知道了治疗不会说话的方式:从屋后砍三棵竹子,砍成竹节,放入水,插在地上,用火覆盖在上面烧。竹节爆炸后,三个儿子就开口说起话来。大儿子说出汉话,是汉族的始祖;二儿子说出藏话,是藏族的始祖;三儿子说出彝话,是彝族的始祖。汉、藏、彝原是亲兄弟分衍出来的。

这个故事的情节在凉山藏族尔苏人那里的版本大同小异,所不同的是开口说话的三子顺序是藏、汉、彝,他们认为藏族是老大。

这是凉山彝族家喻户晓的故事,故事暗示现在居住在凉山地区的汉、藏、彝三族是同根同源的。但目前三族之间的族群边界还是十分明确的。在凉山州甘洛县,世居此地的族群形成了三个社会区域,即汉人社会区域、彝人社会区域和尔苏人社会区域。一般情况下,汉人只和汉人交往,彝人只和彝人交往,尔苏人则喜欢在尔苏人的圈子里活动。可是,现在已经有三族交叉交往的现象,在许多场合三族呈现融洽相处的现象,比如婚丧嫁娶等场合,三族都会因为交叉的社会关系而走到一起来。一个彝族人结婚时,他的汉族、尔苏人朋友可以被邀请参加"抢婚"、"泼水"、"抹锅烟"等传统彝族婚礼仪式;而汉族人家里办丧事时,他们的彝族和尔苏人朋友也会到他们家按汉族习惯守灵。

在深度访谈中,我们也可以清楚地看到当地彝族、汉族和尔苏人之间也有相互误会、相互防备的现象。三族之间相互通婚的情况在农村还是很少的。从整体上看,目前居住在城镇里的人,三族之间相互通婚的现象比以前多了。当地的汉族在政治、经济、文化等方面相对较有优势,一般情况下,其他族群会愿意与汉族通婚,以获得地位的提高、经济生活的改善等。但在甘洛县乃至整个凉山彝族地区，彝族人和汉族人通婚似乎并不是出于提高自己的政治和经济地位的目的，相反，还会受到来自本族群特别是本家族的种种压力。很多娶了汉族妻子的彝族男子，往往会自嘲地说："我娶了一位'朔莫'（ꎭ so^{33} mo^{21}，意为"汉族女"，另一个意思是"女奴隶"），但她懂彝族规矩，跟彝族姑娘差不多。"这种通婚现象往往是两人都受过一定的教育，都在城镇工作，相互接触中产生了感情的情况。这说明教育和职业给不同族群之间的通婚提供了条件。彝族是凉山彝族自治州的主体民族，根据我国《民族区域自治法》规定，凉山地区的行政领导要由彝族人来担任，从这个意义上看，彝族在凉山的"政治待遇"还高于当地汉族和藏族，这样一来，一些汉族、藏族青年为了自己今后的发展，有娶彝族女子为妻的情况。不管是什么原因，从整体上看，甘洛县的各族群相互通婚的情况主要发生在城镇，农村则很少，这表明族群关系首先在城镇发生一些改善，而农村地区的族群关系仍然相对保守，族群之间是保持一定距离的。

甘洛县的汉、彝和尔苏三个族群的语言能力依次从单语向多语递增。汉族人中除了和彝族人杂居的少数人外，多数都不懂彝语，更不懂尔苏语。与汉族人杂居和住在城镇及附近的彝族人现在会使用汉语，但居住在离城镇远的彝族人仍然不会汉语。彝族人也不会使用尔苏语，即使和尔苏人的村子相邻的彝族人，也只能听懂尔苏人最简单的日常用语。尔苏人是三语人，他们能使用尔苏语、彝语和汉语。彝族人称尔苏人有"三根舌头"。

汉、藏、彝三族都有自己独特的民间宗教。汉族有跳神的端公，平时还有一系列的民间宗教仪式，所供的神位也有一定的特色，部分人信仰佛教。甘洛县海棠镇重建了一座佛教寺庙，吸引了许多信徒前往烧香拜佛。彝族的宗教有人称之为"毕摩教"，因为其神职人员叫"毕摩"。毕摩是上知天文下知地理的知识分子，他们可以主持人和神的沟通，从事念经驱鬼、治病、占卜、请神、送灵等一系列的宗教仪式。尔苏人的民间宗教的神职人员叫"沙巴"，也是游走于神鬼之间的智者。跟语言使用的情况不同，三族的宗教行为是相对独立和缺少交流的，相互影响的内容很少。目前有汉族人请彝族毕摩到家里念经驱鬼的情况，也有了彝族人、尔苏人请汉族人的端公去念经画符、求神驱鬼的现象，可是从整体上看，三族的宗教关系处于相对独立的状态。

在节日文化方面，彝族人和尔苏人都有传统的新年，但尔苏人除了自己的

新年以外还过汉族的春节,彝族则分两个区域两种情况,原来在土司统治区的
人倾向于以汉族的春节代替彝族年,而非土司统治区则仍然只过传统彝族年,
不过汉族的春节。现在有所变迁,居住在城镇及附近的彝族人也开始过春节、
宰杀年猪,有以汉族的春节代替彝族年的倾向。另一方面,由于甘洛县属于凉
山彝族自治州,自治州政府有专门的彝族年年假,一些城镇的汉族人也会在彝
族年放假期间在家里杀猪宰羊,邀请朋友和同事到家里聚会,这虽然不是一种
主流的节日文化的取代形式,但也是一种文化交流、族群互动的特殊形式。

四、古西南丝绸之路沿线的族群融合

凉山彝语对汉族的称呼有三个:一个叫"华"(東 xɔ^{21}),显然是"华"的近
现代音译词;第二个是"嘿嘎"(ᶆᎾ he^{33}ŋga^{55}),是"华夏"的古音音译词;第三
个叫"朔"(耒ʂɔ^{33}),跟古文献里的"蜀"、"寓"和"叟"是相通的。

1. 凉山彝语"嘿嘎"是"华夏"古音音译

华夏族是汉族的前身,形成于夏朝,是因为"夏"而得名,正如后来的汉族
是以"汉"而得名。据语言学者考证,"华夏"的"华"是"华丽、华贵"之意,是修
饰"夏"的形容词。《史记·五帝本纪》说:

> 黄帝居轩辕之丘,而娶于西陵之女,是为嫘祖。嫘祖为黄帝正妃,生
> 二子,……其一曰玄嚣,是为青阳,青阳降居江水;其二曰昌意,降居若水。
> 昌意娶蜀山氏女,曰昌濮,生高阳,高阳有圣德焉。

历史学家尤中根据这段记载,认为:"江水指今岷江,若水指今四川凉山州
境内的雅砻江。可见,当时黄帝族人活动在从中原经西北到西南地带。""夏禹
是黄帝族的后裔。而华夏族是以原来的炎黄族群为核心形成的。《史记·夏
本纪》说:夏禹,一名文命。禹之父曰鲧,鲧之父曰帝颛顼,颛顼之父曰昌意,
昌意之父曰黄帝。禹者,黄帝之玄孙而帝颛顼之孙也。"[1]也就是说,华夏族进

---

① 尤中:《中华民族发展史概说》,《思想战线》1988 年第 5 期,第 71 页。

入西南地区已经非常久远了。

"华夏"一词的上古汉语的语音,中外近现代知名音韵学家、语言学家高本汉、李方桂、王力、白一平、郑张尚芳和潘悟云的构拟①如下:

	反切	高本汉	李方桂	王力	白一平	郑张尚芳	潘悟云
华	呼瓜	xwɔ	hwrag	xoa	hwra	qhʷraa	qhʷraa
夏	胡雅	gʼɔ	gragx	γea	gra²	graa²	graa²

根据这些构拟,我们认为凉山彝语对汉族的称谓"嘿嘎"(ꑌꈌ he³³ ŋga⁵⁵)是"华夏"一词古音的遗存。有些学者认为"嘿嘎"是"汉家"的音译,这是一种后来的牵强附会。由此观之,"华夏"进入古西南丝绸之路区域的时间非常久远。

2. "嶲"、"徙"、"叟"为蜀人南下融入西南夷

蜀人南下形成的"嶲"、"徙"、"叟"成为凉山彝语对汉族的另一个称谓。也即,彝语称汉族为"朔",是"嶲"、"徙"、"叟"的音译。请见汉语上古音构拟:

	反切	高本汉	李方桂	王力	白一平	郑张尚芳	潘悟云
嶲	息委	swia	sjarx	siuai	sjoj²	sol²	slol²
徙	斯氏	sia	sjarx	siai	sjej²	sel²	sel²
叟	苏后	suɡ	səgwx	su	su²	suu²	sluu²

从上表中可以看出,在上古音里,嶲、徙和叟的声母都是*s,嶲和徙更是同韵。从古音构拟中,可以清楚地看到这几个汉字字音的同源关系。根据这种同源关系以及这些族群在古西南丝绸之路沿线的古灵关道两边的聚居情况,可以判断这个位于古代灵关道沿线的族群结构,嶲、徙、叟等族群是和邛人、昆人杂居的。邛人、昆人和嶲人、徙人、叟人是明显不同的两个族群,《华阳国志·蜀志》指出:"夷人大种曰昆,小种曰叟,皆曲头,木耳环,铁裹结。"彝族先民跟古羌人有渊源关系,跟古蜀人也有发生学上的关系。中国社会科学院历史研

---

① 本文的上古音构拟来自上海师范大学的"东方语言学网",下同。

究所的易谋远研究员认为彝族先民跟"蜀"相关,提出"开明氏之蜀国是彝族史上始建的神守之国"①。而嶲人是南迁之蜀人,也得到史学界的有力论证,例如,四川大学石硕教授指出:

> 《史记》、《汉书》及《后汉书》西南夷列传所记"嶲"这一人群也正好位于此区域。三书对"嶲"的记载有两点大体一致:其一,均将"嶲"与"昆明"并举,称"嶲、昆明",说明"嶲"的位置与"昆明"相近;其二,均称"自嶲以东北"为"筰都"。汉武帝元鼎六年(前111)以"筰都为沈犁郡",沈犁郡在今雅安一带,则"嶲"当在沈犁郡之西南,亦即越嶲西部及益州、永昌以北地带,这意味着"嶲"的地理位置应在"昆明"之东北。因此,汉代"嶲"的分布位置与西汉时蜀人势力存在于"汉西南五千里"及蜀人子孙居"姚、嶲等处"的记载相吻合。这就有力地印证了在汉代被称作"嶲"的族群内涵确应指南迁之蜀人。②

嶲人后来逐渐融入西南夷当中,也就是说,从蜀人的角度来看,嶲人的先人虽然是南迁的蜀人,但是,他们长期居住在西南夷地区之后,其后人逐渐融入当地西南夷当中,在文化上跟成都平原的蜀人越来越有差距,到司马迁写《史记·西南夷列传》的时候,嶲人已经完全被视作"西南夷"的一种。具体地讲,嶲人后来逐渐融入了今天的凉山彝族先民里面。在这方面,石硕也有精彩的总结和论述:

> "嶲"之人群在汉以后显然逐渐融入到西南夷中。笔者认为,"嶲"的主体可能主要融入到了今天的彝族或彝语支系民族中。不少学者注意到,彝族与古蜀人之间在文化习俗、传说、信仰、日常生活等存在诸多共同点(如纵目传说、发式、图腾信仰、文字等等),这些共同点极可能是蜀人南迁后与彝族先民发生融合所致。③

---

① 易谋远:《彝族史要》(下),社会科学文献出版社,2000年,第520页。
② 石硕:《汉代西南夷中"嶲"之族群内涵——兼论蜀人南迁以及与西南夷的融合》,《民族研究》2009年第6期,第76页。
③ 石硕:《汉代西南夷中"嶲"之族群内涵——兼论蜀人南迁以及与西南夷的融合》,《民族研究》2009年第6期,第79页。

3. "筰"原为西南夷的名称，后在尔苏话里转变为汉族的名称

藏族尔苏人称汉族人为"乍"，是古西南丝绸之路沿线"筰"的音译。"筰"是一个西南夷的族群名称。汉武帝在今四川省汉源县附近大渡河之南设置沈黎郡，又名"筰都"。《华阳国志·蜀志》说："定筰县，筰，笮夷也。汶山曰夷，南中曰昆明，汉嘉、越嶲曰筰，蜀曰邛，皆夷种也。县在郡西。渡泸水，宾刚徼，曰摩沙夷。有盐池，积薪，以齐水灌而后焚之，成盐。"则定筰县在今凉山州盐源县。"筰"的上古音构拟如下：

	反切	高本汉	李方桂	王力	白一平	郑张尚芳	潘悟云
筰	在各	dz'ɑ	dzak	dzak	dzak	zaag	sgaag

这个上古音跟藏族尔苏人对汉族的称呼是同源的。从这点来看，原来被中原人看作是西南夷的"筰"，在其他族群的眼里实际上跟后来的"汉人"是一样的。推测在历史上，古西南丝绸之路沿线曾经出现过不同的族群，各族群的成员可能已经发生了变化，但是，他们的名称却保存了以前的某种称谓，这是族群融合的常见形式之一。

4. "大种曰昆，小种曰叟"已融入现代凉山彝族

《华阳国志·南中志》记载：

> 夷人大种曰昆，小种曰叟，皆曲头，木耳环，铁裹结。无大侯王，如汶山、汉嘉夷也。夷中有桀黠能言议屈服种人者，谓之耆老，便为主，论议好譬喻物，谓之《夷经》。今南人言论，虽学者，亦半引《夷经》。与夷为姓曰"遑耶"，诸姓为"自有耶"。世乱、犯法，辄依之藏匿。或曰：有为官所法，夷或为执仇。与夷至厚者，谓之"百世遑耶"，恩若骨肉。为其逋逃之薮。故南人轻为祸变，恃此也。其俗征巫鬼，好诅盟，投石结草，官常以盟诅要之。

这段话很清楚地告诉我们，在西南夷当中有两个族群，其中大一些的族群叫"昆"，小一些的族群叫"叟"。前文谈到"叟"是南下的蜀人，是后来的移民，而在以今天的西昌为中心的古西南丝绸之路凉山段沿线，分布最广、人数最多

的族群是"邛",西昌古名邛都即来源于该族群名称。"邛"和"昆"有渊源关系,都是当地的原住民。他们的关系可以从以下的上古音构拟看出来:

	反切	高本汉	李方桂	王力	白一平	郑张尚芳	潘悟云
邛	渠容	gʼiuŋ	gjuŋ	gioŋ	gjoŋ	goŋ	goŋ
昆	古浑	kwən	kwən	kuən	kun	kuun	kuun

从上表可以看到,邛的上古音声母是*g,昆的上古音声母是*k,二者的发音部位相同,所不同的只是声母的清浊。汉字是表意文字,不能区分清浊音素,因此,古代学者只是用较为接近的字词来记录发音而已。

五、结　语

古西南丝绸之路沿线自古以来就是一条族群交往和族群互动频繁的民族走廊,是"藏彝走廊"的重要组成部分。古灵关道沿线即今凉山地区的居民主要由彝、汉、藏三个民族构成。从当前不同民族的族群互动现状,或从历史上的族群融合情况来看,族群互动和族群融合始终是这个区域的主旋律。通过这个区域的比较研究,可以看到古西南丝绸之路与西南地区的政治、经济、文化中心——成都平原有着千丝万缕的联系。从人类学、民族学的"整体性"视角来看,该区域的各族群文化以多种方式联系在一起。美国人类学家哈里斯提出的"过程联系"对我们理解古西南丝绸之路沿线的族群和文化互动可以有所帮助。他指出:

> 过程联系,意为几种文化特征都参与了文化变迁过程。比如,古代墨西哥、埃及和中国都通过书写体系、常备军、灌溉系统和长距离奢侈品贸易等文化特征,建立了国家政权组织。……这些内容之间相互联系,相互依存。[①]

[①] Harris, Marvin. 1997. "Anthropology Needs Holism, Holism Needs Anthropology", in Kottak et al. eds. *The Teaching of Anthropology*. Mayfield, pp.22－28.

从"过程联系"的视角看，古代成都平原一带的居民在秦灭蜀之前已经建立起相对发达的政体，在文化和军事上有了充足的发展。他们因为蜀"国破"而南迁，其军事和文化对古代西南夷的影响是非常大的。"整体性视角让我们明白，任何观念与实践都与文化中的其他方面有所关联，任何文化所承载的社会都与其所在地域的其他方面有着千丝万缕的联系。""考古学家发现，哪怕是数千年前的许多社会，也都通过贸易、劫掠、移民和通婚与周边许多社会发生了互动。"①

凉山地区与成都平原的族群和文化关系是法国历史学家布罗代尔所提出的"长距互动"关系。② 人类学家也对这样的长距互动给出了个案支持。美国人类学家奥莫亨德罗提出：

> 另一个长距互动的案例是古挪威航海者，在纽芬兰的大北方半岛上建立了一个前哨。……公元 1000 年左右，一支可能 30 人的船队从格陵兰航向纽芬兰北部，建立了一处有草皮屋和牲口棚的殖民地。③

从这样的研究视角出发，我们可以了解古西南丝绸之路沿线目前的族群分布现状与历史上不同族群之间的关联，从而，可以看到一个整体的动态的族群互动和融合场景，为我们进一步理解该区域的社会历史文化提供支持。从现实意义上看，了解"一带一路"沿线的不同国家、不同民族、不同族群、不同文化的动态的互动和融合关系，能为我们提供重要的参考。

参 考 文 献

方国瑜：《彝族史稿》，四川民族出版社，1983 年。

费尔南·布罗代尔：《菲利普二世时代的地中海和地中海世界》（第一、二卷），唐家龙、曾培

---

① 见约翰·奥莫亨德罗《人类学入门：像人类学家一样思考》，张经纬、任珏译，北京大学出版社，2013 年。
② 见费尔南·布罗代尔《菲利普二世时代的地中海和地中海世界》（第一、二卷），唐家龙、曾培耿等译，商务印书馆，1996 年。
③ 见约翰·奥莫亨德罗《人类学入门：像人类学家一样思考》，张经纬、任珏译，北京大学出版社，2013 年。

耿等译,商务印书馆,1996 年。

石硕:《汉代西南夷中"嶲"之族群内涵——兼论蜀人南迁以及与西南夷的融合》,《民族研究》2009 年第 6 期。

石硕:《汉晋之际西南夷中的"叟"及其与蜀的关系》,《民族研究》2011 年第 6 期。

杨成志:《云南民族调查报告》,《国立中山大学语言研究所周刊》第 11 集(1930 年)第 129—132 期合刊,收入李文海主编,夏明芳、黄兴涛副主编《民国时期社会调查丛编·少数民族卷》,福建教育出版社,2005 年。

易谋远:《彝族史要》,社会科学文献出版社,2000 年。

尤中:《中华民族发展史概说》,《思想战线》1988 年第 5 期。

尤中:《夏朝的建立和华夏民族的形成及与周边民族群体的关系》,《思想战线》1997 年第 2 期。

约翰·奥莫亨德罗:《人类学入门:像人类学家一样思考》,张经纬、任珏译,北京大学出版社,2013 年。

Barth, Fredrik. 1969. "Introduction", in F. Barth ed. *Ethnic Groups and Boundaries*. Little, Brown and Company, pp.8‐9.

Harris, Marvin. 1997. "Anthropology Needs Holism, Holism Needs Anthropology", in Kottak et al. eds. *The Teaching of Anthropology*. Mayfield, pp.22‐28.

从语言人类学探讨三星堆文化的源流*

一、引　　言

人类学大体来讲分为四个分支：一个是语言人类学，一个是文化人类学，一个是考古学，还有一个是体质人类学。这四个分支学科放在一起，我们就会对一个群体的文化有比较深入的了解，不管是古代文化还是现代的文化。目前对三星堆文化的研究，有很多是从历史的角度去做的，包括古文献的角度、民俗的角度等等。

本文换另外一个角度去看三星堆文化到底是怎么回事。有人说三星堆文化来自外星人，我当然是不主张三星堆文化来自外星人的，因为我们科学的解释工具和研究手段还没有使用完，还不需要去找"外星人"。最近新闻报道了一个人的头盖骨化石，据说是八十年前发现的。那个头盖骨化石的头型很大，眼眶很小，有人说那是外星人的化石。报道说根据 DNA 的检测，只能找到他母亲那头，找不到他父亲那头。这个报道似乎倾向于同意外星人的存在，所以有人会把三星堆文化与外星人联系起来，这是完全可以理解的。这是题外话。

中国的地形①大家都很熟悉，西部地区这块凹下去的盆地就是四川盆地，周围都是山。四川盆地有两个出口：一个是长江的切口，从长江三峡进入长江下游，进入中原；另一个出口是岷江上游。大家猜为什么三星堆文化跟中原文化大不相同？从中原的角度看，中国境内的文化应该是从中原传到全国各地的。即使不是从中原传到全国各地，应该也会有一些其他地方的文化传到

＊　本文原载上海大学社会学系编《费孝通学术论坛讲谈录》，上海大学出版社，2010 年。本次出版略有修改。本文的参考文献出处没有在文中体现，涉及文献名单已列于文后。本文因系讲座内容整理而成，文中保留了一些口语成分，请读者谅解。
①　为了节省空间，此处略去地图。读者可自行查阅中国地形图。

中原来。以中原作为中心的看法,解释不了三星堆的情况,因为它们"连不上"。连不上怎么办呢?有人就推断三星堆文化不太可能从四川盆地东部切口进出。那么是不是从西部岷江切口进来的呢?也就是从中亚地区,从四川盆地西北部进来。这种猜测还是比较着调的。还有些不着调的猜想,只要解释不了的,就说是外星人带来的。他们认为,人类在四千年前没有技术制造三星堆遗址出土的那么好的青铜器、兵器,四千年前全世界都没有那个技术水平,而且在四川平原的附近,到目前为止都还没有找到冶炼金属的遗址。所以他们认为三星堆文化可能是外星人带来的,不是我们地球"本土"的。这是目前学术界关于三星堆文化的一些偏激的观点。

二、亲属语言概念与三星堆古蜀语的语言归属

从地图上近看四川盆地,我们可以看到岷江上游在四川盆地的西北部,东部的长江经过重庆流经三峡进入湖北。三星堆遗址在四川盆地西北部成都市附近。四川盆地再往南走就是山区,是凉山彝族自治州境;盆地西部是甘孜藏族自治州和阿坝藏族羌族自治州。四川盆地周边都是藏缅语族语言的分布区域,这个区域的语言文化大都保留着藏缅语特点。盆地北部的甘肃一带也有人做过研究,它在语言方面也跟南部的彝语支相似。在东部地区,湖南、湖北都有土家族。从语言上看,东边的湖南湘西土家语也属于藏缅语族语言。为什么叫"藏缅语族"呢?因为这个语族最北边的语言是藏语,最南边的语言是缅语,因此,中间这块区域的语言都属于"藏缅语"。同理,"汉藏语系"最西边的是藏语,最东边的是汉语。这个名称借鉴了人类学的家族概念。亲属语言的概念是按照"家"的概念来划分的:大的是汉藏语系语言,是一个"家"(英语叫 language family),汉藏语系下面又分为汉语族、藏缅语族等,再下面又分成语支、语言、方言、土语。这个观念来自历史语言学的假设:早期的汉藏语系是一个语言,叫原始汉藏语,后面才分化为现在的局面。这个观念很重要:从前大家是说一样的语言的,分开以后分成不同的语言。不同语言里面又分成不同方言,不同方言又分成不同的土语。这个假设确定之后,就可以推算原始藏缅语族语言和原始汉语的分化时间,跟下文谈到的三星堆文化的时间是吻合的。

藏缅语族的范围，南部到缅甸、越南一带，西部到印度曼尼普尔邦，北部到中国的甘肃、宁夏，东部到中国的湖南、湖北。从地理区域来看，四川盆地是藏缅语族语言的核心分布区域之一。现在成都平原的居民主要是汉族人，是中原或其他地方移民过去的。这在历史文献中记载得很清楚。远古的不说，近的在明末清初，由于连年战乱，四川盆地的人民死的死、逃的逃，有记载说后来只剩下八万人左右。没什么人了，才有后来的"湖广填四川"。所以我们可以说，现在的四川人已经不是以前的四川人了，四川人已经"大换血"了。从语系来看，东边是汉语，西边是藏缅语，藏缅语包括印度境内的一些语言，喜马拉雅山周围如尼泊尔、不丹等国家有很多语言属于藏缅语，还有缅甸、老挝、泰国等国家也有藏缅语分布；中国四川、云南境内的彝语、藏语、羌语、纳西语、白语等语言是一个片区。这是一种分法，这个语系是相对于印欧等语系而言的。现在讨论的四川盆地的三星堆文化时期，推测就是汉语和藏缅语族语言分化的时间。汉语与藏缅语族诸语言是同源的，同属于原始汉藏语，然后分成不同的语言和方言，分化的时间应早于中原殷商时期，大约在距今四千至五千年前。

汉语和藏缅语族语言分化的时间是距今四千到五千年前，实际上三星堆文化也是在这个时期。三星堆文化有几个分期：第一期距今约 4 500 年到 4 650 年上下，接下来第二期是到距今 3 700 多年前，第三期则是到距今 3 100 多年前。它有一些文化层，第一层埋了以后是第二层、第三层。现代科学技术可以通过分析鉴定来确定它的时间，跟汉语和藏缅语分化的时间大致是吻合的。汉语和藏缅语族语言分化以后，结合三星堆文化的时间，可以说明为什么中原和三星堆文化之间、中原和四川盆地之间的语言已经有一些分隔了。三星堆文化的时间下限是距今 3 000 年前，根据这个年代推测，在汉语和藏缅语分化之后才出现三星堆文化。我们推测三星堆古蜀语是古藏缅语的一种语言，这从它的分布范围可以看到。根据 2005 年统计，还有 380 多种语言归在藏缅语族语言里面。汉语是世界上使用人口最多的语言，但汉语的方言土语加起来种类也还没有这么多。中国历史上有长期的统一政权，有一个多元一体中华民族的形成过程。西部喜马拉雅山、云贵高原一带，在历史上一直是中原王朝统治比较松散的地方。汉语和藏缅语的关系是很近的，从前如果有上海人要去做少数民族语言研究，老师们就会推荐他们去做藏缅语。我认识好几位彝语专家是上海人,因为彝语和汉语吴方言都有很多浊音。

三、从文化词窥探三星堆古蜀文化的散布

通过藏缅语的同源词,也就是通过一些相关联的词就可以推测两个语言之间有没有亲缘关系。我们可以拿相同的词有多少、同源词百分比是多少等标准来判断语言间的亲疏远近。百分比越大,语言间的关系越近,分化的时间越近。我们可以看到现在藏缅语有很多的分化,像藏语、彝语、缅语的内部方言间就有互相说不通的情况,它们的差异比北京话和广东话之间的差别还要大。我们可以通过同源词百分比的多少来划分它们的亲属关系及亲疏关系。

历史语言学有一个假设:两种语言,不管现在距离有多远,只要它们之间的文化词相同,就是有亲缘关系的。如果文化词是没有关系的,那说明这两种语言是后来才发生联系的。比如大家现在说的"咖啡"一词是从英语借用来的,有些新词是后面才进来的,那就不能算我们基本的文化词。但是像我们吃的东西,比如盐、水稻等文化词,即使语言使用者相隔遥远,也可以看出来它们是同源的,那就说明使用这两种语言的人在语言分化以前就在使用这些词了。这是历史语言学的一个理念、一个观念。我们可以通过盐、水稻等了解到南方的一些地区还是保留了古代的一些基本词汇。现在有些分化的词里面,有些是整齐的,有些是不整齐的。如果某个词是统一的,说明它在很长的一段时间里是统一的,后来才分化了。以下以"盐"为例进一步说明这个思路。

盐与古代藏缅语族民族在四川盆地的分布息息相关。在古代岷江流域,居住着古藏缅语言民族先民。而四川盆地三星堆所在的成都平原是一马平川的平原,它没有天然壁垒,所以需要建造一些防御工程。成都平原的物产很丰富,但缺盐。如果一个地方没有盐,它是没有办法发展的。由于没有盐,生活在四川盆地的先民需要与周边族群交换食盐从而发生互动关系。早期的时候,在岷江上游地区哈羌盐池有盐,那个地区的人们会把盐拿到成都平原做交易。后来,长江三峡的巫峡一带生产盐,蜀国就靠三峡的盐和西北哈羌地区的盐来控制这个区域。后来巴族出现,因为他们能够控制盐,蜀国就扶持它成立了一个国家。巴族从长江的中下游向蜀国供应盐。当时蜀国的中心是三星堆

及其周边，就是现在的成都附近。因为运盐的功劳很大，蜀国就封了巴族一个首领为王，巴国就是这么来的。

"盐"在当代的一些语言里面是同源的。我们可以推测，"盐"这个词出现在藏缅语分化以前。那个时期是四千年以前，正是三星堆文化时期，三星堆古蜀人用的是古藏缅语语言，这是推测的，因为从同源词可以判断它们是有关的。古汉语与藏缅语中的"盐"是不一样的。我们从藏缅语词汇比较可以看到，在300多个词里面，"盐"这个词是同源的。由此我们可以推测，在藏缅语分化之前，"盐"就是一个很通用的词。那个时候盐已经分布到四川盆地各个地方。而中原的"盐"与藏缅语不同源，是因为在汉藏语分化以前还没有共同的"盐"字。与东边的汉语相比较，西边的藏缅语族的语言多很多。"古蜀文化圈"包括古蜀人文化，还有古巴人文化，藏缅语族涵盖了这个文化圈。三星堆文化是由于古藏缅语族族群文化融入四川盆地而发展起来的。现在考古学界在三星堆发现了很多非常不同于中原文化的内容，但是因为情感的问题，一些学者不愿意承认这跟中原文化不同，他们宁愿认为这是从外国来的，甚至是从外星来的，也不愿意认为这跟藏缅语族族群或者少数民族有渊源关系。

巴和蜀都是操藏缅语的两个族群。巴国的后裔就是现在的土家族。潘光旦在20世纪50年代写了一篇论文，论证了巴族和湘西北的土家族同属一族。我国把土家族定为56个民族之一。潘光旦的证据是两者的自称。土家族自称"毕兹卡"，同古代的巴国区域的某些地名相近。从姓氏也可以看出，巴人的一些姓氏和现在的土家族的姓氏是相同的。潘光旦也以土家族跟老虎有关的一些传说和神话来印证自己的观点。同时，文献记载的土家族聚居地区出土了一些具有巴文化特征的文物。从这几个方面，潘光旦论证了古代巴人的后裔就是现在的土家人。现在的土家人的语言是藏缅语的一种。以前笔者在中国社会科学院工作的时候，土家语和彝语就是属于同一个研究室的，带我的陈康老师不仅是彝语专家，也是一位土家语专家。

藏缅语族的南界可以到越南、缅甸、老挝，西界可以到印度的曼尼普尔邦，北界包括已经消失的西夏党项族。我们知道，元朝灭掉了西夏以后，西夏统治者党项人就再也不见于史传了。现在有专门从事西夏语言文字研究的专家学者，认为西夏语和古彝语是有亲缘关系的。藏缅语族的北界到达宁夏、甘肃一带，是很大的一个范围。有位叫王天佐的学者，是来自甘肃的汉族人，他在西南民族大学从事彝语教学研究工作,会彝语。他曾拿他的母语和彝语比较,发现他的家乡话——甘肃嘴头话里面的代词和彝语的语法形式是一样的。历史学界也认同藏缅语族语言民族是从西北甘肃、宁夏一带迁徙到西南地区的。另外一种解释是以前这个地方本来是用同一种语言,后来其他不同的文化把它分割了。元朝灭了西夏后,党项人融入当地汉人之中,他们需要隐瞒自己的党项人身份,就隐姓埋名藏起来,时间一长,党项人就再也没有在史书中出现了。

四、从古彝文探讨三星堆文化圈的"巴蜀图语"

接下来我们要看的是怎样去解读三星堆发现的图形或刻画符号。三星堆文物中有一些刻有文字的器物,现在很多学者想识读,但读不出来。它和汉字不一样,不是汉语系统的文字,所以被称为"巴蜀图语"。按照人类学进化论派摩尔根的观点,使用文字的民族是"文明",如果不能确定所使用的符号是文字,就用"文化"表达。文字的使用与否,是文明和文化的一条很重要的分界线。如果三星堆古蜀人使用文字,那就是一种"文明"。但可能有些学者不愿意承认那是一种"文明",因为它跟中原文明没有关系,也找不到跟我们目前所知的哪种文字有关系。所以现在很多学者对此就避而不谈,"绕道走"。有的学者认为三星堆就算有文字,也和中原没有关系,而对三星堆到底有没有文字,则既不肯定有,也不说没有。

但是,如果在藏缅语族语言的范围里面去找,结果就不同了。假定四千年前的古蜀语是古藏缅语族语言的一种,那么我们就应该在现在的藏缅语族的语言里面去找它们的关系。可以找到的跟它接近且还有文字的民族就是彝族。现在有一些彝文专家已经指出,彝文的一些字形和三星堆文物上的符号很像。现在的彝语是从古彝语、古藏缅语传承过来的。这些都是我们可以从语言学假设中推导出来的。如果假设成立,我们就应该拿现在的彝语往上构拟,构拟到四千年前的时候或许就可以破解当时的文字,解释当时的社会人文历史。这项工作还需要许多准备工作,特别是古音构拟工作。

另一个文化词是"水稻"。这个词在彝语方言里是同源的,可以推测彝族先民曾经在水稻种植比较发达的地区生活过。这个词在藏语和羌语里有所不同,不是整个藏缅语族语言的同源词。现在彝族地区很多地方是不产水稻的,只有少数坝区产水稻,但是"水稻"一词在整个彝语方言里的传承是如此整齐,由此我们就可以推测：彝族曾经在一个水稻种植很发达的地区居住过,彝语方言分化以前该地区是一个产稻比较丰富的地区。离目前凉山彝族最近的产稻地区就是成都平原。这也是一种推论。① 另外,彝族居住的山区是没有船的,人们出行都是走路或骑马,但在彝语方言里,"船"一词的对应也是非常整齐的,说明古彝语使用者曾经在一个船业很发达的地区生活过。历史记载古代四川盆地有个鱼凫族,他们的造船技术很发达,曾经承担古蜀国的水上运输工作。史书上面有记载,鱼凫族的航运规模非常大。后来鱼凫族消亡后,其后人可能退到山区并成为今天彝族的组成部分。

除了从考古学的角度去看,这些问题还可以从分子人类学的角度去研究。这个角度就是研究相关地区的人的 DNA,从 DNA 的分布去看。现在已经有一些学者正在从分子人类学的角度做研究,这也是一种思路。

五、结　　语

如果我们从语言人类学、考古学来看,三星堆文化在四千年前就已经形成了。四川盆地号称"天府之国",它有自己的农业系统,有非常发达的商业。这样一个区域已经是古三星堆的一个文化圈了。从语言谱系来看,彝语支除了彝语,还包括很多云南、四川、贵州地区的少数民族语言,土家语也属于彝语支。古蜀文字在四千多年前就已经产生了。现在有人做了一些彝文的研究,已经有人把彝文的起源时间推到九千年前。当然他们是根据其他的一些证据去做研究的,包含了学者自己的民族情感因素。假设古彝文化是三星堆文化圈的组成部分,那么,可以根据这个往上推,去研究三星堆文化,这也是一个途径、一条思路。

成都平原现在的汉族居民实际上不一定是古蜀人的后裔。清朝的一些文人写张献忠屠蜀的"史实",把他写得非常残忍,杀人如麻。相传他杀完老百姓后杀士兵,他要祭献,要祭祖,他就要砍人,把女人的小脚砍下来,堆成一座山。

---

① 详见本书《彝族先民数千年前已种植稻米的语言学考古学证据》一文。

他叫一个小妃子去看，问她好不好看，妃子说最上面要是多个尖的就好看了，张献忠立即下令把这个妃子的脚砍下来，放在了最上面……据清朝的文人所记，当时人口锐减，四川本有三百多万人口，到了清初的时候只剩下了八万，全部归罪于张献忠屠蜀。在张献忠被剿灭后，吴三桂叛乱的时候，四川地区也是连年战火不断，闹得人死的死、跑的跑，很多地方数十年不能耕作，因为要打仗，所以饿死的人很多。康熙的时候免兵税，不征男丁去当兵，四川人口才急速增长。可能成都平原打仗的时候，有好多人跑到凉山彝区去了，成为现在彝族的先民。清末民初时有些彝族人跑到成都平原去买房子住下，就成了成都平原的"汉人"。现在也不断有凉山的彝族人迁徙定居于成都平原，而成都平原的汉族人也可能会到凉山做生意然后定居在凉山。

所以不要拿现在的概念去套古代，我们不能说古代的某种文化就一定是某个民族的。我们研究三星堆的文化不能持族群中心主义。三星堆文化作为我们整个中华民族的宝贵遗产，需要从多个角度，用多个方法，去把它挖掘出来、研究出来，这才是我们学术界应该去做的。

参 考 文 献

陈德安：《三星堆：古蜀王国的圣地》，四川人民出版社，2000 年。

陈康：《彝语的声调对应》，《民族语文》1986 年第 5 期。

黄布凡主编：《藏缅语族语言词汇》，中央民族大学出版社，1992 年。

摩瑟磁火：《似曾相识三星堆》，马德清主编《三星堆之谜与彝族文化的渊源》，中国文史出版社，2008 年。

潘光旦：《湘西北的"土家"与古代的巴人》，中央民族学院研究部编《中国民族问题研究集刊》第四辑，1955 年。

屈小强：《三星伴明月：古蜀文明探源》，四川教育出版社，1996 年。

任乃强：《四川上古史新探》，四川人民出版社，1986 年。

孙展：《汉语从哪里来：与藏缅语何时发生分化？》，《国家历史》2009 年 10 月 1 日。

汪锋、陈保亚：《原始彝语》，云南大学茶马古道文化研究所主办《茶马古道研究辑刊（第一辑）》，云南大学出版社，2010 年。

王天佐：《试说汉语嘴头话的人称代词与彝语的关系》，《民族语文》1986 年第 4 期。

巫达：《彝语 ʈ 系声母考》，戴庆厦、岭福祥主编《中国彝学（第一辑）》，民族出版社，1997

年。已收入本书。

巫达:《彝族先民数千年前已种植稻米的语言学考古学证据》,陈国光主编《中国彝学(第三辑)》,中央民族大学出版社,2009 年。已收入本书。

《藏缅语语音和词汇》编写组:《藏缅语语音和词汇》,中国社会科学出版社,1991 年。

Chu J. Y., Huang W. and Kuang S. Q. et al. 1998. "Genetic Relationship of Populations in China", *Proc Natl Acad Sci USA* 95, p.11763.

Cann R. L., Stoneking M. and Wilson A. C. 1987. "Mitochondrial DNA and Human Evolution", *Nature* 325, p.31.

Ke Yue hai, Su Bing and Song Xiufeng et al. 2001. "African Origin of Modern Humans in East Asia: A Tale of 12000 Y Chromosomes", *Science* 292, p.1151.

Matisoff, James A. 2003. *Handbook of Proto-Tibeto-Burman: System and Philosophy of Sino-Tibetan Reconstruction.* University of California Press.

Underhill P. A., Shen P. D. and Lin A. A. et al. 2000. "Y Chromosome Sequence Variation and the History of Human Populations", *Nature Genetics* 26, p.358.

Underhill P. A., Passarino G. and Lin A. A. et al. 2001. "The Phylogeography of Y Chromosome Binary Haplotypes and the Origins of Modem Human Populations", *Annals of Human Genetics* 65, p.43.

Wilson A. C. and Cann R. L. 1992. "The Recent African Genesis of Humans", *Scientific American* 266(4), p.68.

彝族先民数千年前已种植稻米的语言学考古学证据[*]

  彝族分布在我国西南地区的四川、云南、贵州和广西等省、自治区。除云南有部分彝族分布在平坝地区之外,其他地区绝大多数彝族分布在山区。特别是四川凉山彝区以高山峻岭、山高水险著称。凉山彝族有句谚语说"石进水里回不来,人进甘洛回不来",那是形容凉山彝族自治州最北边的县——甘洛县地势复杂,人进入甘洛地区就像石头掉进水里那样回不来了。目前彝族的分布格局多数在山区,气候寒冷,不易平整坡地储水作耕种稻米的水田,当然,山区的彝族一般是不种稻米的,彝区主要农作物是小麦、大麦、玉米、土豆等。因此,或许许多人认为彝族是一个山区民族,先民可能也跟种植稻米无缘。可是,从目前的彝语方言来看,虽然彝语各地方言差别较大,互相通话有困难,很多词已经找不到同源的对应规律,但是"稻米"一词在各地彝区却是相当一致的。请看以下例词:

意义	甘洛	禄劝	大方	撒尼	阿细	阿哲	石屏	永仁
稻米	$tʂʰɯ^{33}$	$tʂʰe^{21}$	$tʂʰɻ^{13}$	$tɕʰi^{33}$	$tɕʰi^{22}$	$tɕʰi^{22}$	$tɕʰe^{21}$	$tɕʰɿ^{33}$

(注:甘洛=四川省凉山彝族自治州甘洛县彝语;禄劝=云南省昆明市禄劝彝族苗族自治县彝语;大方=贵州省大方县彝语;撒尼=云南省昆明市石林彝族自治县撒尼彝语;阿细=云南省红河哈尼族彝族自治州弥勒县阿细彝语;阿哲=云南省红河哈尼族彝族自治州弥勒县阿哲彝语;石屏=云南省红河州石屏县彝语;永仁=云南省楚雄彝族自治州永仁县彝语)

  从历史语言学的角度看,不同地区的彝语"稻米"一词的发音虽有所差异,但有严格的对应规律,是同源词。要确定这个词是一个同源词,必须要建立声调、声母、韵母的对应关系。我们发现,"稻"一词是符合对应关系的。例如,从声调对应关系上看,"稻米"一词的声调对应规律是甘洛 33 ~ 禄劝 21 ~ 大方 13 ~ 撒尼 33 ~ 阿细 22 ~ 阿哲 22 ~ 石屏 21 ~ 永仁 33。符合这条声调对应规律的

* 本文原载陈国光主编《中国彝学(第三辑)》,中央民族大学出版社,2009 年。

同源词还有许多,例如：

意义	甘洛33	禄劝21	大方13	撒尼33	阿细22	阿哲22	石屏21	永仁33
喝	do^{33}	dɔ^{21}	ndo^{13}	tʂi^{55}(！)	tu^{22}	tu^{22}	da^{21}	dɒ^{33}
买	vu^{33}	ɣo̜^{21}	ve^{13}	vɛ^{33}	va^{22}	vɛ^{22}	vɛ^{21}	vɛ^{33}
是	ŋɯ^{33}	ȵe^{21}	ȵe^{13}	ŋɛ^{33}	ŋɯ^{22}	ŋɯ^{22}	ŋɤ^{21}	ŋɒ^{33}
来	la^{33}	le^{21}	li^{13}	li^{33}	lɛ^{22}	le^{22}	le^{21}	lɒ^{33}
病	na^{33}	no^{33}(！)	no^{13}	nɒ^{33}	no^{22}	no^{22}	no^{21}	no^{33}
肠	vu^{33}	ɣu^{21}	—	vu^{33}	ɣo^{22}	ɣo^{22}	vu^{21}	vu^{33}
绵羊	ʐo^{33}	fɔ^{21}	fo^{21}(！)	ʐo^{33}	ʐu^{22}	hu^{33}(！)	xɑ^{21}	ʐɒ^{33}
笑	ʑi^{33}	ɣ̩^{21}	ɣe^{13}	zɛ^{33}	ɣa^{22}	ɣɛ^{33}	ɣɛ^{21}	vɛ^{33}
你	nɪ^{33}	nɑ^{21}	nɑ^{21}(！)	nɪ^{33}	ni^{22}	nɯ^{33}(！)	nɑ^{21}	ȵi^{33}
啼(鸡)	bu^{33}	mbʰu^{21}	mbi^{13}	pu^{33}	pu^{22}	bu^{33}(！)	bu^{21}	buɯ^{33}
路	gɯ^{21}(！)	dʐo^{21}	dʐo^{21}(！)	kɒ^{33}	tʂo^{22}	go^{33}(！)	dzo^{21}	dʐo^{33}
翅膀	du^{33}	du^{21}	du^{21}(！)	tu^{33}	to^{22}	do^{33}(！)	do^{21}	du^{33}
水	zi^{33}	zi^{21}	zi^{21}(！)	ʐi^{33}	ʑi^{22}	zɿ^{33}(！)	zi^{21}	ze^{33}
庹	lɪ^{33}	le^{21}	lie^{21}(！)	lɯ^{33}	ɬɯ^{22}	lu^{22}	li^{21}	lə^{33}
山	bo^{33}	bɤ^{21}	bie^{21}(！)	pɯ^{33}	pɤ^{22}	bɯ^{22}	bɤ^{21}	ɣo^{21}(！)
柱子	zi^{33}	zɤ^{21}	ze^{21}(！)	zi^{33}	zɛ^{22}	zɛ^{33}(！)	zɛ^{21}	zi^{33}

　　根据 Bradley(1979)和 Matisoff(2003)等著名西方历史语言学者的构拟,"稻米"在彝语支语言里也是同源的。因此,我们完全可以确定"稻米"一词在不同彝语中是同源的,也就是说,在彝族先民的语言由于迁徙分散等原因出现差异之前,"稻米"一词已经是一个通用的词了。换句话说,彝族先民在西南各地迁徙分散之前,就已经会种植稻米,而且还非常普遍。

　　上述内容是通过语言学的证据去推测的,古人没有给我们留下活的语音资料,也缺乏详尽的文字材料。类似上述的工作被称为历史语言学的语音构拟。这种构拟是从今天的语音去推测构拟古代的语言文化,难以避免地会掺入研究者和构拟者的主观认知。要说服别人以使别人信服,还需要更多资料甚至借助其他学科来论证。比如考古学的资料就是非常重要的论证资料。对于彝族先民很早就种植稻米的论点,得到了来自考古学调查的有力支持。2006 年考古学界有两条重要信息,一条是"贵州威宁中水史前至汉代遗址出土大量稻米"(李春惠 2006a),另一条是"威宁鸡公山遗址可能是商周时期祭祀遗址"(李春惠 2006b)。报道指出:"贵州威宁中水史前至汉代遗址不久前出土了大量稻米。有关专家认为,出土的稻米是西南地区发现的最早旱稻农业实物遗存,为研究云贵高原早期稻作农业提供了珍贵的实物资料。"据报道,贵州省文物考古研究所在贵州威宁中水史前至汉代遗址的鸡公山和吴家大坪遗址考古挖掘中,发现了大量农作物,其中主要是稻谷。吴家大坪遗址有 3 个坑内出土大量稻米,鸡公山遗址在发掘的 300 多个坑中,80% 以上的坑都有稻米颗粒出土(李春惠 2006a)。从时间上看,经技术检测,威宁出土的稻米距今 3 100 多年,是我国西南地区发现的最早的旱稻农业实物遗存。

易谋远先生认为,彝族文明时代的起源,从地域上看,是在"邛之卤",而不在哀牢山、乌蒙山、凉山。他论述说,彝族先民希幕遮部自旄牛徼外入居古蜀地的"邛之卤",是指今邛崃山麓和大渡河以东以北地域。从旄牛徼外到"邛之卤",地理环境的改变对彝族先民社会发展的影响甚为明显。从地形上说,旄牛徼外属今川西高原,"邛之卤"在今成都平原。成都平原的地理条件,与世界四大古代文明起源的地理条件十分相似,且具特色(易谋远 2000:262)。本文的论点实际上也支持易谋远先生的论断。成都平原号称天府之国,很适合种植稻米。如果我们遵循易先生的推论,那么我们或许可以判断彝族先民分散迁徙到西南各地之前,已经有很长时间共同居住在盛产稻米的成都平原。藏缅语族中许多民族都有跟成都平原有关的传说。例如,四川凉山的尔苏人有本民族来自岷江流域和峨眉山的传说;四川阿坝的羌族有先人曾经在成都居住过的传说;凉山州甘洛县彝族也有祖先曾经居住在成都平原,后来跟诸葛亮打仗失利而退到山区的传说。

综上所述,结合历史语言学、考古学资料,我们可以比较清楚地表述:分布在祖国西南地区的彝族及彝语支语言民族,他们种植稻米的历史至少已经有三千多年,除广西和长江下游地区之外,成都平原也是中国古代重要的产稻地区之一。

参 考 文 献

李春惠：《贵州威宁中水史前至汉代遗址出土大量稻米》，新华网 2006 年 4 月 5 日。

李春惠：《威宁鸡公山遗址可能是商周时期祭祀遗址》，《解放日报》2006 年 4 月 6 日。

易谋远：《彝族史要》，社会科学文献出版社，2000 年。

Bradley, David. 1979. *Proto-Loloish*. Series：NIAS Monographs，Vol. 39. Published by Curzon Press in association with NIAS Press.

Matisoff, James A. 2003. *Handbook of Proto-Tibeto-Burman: System and Philosophy of Sino-Tibetan Reconstruction*. University of California Press，p.135.

凉山彝语亲属称谓的序数词素及其民族学意义 *

亲属称谓是研究人类原始社会早期婚姻形态和社会结构的一把钥匙。语言学者通过对现行的亲属称谓进行语音和语义上的分析研究,发现其原始意义,能为研究原始婚姻制度提供材料依据。亲属称谓是反映亲属制度的,有什么样的亲属制度便有什么样的亲属称谓,亲属称谓随亲属制度的不断发展而不断变化。本文着重研究凉山彝语(以下简称彝语)亲属称谓中一套特殊而又严整的表示同辈亲属间大小顺序的"序数词",目的是为研究古代彝族先民的婚姻形态和社会结构提供一些材料依据,为研究彝族原始婚姻史提供一丝线索。

一

彝语支语言的序数词不发达,彝语也不例外,在数词中,没有单独表示序数的序数词,一般用复指方式来表示。如:

♪	θ	"一个"	♪θ	θ⊥	"第一个"
$ts^h\eta^{21}$	ma^{33}		$ts^h\eta^{21}ma^{33}$	$ma^{34}su^{33}$	
一	个		一	个	(那个)

⌐	Ψ	"两次"	⌐Ψ	Ψ⊥	"第二次"
ηi^{21}	vi^{55}		$\eta i^{21}vi^{55}$	$vi^{55}su^{33}$	
两	次		二	次	(那次)

*   本文原载《中央民族学院学报》1992 年第 1 期。

这里用量词 θ ma³³ 和 ℣ vi⁵⁵ 复指表示序数，有点别扭，不方便，平时也不常用，表达序数时一般直接借用汉语。所以说，彝语数词系统中没有序数词的概念。

但是，在彝语亲属称谓中，却有一套十分特殊的表示同辈亲属大小顺序的"序数词"。这套序数词不能用于一般数词，也不能用来表示其他事物的大小顺序，它们只表示同辈亲属的大小顺序。用固定顺序词表示同辈亲属大小顺序的现象，在目前的汉藏语系各语言中已不存或保存不完整。古代汉语曾用伯、仲、叔、季表示兄弟间的大小顺序，其意是固定的，但现在已不使用。

彝语亲属称谓的特殊序数词包含五个固定的词素：ᒿ ʐŋ³³、ꄷ ɬe³³、ᒼ dʑŋ⁵⁵、ꊈ ka⁵⁵、ᒡ ŋo²¹，这五个词素严格地表示从老大到老五的顺序。只要在这五个词素前加上亲属称谓的基本词根，便形成了某一辈亲属的大小顺序。

这套序数词在彝语田坝土语中保存得较完整、较丰富，而在彝语其他方言里大多已不复存在，北部方言的圣乍、义诺、所地三种土语里，在父辈兄弟和姨父的顺序中还残留着一些，而平辈中已没有专门表示兄弟姐妹大小顺序的词。这说明这套序数词不是后起的，而是古彝语就已在使用了。下面具体分析这套序数词素。

（一）彝语①伯母、婶母、姨母同称，叫 ᒼꄷ mo²¹ ŋi³³，其词根是 ᒡ mo²¹，本意为"母亲"，ꄷ ŋi³³ 意为"弟、妹"。彝语现称妹妹为 ꄷꄶ ŋi³³ma⁵⁵（女称），田坝土语称弟弟为 ꄷᒾ i⁵⁵ŋi³³，哈尼语弟、妹同称，都为 a³¹ŋi⁵⁵。所以 ᒼꄷ mo²¹ŋi³³ 原意应为"母亲的妹妹"。把词根 ᒡ mo²¹ 与上述序数词素结合起来，便构成了表示伯母、婶母、姨母大小顺序的称谓：

ᒡᒿ mo²¹ʐi³³　　大姨母、大伯母

℣ꄷ ma²¹ɬe²¹　　二姨母、二伯母、二婶母

ᒡᒼ mo²¹tɕŋ²¹　　三姨母、三伯母、三婶母

℣ꊈ ma²¹ka²¹　　四姨母、四伯母、四婶母

ᒡᒡ mo²¹ŋo²¹　　幺姨母、幺婶母

---

① 本文彝语材料圣乍土语以四川省甘洛县普昌乡彝语为准，田坝土语以甘洛县田坝乡彝语为准。

这五个称谓是很清楚明了的,它严格区分了姨母、伯母、婶母在其姐妹或妯娌中的大小顺序。如果ꊪꂪ mo²¹n̥o²¹(幺姨母、幺婶母)下还有更小的,则通常用词根ꂪ mo²¹另加一音节构成,此音节主要来源于被称呼者的名字(出嫁前)或被称呼者丈夫的序号。例如,出嫁前,如果六姨母名叫ꀕꄜa⁵⁵ko²¹,她便被叫做ꂪꀕ mo²¹ko²¹;出嫁后,按其丈夫在他的兄弟间的序号而称之,假设她的丈夫是他们兄弟中的老大,她便被叫做ꂪꀪ mo²¹ʐi³³,余者类推。这套序数词在这里不仅表示姨母亲姊妹间的顺序,还表示伯母、婶母妯娌间的顺序,只是当出现重复时,往往加上她们的名字。

(二)彝语伯父、叔父、姨父同称,称为ꉙꃫ pʰa⁵⁵v(u)³³,其中ꉙ pʰa⁵⁵为词根,来源于 pa⁵⁵(公、雄),是 pa⁵⁵的音变形式。彝语支各语言中,"父亲"一词的基本词根均为 ba、bo、po 等,但哈尼语豪尼方言却称父亲为 ɔ³¹pʰɔ³¹,另外缅文"父亲"为 pʰa,藏文转写为 a-pha。可见,彝语词根 pʰa³³是从 po²¹变化发展而成。在表示父辈兄弟或几位连襟的姨父大小顺序时,彝语在前述那套序数词前加词素ꀉ a³³,a³³来源于 pʰa⁵⁵的辅音脱落。

ꀉꀪ a³⁴ʐʅ³³　　大伯、大姨父

ꀉꑽ a³⁴ɬe³³　　二伯、二叔、二姨父

ꀉꍈ a³³dʑʅ⁵⁵　　三伯、三叔、三姨父

ꀉꇆ a³³ka³⁴　　四伯、四叔、四姨父

ꀉꊾ a³³n̥o³⁴　　幺叔、幺姨父

如果ꀉꊾ a³³n̥o³⁴(幺叔、幺姨父)下还有更小的,则可随意取名,不再用固定序号词表示,原则上是在他名字的最后一个音节前加ꀉ a³³构成。例如,假设六叔名叫ꃅꀙm(u)⁵⁵tɕe³³(木解),则应该叫他ꀉꀙ a³⁴tɕe³³。

(三)彝语舅父、姑父同称,叫ꉆꋞo³³n̩i³³,其中ꉆ o³³是词根(其来源将在下文谈到),用ꉆ o³³加上序数词素便形成舅父、姑父的大小顺序:

ꉆꀪ o³⁴ʐʅ³³　　大舅父、大姑父

ꉆꑽ ɔ³⁴ɬe³³　　二舅父、二姑父

ꉆꍈ ɔ³³dʑʅ⁵⁵　　三舅父、三姑父

ꃀ o³³ka⁵⁵　　四舅父、四姑父

ꃀ o³³ŋo³⁴　　幺舅父、幺姑父

与伯父叔父、姨父的顺序构成方式相同，如果幺舅父、幺姑父下面还有更小的，则不用固定的序号词，一般在 o³³ 后加上他们名字中的一个音节，或干脆叫 o³³ȵi³³××(××舅舅、××姑父)。

（四）彝语称姑母为 a³⁴bo³³，其词根为 bo³³(其来源将在下文谈到)。彝语中的 a³⁴bo³³ 除姑母外，还有"婆婆"、"丈夫的伯(婶)母"等意思。用词根 bo³³ 加上序号词素，就是她们间的大小顺序。但是，"大姑母"一般直接称为 a³⁴bo³³××(××姑母)，其余与前文所述的构成方式相同：

a³⁴bo³³××　　××(大)姑母、丈夫的大伯母

ba³³ɬe³³　　二姑母、丈夫的二伯(婶)母

bo³³tɕʅ³³　　三姑母、丈夫的三伯(婶)母

ba³³ka³³　　四姑母、丈夫的四伯(婶)母

bo³³ŋo²¹　　幺姑母、丈夫的幺婶母

a³⁴bo³³ 是一个总称，其对称和引称形式相同。如果只有一个姑母，则一般只叫 a³⁴bo³³ 或称 bo³³bo³³，也可任意加一个序号词素，因其不需要分别。如果 bo³³ŋo²¹(幺姑母、丈夫的幺婶母)下还有妹妹，则按前文(一)中所述方法称呼。

（五）彝语的这套序号词素不仅用来表示上述各种同辈亲属中的大小顺序，还可表示平辈兄弟姊妹间的顺序。在田坝土语里，兄弟间的顺序在序号词素前加 m(u)³³ 构成，只有老大例外，称为 a⁵⁵m(u)³³。m(u)³³ 来源于天体崇拜，彝语与"天"有关的词语有 mo³³m(u)³³(天)、m(u)³³tsʰa³³ɕi⁵⁵(太阳光)、m(u)³⁴do³³(有月光的夜晚)、m(u)³³zʅ³³(没有月光的夜晚)、m(u)³³tsʅ³³(雷)、m(u)³³ɬi⁵⁵(闪电)、ma³³ha³³(雨)、m(u)³³ɬ(ʅ)³³(风)等等，可见 m(u)³³ 是与天体、气象等有关的。在兄弟的序号词素前加 m(u)³³ 反映了古代彝族先民的天体崇拜。在科学不发达、

人们认识水平不高的情况下,以天为大的现象是不足为奇的,把天体名称作为姓名更是在许多民族中屡见不鲜,如中国古代皇帝自称"天子"就是一种对天的崇拜。彝语兄弟间的顺序词如下:

ꀉꃅ $a^{55}m(\underset{\cdot}{u})^{33}$ 老大

ꂾꆈ $m(\underset{\cdot}{u})^{55}\dagger e^{33}$ 老二

ꃅꊖ $m(\underset{\cdot}{u})^{33}d\textsc{z}\textsubscript{l}^{55}$ 老三

ꃅꇖ $m(\underset{\cdot}{u})^{33}ka^{55}$ 老四

ꃅꅻ $m(\underset{\cdot}{u})^{33}\textsubscript{ŋ}o^{55}$ 老幺

彝族人的名字分姓和名,在田坝土语中,往往在名前加这套序号,表示顺序,姓一般不用,在两个人的名字和序号完全相同的情况下才需要加姓。在家中,兄弟姊妹可以只叫序号,表示亲昵,但出了家门,则需加名字,因为在外如果只叫序号,便有可能涉及许多同"名"的人,另外,一个家族中,父子、祖孙序号相同的情况普遍存在,只叫序号是分别不出他们的。由此我们知道,彝族的名是区别不同的人,而序号则是表示某人在其家庭同辈人中的序次。

(六)彝语田坝土语表示姊妹的序号时,在序号词素前加前缀ꀉ a^{33},可能由于ꀉ a^{33} 与构成父辈兄弟和姨父顺序的序号词前缀ꀉ a^{33} 形式相同的原因,表示姊妹间顺序的这套序号词素,在语音上发生了很大的变化,表现在第二个序号词已消失,剩下的第四个序号词表示老二,第三个表示老三,第五个表示老四,只剩下了四个(第三和第四个序号在姊妹的顺序中发生变化的原因待考):

ꀉꊪ $a^{33}z i^{55}$ 老大($z i^{55} < z\textsubscript{l}^{33}$)

ꀉꇖ $a^{55}ka^{33}$ 老二($ka^{33} < ka^{34}$)

ꀉꊖ $a^{34}d\textsc{z}\textsubscript{l}^{33}$ 老三($d\textsc{z}\textsubscript{l}^{33} < d\textsc{z}\textsubscript{l}^{55}$)

ꀉꀕ $a^{55}\textsubscript{ŋ}o^{21}$ 老幺($\textsubscript{ŋ}o^{21} < \textsubscript{ŋ}o^{34}$)

这四个序号词的功用与表示兄弟大小的那套序号词相同,比ꀉꀕ $a^{55}\textsubscript{ŋ}o^{21}$(老幺)更小的则可任意取名,常用的有ꀉꒉ $i^{55}k\textsc{ɯ}^{33}$、ꀉꌠ $i^{55}\textgamma o^{21}$ 等,这些称呼不代表序号,但别人一听便知道是家里姊妹中老四以下的。在家中对于第五个以及更小的女儿，一般情况是直呼其名。

二

语言是民族的重要特征之一，亲属称谓又是语言民族学的一项重要研究内容，民族学者单纯求助于语言学者显然是很不够的，他们还必须懂得语言学知识和方法。杨望先生说"不懂语言学的民族学家只是半个民族学家"，正是这个意思。这里，我们在探讨彝语亲属称谓的过程中，显示出了一些民族学现象。试整理几条列于下：

（一）"女性男称"和"男性女称"现象

彝语的"姑母"为 $a^{34}bo^{33}$，其词根为 bo^{33}，与父称 bo^{33} 同源。bo^{33} 的原意当是父亲及其兄弟姊妹的总称，即父亲叫 bo^{33}，父亲的兄弟即伯父叔父也叫 bo^{33}（现已通过音变而成为 $p^h o^{33}$），而父亲的姊妹即姑母也叫 bo^{33}。现代彝语里，父亲的引称叫 $a^{21}bo^{33}$，姑母的引称叫 $a^{34}bo^{33}$，这两个词仅在声调上稍有区别。这是亲属称谓中的女性男称现象。关于这个问题，张宁先生在《彝良方言的亲属称谓》① 一文中进行了研究，他发现彝良汉语方言亲属称谓在父母的兄弟姊妹中存在女性男称、男性女称现象：

	引称	对称	对称
姑母	姑娘	爹	伯伯
舅父	舅父	舅母	大妈
姨母	姨妈（母姊）	舅舅（母妹）	——

从上列称谓中可以看出，彝良汉语方言可以叫姑母为"爹"、"伯伯"，叫舅舅为"大妈"，叫姨母为"舅舅"。这就是亲属称谓中的"女性男称"和"男性女称"现象。

张先生对彝良汉语方言亲属称谓中的许多特殊现象及其来源进行了解

---

① 载《云南民族学院学报》1987 年第 3 期。

释，认为彝良在历史上由于操不同方言的汉族人大量流入，所以亲属称谓受到这些人带来的不同影响而出现此种现象。但是彝良汉语方言亲属称谓中女性男称、男性女称现象的来源问题他没有进行探讨。笔者认为，彝良原为彝人住地，而女性男称、男性女称是彝族亲属称谓的一大特点，它作为文化底层留在了彝良汉语方言的亲属称谓中。

由彝良汉语方言亲属称谓中保留的这种女性男称、男性女称现象，可以进一步证明上文所说ⴅ ⴀ a³⁴bo³³（姑母）的原意与"父亲"、"伯父叔父"等相同。这反映了原始群婚时期亲属称谓的简单性，那时仅仅禁止异辈亲属之间的婚配，而同辈亲属是可以婚配的，这样便分不清伯、叔、姑了，只好统而称之。这种叫法一直沿袭下来，便形成了上述的现象。彝良原为彝族聚居区，受彝族文化影响很大。当地汉族直接把彝语的女性男称译为汉语，这便是彝良汉语方言亲属称谓中称姑母为"爹"或"伯伯"的原因。

彝语称舅父为ⴅ o³³ ŋi³³，其词根是ⴅ ŋi³³。ⴅ ŋi³³原意为"少、小"，引申为"弟妹"。彝语田坝土语称弟弟为ⴅⴅ i⁵⁵ŋi³³；圣乍土语称弟弟为ⴅⴅ i⁵⁵zi³³（ⴅ zi³³为ⴅ ŋi³³的音变形式），称妹妹为ⴅⴅ ŋi³³ma⁵⁵（女称），ⴅ ma⁵⁵是"女性、雌性"的意思。可见ⴅ ŋi³³有"少、小、弟、妹"之意。ⴅ o³³ ŋi³³（舅父）的原始意义并非是"舅父"，而是"弟、妹"。这点我们可以从彝语亲属语言哈尼语中找到证明，哈尼语弟、妹同称，都叫a³¹ŋi⁵⁵，这与彝语田坝土语的ⴅⴅ i⁵⁵ŋi³³（弟弟）非常接近，它们是同源词。可见彝语中的ⴅⴅ i⁵⁵ŋi³³（弟弟）和ⴅⴅ ŋi³³ma⁵⁵（妹妹，女称）是后来分化的。哈尼语的a³¹ŋi⁵⁵（弟、妹）这个词与彝语ⴅ o³³ ŋi³³（舅父）更接近，它们也是同源词。在母系氏族时期，男子在一个家庭中不起决定作用，他们只是客居于姊妹家中而已；"外甥"们对"舅舅"们的称呼也较为随便，因为他们的母亲和姨母们叫这些男子"ⴅ o³³ ŋi³³"（弟弟），他们也就跟着这么叫，这种叫法沿用了下来，便演变成了今天彝语中"舅父"的固定称谓，而其原意却只残留在上述少数词中。这种叫法在彝良汉语方言亲属称谓中的反映，便是可以叫舅父为"大妈"。

（二）亲属称谓同称现象

彝语中伯父叔父与姨父同称，伯母婶母与姨母同称，舅父与姑父同称。这几个同称反映了彝族先民曾经历过兄弟共妻、姊妹共夫的原始婚俗阶段。这种婚俗表明共同拥有一个妻子的男子们都是兄弟，共同拥有一个丈夫的女子们都是姊妹，故同称。这里的"兄弟"和"姊妹"并不一定就是亲兄弟姊妹，相反，一个男子可以有许多妻子，一个女子可以有许多丈夫。正如恩格斯所说的："一个男子在许多妻子中有一个主妻（还不能称为爱妻），而他对于这个女子来说也是她的许多丈夫中的一个主夫。"[1]这有点像摩尔根在《古代社会》一书中所叙述的普那路亚婚。摩尔根那时认为，夏威夷以至整个波利尼西亚人，处于蒙昧时代中期，其普那路亚婚的起源是两个或两个以上的兄弟倾向于与他们的妻子相互通室，或者两个或两个以上的姊妹倾向于与她们的丈夫相互通室，即普那路亚婚有两种形态：一种以若干姊妹为核心，她们娶进丈夫，这些共同的丈夫可以不必是兄弟关系，他们互称"普那路亚"，即"亲密的伙伴"；另一种则以若干兄弟为核心，他们娶进并共有妻子，妻子们也不必是姊妹关系，她们也互称"普那路亚"。彝语中，伯父叔父与姨父同称表明，在原始婚俗阶段，伯父叔父兄弟们（包括父亲）和若干位连襟的姨父们，与母亲及其姊妹们存在婚姻关系：父亲是母亲的丈夫，也是母亲姊妹们的"丈夫"；姨父是姨母的丈夫，也是母亲的"丈夫"，与伯父叔父、父亲的地位相当，所以同称。

伯母婶母和姨母同称表明，伯母婶母与母亲、姨母们之间是姊妹关系，这些"姊妹"的丈夫虽然不同，但这些"丈夫"都可以是她们的"丈夫"。舅父和姑父同称则表明，在原始文明初期，姑母是舅父当然的妻子，这是原始的换亲观念的最初体现。姑母即使没有嫁给舅父，她们所嫁的男子与舅父也已经是"兄弟"关系，他们当然应该同称。另外，彝语的亲属称谓中，对自己的侄子侄女和对妻子姊妹的子女的称谓是相同的。汉族称姨母的子女为表兄妹，旧时可以通婚，谓之"亲上加亲"，彝族则认为这不可思议，因为姨母的地位与母亲的地位是相等的，姨母的子女就是自己的兄弟姊妹。

彝族旧俗有"转房制"，即兄死后，弟可继娶其嫂。现在在凉山地区较落后的区域，此俗仍时有发生。这种转房的习俗正反映了原始群婚时期"兄弟共妻"的残余。凉山彝族英雄史诗《支格阿龙》中，支格阿龙同时娶了一对亲姊妹，这说明古代彝族曾有姊妹共夫的婚俗。这些正好印证了彝族亲属称谓中同称现象的来源。

---

[1]　恩格斯：《家庭、私有制与国家的起源》，人民出版社，1972年，第14页。

语言文字与凉山彝族的文化认同*

一、引　　论

人们是如何认同自己的族群和文化的？目前人类学界对这个问题的解释较有影响的有两种：原生论和工具论。原生论者认为"族群"是人类本身自然属性的一个组成部分，就像一个人能够说话、能看见和能闻到气味那样，自人类有记忆以来，"族群"就存在了。原生论译自英文"primordialism"，也有人译为"根基论"（王明珂1997：36）。这个词来源于形容词"primordial"，有三种定义：时间上的第一个；元始的（original）；基础的（elemental）。例如，"器官的成长和发展中第一个出现的"（生物学上的含义）中的"第一个"用的就是"primordial"这个词。最先用这个术语来描述族群的人是希尔斯（Edward Shils），他为了解释家庭中的亲属关系的情况，于1957年首先提出。他认为家庭成员的隶属于该家庭的感觉，并不是来源于家庭成员之间的互动，而是来源于当然的血缘联结的感情。希尔斯认为，这种关系只能描述为"原生的"，而不是后来才发展出来的（Özkirimli 2000：65）。格尔兹（Clifford Geertz）是另一位赞同"原生论"的人类学家，他也曾提出一个类似的定义。他指出，对于个人来讲，这种原生的情感联系（primordial attachment）是被给予的（givens），那是社会经验的给予，如对移民的认知、与亲属的联系等。一个人出生在一个有特殊宗教信仰、说特殊语言或者方言、遵循特别的社会实践的社群，得到一些既定的血缘、语言、宗教、风俗习惯等，因此就从该群体的其他成员那里获得了原生的情感联系（Geertz 1993：259）。他的观点具体表现在以下这段话中：

*　本文原载戴庆厦主编《中国彝学（第二辑）》，民族出版社，2003年。

这里，原生性归属主要是指产生于"先赋的"——更准确一点儿说，因为文化不可避免地涉入这些事务中，所以它也是"先赋的"——社会存在，密切的直接关系和亲属关联。此外，先赋性还指出生于特定宗教群团中，讲特定语言乃至某种方言并遵从特定的社会习俗，等等。在血缘、语言、习俗等方面的一致，在人们看来对于他们的内聚性具有不可言状，有时且是压倒一切的力量。根据事实，每个人都系属于自己的亲属、邻居、教友。结果，这种归属感不仅是出于个人情爱、实践需要、共同利益或应承担的义务，而且至少在很大程度上是出于保持这种纽带的普遍维系力，以及其重要类型的序列，随着每个个人的不同、社会的不同和时代的不同而不同。但从实际看，基本上每一个个人、每一个社会和几乎每一个时代的某种归属感都源于某种自然的——有些人会说是精神上的——亲近感，而不是源于社会互动。(Geertz 1999：295)

工具论者则认为族群是一种政治、社会或经济现象，通过政治与经济资源的竞争和分配来解释族群的形成、维持与变迁(Cohen 1969；Despres 1975：87—117)。人类学家 Haaland 对苏丹的福尔人(Fur)的研究是工具论的典型例子。他的研究表明，福尔人本来是一个定居的农耕部落，他们与另一个以游牧为生的巴嘎拉人(Baggara)之间的族群界线的维持，是基于个人对牧场的选择和利用与否。当一些福尔人拥有了大量的牲畜需要放牧的时候，为了获得草场资源，就逐渐认同巴嘎拉人(Haaland 1969：58—73)。美国人类学家郝瑞(Stevan Harrell)教授近几年发表了很多关于彝族族群和文化认同方面的文章，在一篇关于攀枝花市的彝族支系诺苏、里泼和水田的族群认同方面的文章里提到：为了获得某些"优惠待遇"，诺苏人认同"彝族"。他说："这些优惠待遇包括获得政治上的重视，在学校里有可能使用自己的语言文字，获得相对宽松的计划生育指标，等等。"(郝瑞 2000：51)里泼人虽然在文化方面汉化程度已经较高，但是很认同"彝族"，因为认同"彝族"可以在政治、经济上得益。里泼人所在的平地乡因此而成立了"民族乡"。"由于是民族乡，平地建起了两个中型工厂，一个是水泥厂，一个是酒厂；除此之外，政府还投资了其他几个项目；孩子就学有优惠指标；在计划生育方面享受两胎的政策。国家为少数民族带来了切实的好处。"(郝瑞 2000：44)而同样汉化程度较高的水田人却提出不愿认同"彝族",而想被单独识别为一个独立民族。郝瑞的分析是因为水田人离汉族村子较近,而离诺苏、里泼等彝族村庄较远,认同"彝族"不能使他们在政治、经济上得益,因为人数少,政府不可能给他们设置一个"民族乡"。另外,由于历史上诺苏人长期受歧视,所以,水田人不愿意被认为是"野蛮的"、"落后的"诺苏的成员。他们以转用汉语、改用汉族习俗的方式来尽量显示自己与那些"高山蛮子"诺苏人不同。同时,他们不能割断历史上与诺苏的关系,于是提出希望被识别为"水田族",以区别于已经被称为"彝族"的诺苏人,或至少希望被称为"彝族水田人",而不是单纯的"彝族"(郝瑞 2000:45—49)。工具论者强调族群认同的多重性,认为族群认同随不同情势、不同环境变化,所以工具论者又被称为"况遇论者"(circumstantialists)。

语言和认同的关系是很显而易见的。认同某一个族群的人会很乐意说这个族群的语言,但并不是说不会某族群的语言就不认同该族群了,使用不同语言的人们也还是可以认同同一个族群,例如中国境内的瑶族使用三种不同语言,一种是属于苗瑶语族瑶语支的勉语(盘瑶),一种是属于苗瑶语族苗语支的布努语(花篮瑶),一种是属于壮侗语族侗水语支的拉加语(茶山瑶),但他们都一致认同自己为瑶族(费孝通 1999:7)。相反,说同一种语言的人们不一定就认同同一个族群,比如满族现在也使用汉语,但当然不会认同自己为汉族。我们在考察彝族的情况时,语言文字在其文化认同中扮演了什么样的角色呢?人们对本族群的语言和文字普遍有很深的感情,对能说该族群语言的人会格外亲切。然而,语言作为一种工具,它的作用和其他工具没有什么差别。打个比方说,彝族传统上杀牛是用斧头打死,而汉族是用刀杀死。用斧头还是用刀,是不同族群的不同习俗,我们不能以此来划分族群界线,不能认为用斧头打死牛的是彝族,用其他方式杀牛的就一定不是彝族了。文化虽然相对稳定,但还是会变迁的,没有一成不变的文化。我们现在看到的某一习俗正是文化在某一时间片段中的反映,几十年以后的文化和今天的文化肯定有不同之处。在当代彝族人的眼里,或者在一些彝族年轻人的眼里,西装是汉族的服装,可是汉族不一定这么看,人们都知道西装来源于西方。几十年前旗袍是中国妇女的流行服装之一,今天已经被款式各异的服装取代。然而,不管穿什么、用什么,族群认同是相对固定的。以上这些主要是为了说明,语言和其他工具是一样的,使用这个工具,符合当事人的心态固然很好,皆大欢喜,然而,一个人转用了其他语言并不代表这个人的族群身份已经改变。

二、凉山彝族对语言文字的原生情感

语言是族群认同的最重要的文化因素之一，人们都希望用自己最熟悉、最拿手的语言进行交流。族群成员如果都会该族群语言的话，就会很骄傲和很乐意使用这种共同语言。如果用彝语问一个人（事先已经知道他是彝族人）是否会彝语，他如果会说彝语，就会很快回答："不懂彝语怎么算是彝族！"那份肯定而骄傲的语气一定会给问话的人最满意的回答。

我访谈嘎村①的沙玛毕摩时，他见我全部用彝语问问题，很是高兴。我先问他一些宗教方面的问题，他都一一回答，最后我问他语言方面的情况时，他的态度是：如果不会彝语就不是一个真正的彝族人。下面是我们的部分谈话内容：

> 笔者：您认为不会说彝语的人是不是已经变成汉族了？
>
> 沙玛：我认为是的，不会彝语的话，已经变成汉族了。
>
> 笔者：可是他们的父母是彝族，有些父母还不怎么会说汉语，他们一定是彝族，他们的孩子就变成汉族了吗？
>
> 沙玛：反正我认为不会说彝语的话就变成汉族了。
>
> 笔者：您为什么这样认为？
>
> 沙玛：不会彝语的人，已经听不懂彝语传播的文化、风俗习惯、礼节等传统的东西，他当然不能算彝族，而是汉族了。
>
> 笔者（问在座的一位当地彝族领导）：吉潘乡长，您家的孩子会彝语吗？
>
> 吉潘：不会了，只会汉语。
>
> 笔者（转向沙玛）：如此说来，吉潘乡长的孩子也就成了汉族了，他们都不会彝语。
>
> 沙玛（比较尴尬，有些为难地看着吉潘，笑着说）：是的，我认为他们

---

① 根据人类学常用的惯例，本文中村名、人名均系假名，特此说明。

已经变成汉族了。

吉潘(连声附和):是啊,是啊,这些孩子都变得和汉族没有什么差别了。

笔者:那么,会说彝语的汉族人是不是就变成彝族人了?

沙玛(很肯定地):是的,会说彝语的汉族人可以变成彝族人,我就看到过很多这样的情况:父母会一些彝语,孩子们会彝语和汉语,以后这些孩子的后代不会汉语,只会彝语了,学会彝族的传统习惯,以彝族的礼节待人,不再使用汉族的习惯,那时候,他们就变成彝族人了。

在这里,沙玛毕摩把彝语作为一个被"给予"的彝族族群文化标志,是一种与彝族的习俗、礼节等相伴相随的原生因素。

我问嘎村的曲布(40多岁)他的彝语水平怎么样,他很奇怪地看着我,那意思是我怎么会问这么蠢的问题,然后有些不耐烦地说:"我的彝语怎么能不好?我是彝人,我们是彝族,彝语怎么不好?"族群身份一旦确定,对文化的选择是有较大的自由空间的,对语言也是这样。族群成员之间,确定族群认同的因素有很多,语言是其中非常重要的一条。可是,语言不是最重要的因素,一个人即使已经转用了其他民族的语言,已经不会本族群语言了,其族群成员也可以认同他为本族群的成员,他们会找出理由说明这个人不会使用本族群语言的原因,以此来原谅他。比如,一个彝族人介绍一个不会彝语的彝族人时会说:"他是彝族,但跟着汉族很多年了,应该不会彝语了。"或者:"他是彝族,但他是在城市里长大的,不会讲彝语了。"笔者1985年就离开了甘洛,很多人以为我不会讲彝语了。我回去做访谈时一用彝语问话,很多人会说:"你跟着汉族这么多年了,我以为你不会讲彝语了。"从这里看,人们对本族群的人有一种原生情感,至于会不会本族群语言,并不会很容易地影响这种原生情感。

在彝族聚居的农村,大家都会彝语,我的两个调查点①的彝族人都会使用彝语,不存在不会彝语的问题。我想了解他们怎么看待不会彝语的彝族人,是否会因为对方不会彝语就否认其为彝族人。调查结果表明不会彝语并不影响族群认同。

---

① 嘎村和坤村:1999年笔者为了做硕士论文所选择的两个村子。嘎村位于彝族聚居区,受汉文化涵化程度较低;坤村处于汉族村子的包围之下,受汉文化涵化程度较高。

嘎村的索惹(38岁)认为不会说彝语是一种遗憾,不会彝语的人,他们的子孙也很难学会讲彝语,久了以后他们就变成汉族了,但他认为彝族以后可能都会说汉语。他说:"以前我小的时候,我们这里没有几个人会说汉语的,只有当过兵的和到护路民兵连①当过几年民兵的会说汉语。现在不同了,三十岁以下的男人很多都会汉语,他们经常到外面做买卖,还有一些是上学的。二十多年的时间就已经有这么多人会说汉语了,可以想象,再过二十年、五十年,大家肯定都会讲汉语了。""我认为会汉语很好,有些城市里长大的人不会讲彝语也没有什么不好。只要他们肯认农村里的亲戚,不嫌弃彝族就可以。只要懂彝族习惯,即使不会彝语他们仍然是彝族。"

坤村的阿慕(42岁)认为,在外地工作时间长了,不会说彝语是可以理解的,因为在其他地区说彝语的机会很少。他自己在新疆当了三年兵,一两个月才见得上同在那里当兵的族人,可以说一点彝语,其他时间根本没有机会说彝语,有时候只能在梦里说几句。从部队复员回到家乡后感觉说彝语很别扭,别人用彝语跟自己交谈时,一时想不出恰当的词回答,有时候憋得面红耳赤,真想哭,那种状态两三个月后才适应回来。

彝族人对自己的文字有一种原生的情感,对于文字的某些缺陷,还用故事传说的形式来加以辩护。例如,为什么彝族文字"不够用"呢?是因为阿苏拉则根据神鸟的指引创字的时候,他的母亲无意中惊走了神鸟,使造字工作无法继续下去,所以彝字造得不够多,有点"不够用"。这个故事是这样的:

> 传说阿苏拉则小的时候,不善说话,整天不作声,做事怪异,而且常常一整天不在家,他的母亲很纳闷,不知道儿子在干什么。原来,他每天都被一只神鸟引到密林中,那只神鸟在树上吐下黑血,他便用这些黑血在纸上书写,便形成一个个的彝文。他每天起得很早,一出门就不知去向。他的母亲很奇怪,不知道儿子怎么了,想探个究竟。一天早上,等儿子起身出门时,她也尾随而出,可是走到半路,儿子一闪就不见了,怎么也找不到。这样几天,都是一样。于是,母亲想了个办法,她拿来一团羊毛线,将线的一头缝在儿子衣服的后背。等儿子出门时,母亲便顺着羊毛线寻去。

---

① 护路民兵:甘洛县处于成(都)昆(明)铁路边上,为了维护铁路安全,以前抽调各地彝族作为"民兵"去守护。此制度现在已经取消。

走过了几段崎岖山路和茂密的山林,来到密林深处,发现儿子蹲在那里埋头写东西。原来,儿子上方的树上坐着一只像乌鸦又像猫的神鸟,它正往下吐黑血,黑血滴在阿苏拉则的纸上,他便用一根木棍蘸着黑血写字。原来阿苏拉则正在用这种方法创制彝文。但当母亲来到大树底下时,那神鸟被惊飞了,创制彝文的工作于是中断。儿子不断地责怪他的母亲,说如果她不把神鸟吓走,他还可以创造出更多的文字。彝文就是这样来的。正是母亲吓跑了神鸟,彝文创制工作还未完成就被迫停止了,因此,现在的彝文还有点"不够用"。(铁燕讲述,巫达整理,1999年)

彝族人往往对本民族文字怀有热爱的感情,如果不从政治、经济等因素考虑,他们会喜欢学习可以直接记录彝族语言的彝文。对彝文表现出的热爱,反映了他们对彝族文化的认同。由于规范后的彝文采用的是音节文字的形式,一个字一个音,每一个字代表一个音节,而且字数只有819个,所以对会说彝语的人来讲,学习彝文比学习汉文容易得多。许多彝族人只经过两个多月的夜校学习,就能看彝文报纸,用彝文写信,而学习汉文的话,首先要过语言关,很多人学习汉语已经很困难,再让他们学汉字,那就更加困难了。一些彝族人上完了小学,甚至上完了中学,仍然读不懂汉文报纸,写不出汉文信。很多人从学校毕业回家务农,由于没有机会使用汉字,几年后又恢复成了"文盲"。而彝文则可以随时使用,可以写信、记事等,所以彝族人普遍都说彝文好学、汉文难学。

但是,彝族人对彝文有原生情感是一回事,是否使用彝文又是另一回事。由于汉语普通话是我国的通用语言,因此在彝区,汉文在现阶段的政治、经济、文化生活中的便利性是彝文不能比的,年轻一代的彝族人基本上都会去学习汉文。

三、语言文字作为"工具"的彝族文化认同

语言是一种工具,一个人多会一种语言就多了一种认识世界的工具。这就促使人们想多掌握一些语言,特别是一些用于经济生活的语言。对于一个在文化、经济上相对不占优势的族群来讲,掌握一种比本族群语言使用得更广

的语言是非常有必要的。一个族群的成员，不会因为使用其他族群的语言而失去对本族群的认同。相反，由于经济或政治各方面的需要，掌握使用范围更广、便于不同族群交流沟通的语言，会被认为是一种能力，会受到大家的敬佩。彝族谚语说一个人应该"在汉族地区可以操流利的汉语，在彝族地区说地道的彝语"，正是将彝语、汉语作为适应不同的场合需要而使用的工具。

（一）政治环境对彝族语言文字的选择的影响

目前，彝族在文化、经济、政治各方面相对来说不占优势。凉山虽然是一个自治州，但汉语文的使用相当广泛，比如招生、招工、招干等多数是用汉语文来考试。近几年，凉山施行双语教学，一些彝族聚居地的学校开设了以彝语文为主、汉语文为辅的课程。在彝汉杂居区域，学校以汉语文教学为主，辅以彝语文教学。至于离汉族聚居区近的地区，学校一概用汉语文教学。这种体制实施后，效果很明显，很多彝族聚居地的学生用彝语文考取了中等专业技术学校和大专院校。如果一直用汉语文考试，这些人是很难考上的，因为语言关是他们的"拦路虎"。

然而，考上以彝语文为主的中等专业技术学校的学生，再继续发展也是困难的，很多人毕业后几乎只有一条路，那就是回到家乡当彝语文教师或乡村干部。如果再继续深造的话，就要改用汉语文。最终来讲，汉语文才是占优势的。我中学时有位同学考取了西昌师范学校彝文专业师资班，在我上大学期间，我们通信还用彝文。他毕业后分配到一个彝族聚居乡村的小学当彝文教师，那个地方不通公路，他父母在县城，回家要步行数小时才能到。学校只有两三个教师，没有食堂，要自己动手做饭。虽然生活条件艰苦，但他认为学以致用，很热爱他的工作。后来他调到县城，改行做行政工作，很少接触彝文了。我回去后问他是否还在用彝文，他感慨地说："县城里没有地方用彝文的，很久没有看彝文书报了，我的那点彝文知识都差不多还给老师了。"我访谈过一位四川省彝文学校毕业的学生，他现在是某乡的副乡长。他说："我现在很少用彝文。乡下的农民识字的不多，文件传达多数靠口头翻译。不管是彝文文件还是汉文文件，我们都用彝语翻译给村民们听，政府文件多数是用汉文写的。""我很感激彝文，因为有彝文，我才有机会到彝文学校继续学习。但是，说老实话，因为我是学彝文的，也失去了很多机会。我的中学彝族同学中，用汉文考上中专的人，毕业后有的已经考取了大学，继续深造，而我们学彝文的就不行了,可以用彝文考的大学很少,名额有限,用汉文考我们更考不过别人了。"曲布嫫也是四川省彝文学校毕业的学生,家住离嘎村仅七公里的吉米镇,我去做田野调查时(1999 年 7 月)她刚毕业,当时 20 岁。我问她会去做什么工作,她说还不知道,正等着县教委的分配。据她所知,她的家乡吉米镇中心小学的两个彝文教师职位已经有人担任了,她可能会被分配到其他乡的中心小学教彝文。我问可不可以改做其他科的教师。她说不知道,以前彝文专业毕业的教师少数有改教汉文的,社会关系好的人可以改行做行政工作,如果没有社会关系,没有彝文教师职位,可能就要在家里等待分配了。

政府工作人员到彝族聚居的农村做工作时,根据工作需要选择使用语言。比如税务局的工作人员下乡收税或宣传税法时使用彝语,工商行政管理局的人去收工商税时也用彝语。再如公安局派出所下乡公干时常常使用汉语,医生使用汉语也较多。计划生育宣传员在宣传有关生理知识的问题或进行超生罚款时用汉语,但宣传有关政策时用彝语。在城镇汉语的使用较多,比如邮电、银行等行业,由于专业术语较多,很多工作人员倾向于使用汉语。

为了了解彝族聚居区乡政府的语言使用情况,在征得甘洛县检察院检察长江新先生同意后,我坐他的车到他们检察院的对口单位甘洛县阿尔乡乡政府,参加了他们的一个关于农业的会议。会议的内容是布置秋收工作,与会人员包括江检察长(彝族)、检察院李主任(汉族,会讲彝语)、张乡长(彝族)、格几书记(彝族)、一位副书记(彝族)、吉尔副乡长(彝族,兼作会议记录员,用汉文记录)和笔者。

张乡长的父母是早年来到彝族地区的汉族人,现在已经"彝化"。在会前我问张乡长现在报的是彝族还是汉族,他说是彝族。旁边的江检察长插话说:"张乡长当然是彝族,他说汉语都还带有很重的彝语口音。"我知道江是为张解围,因为按照彝族的传统习惯,如果某人是"凉山汉家"(有时特指过去被卖进彝族地区的"汉根奴隶",地位低,彝人不愿与他们通婚,这类人现在身份信息报的是彝族),会被人看不起。江担心我的问话会让张尴尬,所以出来帮张说话。在会前我同与会的几位乡领导都用彝语,按照彝族的习惯交谈。他们热情地买来啤酒,大家互相敬酒,互相问候,均用彝语交流,包括李主任也用彝语和大家交谈,没有人用汉语。

会议一开始,大家马上转用汉语。会议由张乡长主持,他用带有很重的彝语腔的汉语介绍了阿尔乡秋收工作的实际情况和困难。他指出，由于那年该乡连续出现低温多雨的天气，秋季粮食产量会减少，而且收成时间会推迟一两个月。困难更大的是秋收以后，按照县政府的要求，该乡必须完成6 000亩的油菜播种任务。由于老百姓观念上有顾虑，必须做很多思想工作才能让他们种油菜，不然的话他们宁愿种红薯。最大的困难是许多农民住在离他们的责任田很远的地方，他们担心播下种子后没有办法管理。彝族的牲畜是放养而不是圈养的，放出来的牛、羊、猪等会把地里的庄稼吃了，这是很大的困难。旁边的李主任插话说："我们汉族养猪是圈着喂养的，这样的话猪才会长膘肥起来，而彝族的猪是放养的，它们一天吃的东西都消化掉了，怎么能肥起来呢？"吉尔副乡长接着李主任的话说："圈着养的猪肥是肥，但肉不好吃，肌肉是松的；放养的猪，肉才香，好吃，猪肉的肌肉很紧。"李主任连忙说："对，对。"吉尔和李的这段小插曲说出了两个不同族群对各自"养猪文化"的认同。

张乡长讲完后，江检察长讲话。他先用汉语讲了许多话，鼓励阿尔乡政府打好秋收这场仗，要全乡领导带头，分工负责，分组值班，乡里随时有几个人在那里处理紧急事件，比如防洪救灾工作，水火不留情，哪里有灾情，留守值班的领导应马上给予解决（因为许多乡领导在县城租有房子，让孩子在那里上学，他们有时候会去看孩子，次日回乡里）。当谈到水稻虫灾情况时，江检察长突然用彝语说道："我们彝族的那种靠天吃饭的思想要不得，我今天早上到乡政府后面的水稻田里看了一下，虫灾很严重，应该打农药，但我知道这里的彝族农民会认为'我们祖祖辈辈都是这样种水稻的，我们祖先没有用过农药，一样有好收成。这些虫灾是暂时的，过一段时间它们就会死掉，影响不了水稻的收成'。这种思想要不得。试想，他们祖辈的时代这里附近的山上都是森林，到处都是树，气候条件跟现在就不一样。当时没有的害虫，现在可能就会有，不能同日而语。"张乡长用汉语插话说："我们这里有句顺口溜'一靠老天，二靠政策，三靠科学'，另一种说法是'一靠政策，二靠老天，三靠科学'，我同意后面的那句。我们很需要政策上的扶持。"江检察长转用汉语说："光依赖政策不行，还要多宣传科学。"

江检察长讲完话后，吉尔副乡长用彝语作了一个发言。他是本地土生土长的彝族人，对本乡的生产情况很熟悉。他说，如果农民不愿意在收了水稻后继续种水稻，就会放水到地里，使该地不能继续栽种油菜，乡政府应该考虑一些措施，在水稻收割之前，大家会把田里的水放干晒田，这时候他们不再需要水,乡政府在这个时候可以把水源断掉。格几书记用彝语插话说:"这么大一条沟,怎么断掉? 断掉后水往哪里去?"吉尔副乡长说:"水稻田高于河沟,把河沟上游引往水田的渠断掉,让水流向河沟,就没有办法引上水田了。"张乡长用彝语说:"断了渠沟,他们也可以偷偷放水。"吉尔副乡长说:"要用水泥砌死,再委托附近村领导定期看护就可以了。"

整个会议中,关于政府政策性的问题和情况介绍均用汉语进行,而具体问题具体方案的实施和讨论大都用彝语进行。会议结束后,其他未参加会议的乡干部端上了彝族风味的小猪肉和砣砣鸡肉。按照彝族习惯,主人家是不和客人一起用餐的,因为传统上认为陪客人吃饭的话就会受穷。几位乡领导见饭菜端进来,便纷纷溜了出去,李主任只拉住了张乡长和我们一起吃饭。张乡长不好意思,很不自在的样子,拘束地坐了下来。大家一边吃饭,一边又恢复彝语交谈,席间谈笑风生。等我们吃完后,其他人才开始吃。这是彝族习惯。

(二)经济环境与彝族语言文化认同

有一天晚上,在甘洛县城街上,笔者听到两名彝族妇女和一位工商管理人员的对话,很有意思。那两名妇女是在街边卖烧烤的,正在埋头用彝语聊天。有位工商管理部门的女职员走向她俩,显然是正在检查无证在街边摆摊的人。

女职员对着她俩喊道:"沙嘎阿妞!"(人名)

(那两个人没有理会她的喊声,继续聊天。)

女职员转用彝语问道:"聂尼西米?"(niep nit xix hmi,彝语"你俩叫什么名字"。)

那两个人猛抬起头来,其中一个用汉语回答道:"我是沙玛的……"(不标准的汉语,意思是"我姓沙玛"。)

女职员改用汉语问:"沙嘎阿妞呢?"

沙玛:"不知道。"

女职员:"你们什么时候来这里摆烧烤摊的?"

沙玛:"刚来。"

女职员:"有营业执照吗?"

沙玛:"没有。"

女职员："交了管理费了吗？"

沙玛："没有。"

女职员："罚款50元，明天到工商局办手续。"

另一名彝族妇女用彝语问："你是彝族吗？"

女职员用汉语回答："是的。"

那个女的用彝语求情："我们刚来摆摊，没有挣到钱，再说我们不知道情况，能不能不罚款？明天我们就去办执照。"

女职员仍用汉语严肃地说："不行，这是制度。"

……

从这段对话可以看到，在这一场景中，汉语用于正规对话，具有权威性。汉语代表执行制度的不可改变性，没有商量的余地，似乎缺少人情味。用彝语求情的那位妇女，大概是想通过本族群语言来打动那位女职员，但没有成功。

嘎村村民曲莫(35岁)认为汉语很重要，做生意不会汉语不行。如果一定要在彝语和汉语之间作个选择，他情愿选汉语，因为现在很多彝人会汉语，而多数汉人不会彝语，做生意主要是跟汉人做，彝人之间很少做生意。曲莫曾到成都附近的眉山去贩过牛，然后运到甘洛来卖。他说到外面做生意，如果不会说汉语会吃亏。他每次去都约汉语说得很好的人同去。他自己认为他的汉语只能应付日常用语，能问路、找到自己住的旅店、上街时找得到饭馆和厕所，就不错了。

　　一种文字的生命力是因社会的需要才能长期存在下去的，一个民族不管怎么喜爱自己的传统文字，只要这种文字在社会经济领域里不能带来"好处"，人们还是会选择别的文字的。作为语言的记录符号，跟语言一样，一个族群内部的某些人选择了别的民族的文字时，并不表示这些人放弃了本民族的族群认同。实际上，文字比语言更容易被不同的民族共享。现在世界上很多民族采用拉丁字母作为记录本民族语言的记录工具就是很好的例子。从族群情感上讲，每个民族都希望保持和使用本民族传统文字，但是文字的社会功能的不同决定了文字的命运。法国一些学者曾发起过防止法语被英语替代的运动，他们针对互联网上使用英文的情况越来越多，提出鼓励建立网站的法国人用法文，而不要用英文。可是英文的力量在世界范围内的势力是有目

共睹的,抛开英文几乎是不可能的事情。(《华声报》2000 年 3 月 30 日)

目前彝文的情况正是这样,不管彝文多么好学,彝族人多么喜欢彝文、多么希望彝文不断推广使用,实际情况是汉文更有生命力。其实很多彝族人是很清楚这种情况的。嘎村的慕且(41 岁)说出了大家内心的话:"学好汉语才能当干部。"这里的"干部"概念比较宽,是指参加工作、脱离农民身份的人,而不仅仅是指政府行政人员。慕且说:"我们村现在有好几个人中学毕业以后当了干部,他们就是因为学好了汉文。招干部考试是用汉文考的,汉文不好谁考得上?彝文再好有什么用?如果可以用彝文考干部,说不定我也可以考一个干部当当。"嘎村的吉克毕摩(45 岁)说:"我现在每天用彝文念经,一有彝文书我都要借或买来看,特别是《凉山日报》彝文版,我很喜欢看,可以从里面知道很多事情。我们彝文经书没有印出来的,都要抄。如果哪位毕摩有一本经书,我就会买酒去请教他,请他给我讲解,如果他同意,我就要借回家里抄一份。抄一份经书要花好几天时间。现在的这套规范彝文很好,我就是用这套文字把别人一些老经书转写过来的。说老实话,现在很多干部懂的东西不一定有我多。我知道的东西他们不一定知道,但是他们会汉文,所以当了干部,我却因为不懂汉字所以还在当农民。我以前没有机会学习汉文,要不然我是一个记性很好的人,一定会学得很好。现在后悔也来不及了。我现在经济情况还可以,我要供我的孩子上学,一定让他们学好汉文。彝文方面如果他们喜欢,我很乐意教他们,如果他们不喜欢我不会强求他们。以前我父亲就是强求我学习彝文的,说毕摩需要家传,不能断了。我以后不会限制我的孩子们,毕摩在我们家断了没有关系,我可以收其他家族的徒弟,把经书和仪式做法传给他们。"

(三) 社会生活与彝族文化认同

在一个双语社会里,操双语者对生活中使用的语言的转换是反映文化认同的一个重要方面。彝语和汉语都是法定官方语言,根据《民族区域自治法》规定,这两种语言是可以自由选择的。但是,根据我的观察,实际的情况是这两个语言的使用场合、社会功能、感情特色等都有不同。从使用场合上讲,基层生活中彝语具有很强的生命力。嘎村的彝族只以彝语作为交际语,不管是在公共场合还是在家里。坤村的彝族家庭用语是彝语,村民们见面聊天也都是用彝语,但是坤村的人几乎都是操彝汉双语的人,他们转换彝语和汉语一点都不困难,如果遇到汉族模样的或不认识的人,他们会用汉语开始交谈,在大家都熟悉的朋友内部则随意转换语言。在坤村,我参与过一次打扑克牌,想了解和观察语言的使用和转换问题。扑克玩法叫"跑得快",每人发十张牌,按顺序出牌,可以出连牌,可以出三张相同的,先出完者赢,称为"关牌"。关牌后数剩下几家的牌,剩得越多输得越多,输家罚喝啤酒。参与者:笔者、蒋生(蒋)、瓦尔(瓦)、慕嘎(慕),四人都是彝族,都是彝汉双语者。为了便于分析,我把我们打牌的过程用录音机录了下来,下面是通过录音整理的一部分对话:

> ……
> 笔者(彝语):不要了,过了。
> 蒋(汉语):1、2、3、4,7分。
> 笔者(彝语):五张了,又中了。
> 瓦(彝语):我要是出了小的那张,怎么也不会中。
> 慕(彝语):我早就叫你出小的,你就是不听。
> 蒋(汉语):瓦尔现在是后发制人,已经喝了两小杯啦。
> 瓦(彝语):两杯,我喝了两杯。(转汉语)我刚才离开的时候只剩下三瓶了嘛。
> 蒋(汉语):是四瓶,我们已经喝了很多。
> 慕(彝语):哎呀,酒这个东西呀,很厉害嘹。
> ……
> 笔者(彝语):怎么不说话啦? 大家怎么沉默啦? ……一对、两对……只差一张了。
> 蒋(彝语):来、来、来,四张连牌。
> 笔者(彝语):慢着、慢着,四张连牌的话,我也出四张。但是,出了这一手以后,我往后的牌就不行啦。
> 慕(彝语):你们当中有一个不输的话往哪里走?
> 瓦(彝语):你们三个都差一点被我"卤鸭子"①啦。

---

① 卤鸭子:打牌术语,指有一方出完了手中的牌(赢方),但另外的一方或多方一张牌都没有打出去(输方)。

笔者(彝语):我刚才如果不打你的连牌,我就被你"卤"了。

瓦(彝语):可惜我的牌被我拆开了,后面的牌连不起来了。

蒋(汉语):你的大,我打不了,大的啊。

蒋(汉语):三分还是四分,我随便出一张算了,我"报警"①啦,四分"报警"唁。

笔者(彝语):你四分就放下来啦?别人说不定还有比你小的三分呢。

瓦(汉语):啊呀,三分都跑到我这里来啦。

蒋(汉语):"两姊妹"②!

笔者(彝语):他一下出了这么多牌,差不多出完了,我们都输了吧。

慕(汉语):我的牌好,我本来是不应该输的。

瓦(彝语):拿这边的,拿这边的(指责慕嘎拿错了牌)。

蒋(汉语):(开玩笑地)我的这个老哥(指慕嘎)怎么搞的?专挑大牌。

笔者(彝语):(议论上一轮牌)我以为刚才我关牌啦。

蒋(汉语):出单张的话他(指慕嘎)赢了。(转彝语)出单张的话他赢了。

慕(彝语):如果出单张的话,我让你们两个(指笔者、蒋)喝了。

蒋(汉语):我输了,我输了,他(指笔者)还输不了。

笔者(彝语):我输了,我还有四张。

瓦(汉语):谁关的牌?

蒋(汉语):哦,我关的。(洗牌)

慕(彝语):(边拿牌边自言自语)这回好牌不会再到我这里来啦,上一局我有一对一对的好牌都没有赢。(转汉语)我应该调换一张牌。

瓦(彝语):(惊喜地)你们三个都被我"卤"啦!

从这段录音,我们可以总结出以下双语转换情况:

(1)在说扑克牌的术语时多使用汉语,如扑克牌的点数借用汉语,另外还

---

① 报警:打牌术语,指某一方只剩一张牌,随时可以关牌,警告其他人小心。

② 两姊妹:打牌术语,指点数连在一起的两对牌,出这种牌后,其他人也只能出两对的。依此类推,三对牌是三姊妹,四对牌是四姊妹……而相邻的三张牌叫亲姊妹。

有关牌、连牌等扑克专用术语。

（2）蒋生系外县彝族，虽然彝语说得很好，但带有外县口音，不多说彝语。另外，他是银行的部门主管，平时多用汉语，习惯用汉语多于彝语。

（3）笔者故意使用彝语，对他们的语言使用可能有引导、诱导之嫌。但从录音上听，也可以看出语言的转化。瓦尔、慕嘎是在彝族聚居的农村长大的，彝语是他们的母语，说汉语时带有浓厚的彝语腔调，俗称"团结话"（巫达1998）。他们平时使用彝语多于汉语，在打牌的时候，他们多数说的是彝语，只是在使用打牌术语和争论时偶尔用汉语。

（4）争论、讨论扑克牌的打法时多用汉语。这是一个有趣的现象。从这点就可以看出彝语和汉语的社会功能不尽相同。如果大家都是同族人，争论时采用本族语言好像会伤了感情，而用另一种语言可以避免这种尴尬。实际上，在现实生活中，只要牵涉到政治、经济、法律等方面的事情，会汉语的彝族人常常会采用汉语作为争论的工具。

在我的访谈中，当我问及语文的选择问题时，嘎村的人认为最好两样都会。索惹说，如果每个彝族人都会彝语最好，那样的话他到县城后也会很自在。他说他到过县城的一个亲戚家里，那个亲戚家的小孩都不会讲彝语，交流很困难。他认为跟彝族人说汉语很别扭，心里有障碍，很多事情用汉语表达不清楚。他告诉笔者，有一次他去那个亲戚家的时候，正好亲戚夫妇不在家，他们家的小孩倒是很热情，把他让到家里后，也知道按照彝族习惯先给他倒一杯酒，而不是先倒茶。但是他说的话小孩听起来困难，小孩说的汉语他听起来也困难。等亲戚回来后，他问亲戚甘洛县城是不是汉族多彝族少，亲戚说不一定，彝族和汉族人数差不多，在政府机关工作的人里有很多彝族，但这些人的孩子很多都不会讲彝语了。索惹最后感慨地说，如果县城的孩子们都会讲彝语就好了，那样他就会感觉亲切一些，现在他感觉县城就像一个全是汉族人的城市。他希望他的汉语更好一些，现在他让两个孩子都上学，希望他们不要像他自己一样到县城都不自在，希望孩子们以后到成都、到北京都不会感到不自在。

语言的使用与性别也有一定的关系，即使是在汉化程度较高的坤村，也有一些不会汉语的老年妇女。在家庭语言的使用上，即使会汉语，妇女们也一律采用彝语与家庭成员交谈，除非有不会彝语的汉族客人到来，或者到县城办事，她们才使用汉语。正如彝族妇女比男子更喜欢穿传统的彝族服饰一样，妇女在彝语歌谣方面的能力,似乎比男子强一些。彝族服饰是妇女们用手工绣制的,最能显示和炫耀妇女们的手工技巧,一位彝族妇女如果能绣一手漂亮的花纹,就会有很多人请她帮忙绣制。因此,妇女们更愿意穿她们自己精心绣制的服饰。在语言方面,彝族妇女喜欢说彝语显然不是为了显示和炫耀,主要还是因为妇女去外地的机会比男子少。男子们常常需要到外地去经商,也有比妇女更多的机会到外地游玩。在语言使用性别差异方面,嘎村的情况是妇女多数不会汉语,男子则有青年人会汉语。虽然不会汉语,但嘎村妇女们表现出学习汉语的渴望。嘎村的阿佳嫫(40岁)不会汉语,但她希望自己会汉语。她说她每次到县城就像哑巴,很痛心不会讲汉语。她说,现在到处都是说汉语的,一些汉族干部下乡到他们那里,虽然会讲一两句彝语,但多数情况下说汉语,她只能听懂很有限的词。每次家里来汉族客人,都是丈夫出面接待,丈夫能说一些汉语。她希望她的孩子们将来会汉语。"当然,不要不会讲彝语了,那样的话,我怎么办?"她开玩笑地说。

坤村的村民情况与嘎村的不太一样,很多人虽然认为最好汉语和彝语都会,但是也认为在现实生活中汉语比彝语用得多,汉语比彝语重要。坤村的慕乃说:"我们坤村的人除了一些年纪大的老人和少数妇女外,都会汉语,我们到县城办事都用汉语,到西昌①办事时,即使碰上彝族人也多使用汉语,因为我们田坝土语和其他地方的彝语在语音上有一些差异。"

四、结 语

族群成员往往都热爱自己的传统语言文字,对用以表达和记录本族群思想的语言和文字情有独钟。对于文字,可以赋予其起源以神秘的色彩,认同创制和规范整理文字的"书祖",表现出强烈的文化认同。然而,语言也好,文字也罢,它们的生命力是取决于它们的社会功能的。人们最终会倾向于选择在社会生产、政治经济各方面占优势的语言文字。但选择另一种语言或文字并不会在短期内根本影响对本族群的认同。

从嘎、坤两村的调查结果看,两村有一个相同点,那就是村民都很热爱自

---

① 西昌原来的老居民绝大多数是汉族,城区的彝族多是后来西昌地区和凉山彝族自治州合并后迁进去的工作人员,郊区有彝族居住。

己族群的语言，希望有更多的人知道自己的语言，族群成员之间说彝语时有亲切感，对自己的语言文字有浓厚的感情。然而，两村的人都希望同时会使用汉语，并不排斥汉语，认为政治（当干部）、经济（做生意）、文化（读书升学）等各方面都需要掌握汉语，希望后代能掌握汉语文，最好能同时掌握彝汉两种语文。不同点是由于汉化程度不同，两村在语言文字的选择上有所不同，嘎村多数人不会汉语，因此希望后代能同时使用彝语文和汉语文，而坤村村民多数能使用彝汉双语，因此更倾向于让后代掌握好能使人有更好发展前途的汉语文。

综上可知，不同的彝族人由于身份、年龄、性别、环境等不同，而在语言使用和认同方面有不同角色的表述。如政府官员在正式会议中会采用汉语，而在非正式场合会转用彝语；操彝汉双语的人在互相争论时会使用汉语，这样就避免了用母语争论所带来的尴尬，不伤和气；妇女由于较男子少参加公开社会活动，因此比男子更常使用彝语。

两个彝族村子的彝族人都表现出积极乐意接受汉语的态度，对汉语没有任何敌意，并不排斥和反感，愿意接受汉语文教育。在教育用语的取舍方面，斯库纳巴康斯认为少数民族在接受第二语言教育后，由于面临失去母语的危险，常常会作出抗争。他说："少数民族的抗争往往开始于当父母看到他们的子女在学校学得不好，无情地试图努力按主流社会和学校去做的时候。另外，父母们常常感觉到他们正在失去他们的孩子，这些子女已经不太会讲母语，而且让人觉得他们以他们的父母、语言和文化为耻，结果没有预期所承诺的那样有任何收益地迅速同化。"（Skutnabb-Kangas 1999：47）从我调查的两个彝族村子的情况来看，没有发现因为采用汉语文教学而有彝族人起来抗争的迹象。那里的彝族人都希望自己的孩子能学好汉语文，以后可以参加升学、招工和招干。即使县城里很多彝族孩子已经不会彝语，父母也希望他们能学好汉语，并不刻意要求他们接受母语教育。对他们来说，继续使用彝语或转用汉语并不会引起族群认同的改变，因此，学习相对较占优势的汉语文被认为是理所当然的事情。这从另一个角度显示了彝汉两个民族相互之间关系是较为融洽的。

对于语言文字在彝族文化认同中所起的作用，可以结合人类学中"原生论"和"工具论"两个方面考察，而不能仅仅只看一个方面。如果只从原生论的角度去考察，则容易陷入"民族感情高于一切"的泥潭，从而忽略彝族语言文字在现实社会中的客观价值。只从工具论的角度去考察，则往往会被误导走向另一个极端,认为彝语文这个"工具"没有汉语文有用,还不如直接过渡到完全的汉语文教育。这样会伤害到彝族人民的感情,这在历史上是有教训的。这两种角度正是目前凉山彝区是否和如何实施彝汉双语教学的争论焦点(腾星 2001)。实际上,原生论角度是考察彝族内部成员之间的联系及其对本民族语言文字的传承,而工具论角度则是考察彝族对于他们的语言文字的维持与变迁。结合两者的考察,就能使人们感受和理解彝族对于本民族语言文字的原生情感,让彝族人清醒面对彝族语言文字在当前客观环境中的境况。这对于凉山彝区教育政策的制定是有帮助的。笔者认为,在凉山彝区采用彝汉双语教育是必需和必要的,这样既能照顾到彝族人民对于本民族传统语言文字的原生情感,同时又能让他们在彝汉两种语言的"工具性"作用方面有理性选择的余地。至于彝汉双语教育的适用对象,则应该由彝族人民自由选择,而不能搞强行划分。

参 考 文 献

陈康、巫达:《彝语语法(诺苏话)》,中央民族大学出版社,1998 年。

《法语为网络空间而奋斗》,《华声报》2000 年 3 月 30 日。

费孝通:《我的民族研究经历和思考(代序)》,马戎、周星主编《中华民族凝聚力形成与发展》,北京大学出版社,1999 年。

格尔兹(Clifford Geertz):《整合式革命:新兴国家里的原生情感与公民政治》,见氏著《文化的解释》,张海洋等译,上海人民出版社,1999 年。

国家统计局人口统计司、国家民族事务委员会经济司:《中国民族人口资料》(1990 年人口普查数据),中国统计出版社,1994 年。

马学良、戴庆厦:《论"语言民族学"》,中国民族学学会编《民族学研究(第一辑)》,民族出版社,1981 年。

腾星:《文化变迁与双语教育:凉山彝族社区教育人类学的田野工作与文本撰述》,教育科学出版社,2001 年。

王明珂:《华夏边缘:历史记忆与族群认同》,允晨出版社,1997 年。

巫达:《凉山彝语田坝土语古音拾零》,凉山民族研究所编《凉山民族研究》1996 年年刊。

巫达:《彝汉"团结话"与汉彝双语教学》,朱崇先、王远新编《双语教学与研究(第一辑)》,中央民族大学出版社,1998 年。已收入本书。

肖家成:《民族学研究中的语言学方法》,中国民族学学会编《民族学研究(第一辑)》,民族出版社,1981 年。

Ben-Rafael, Eliezer. 1994. *Language, Identity, and Social Division*. Clarendon Press.

Cohen, Abner. 1969. *Custom and Politics in Urban Africa: Hausa Migrants in Yoruba Towns*. University of California Press.

Despres, Leo A. 1975. "Ethnicity and Resource Competition in Guyanese Society", in Leo A. Despres ed. *Ethnicity and Resource Competition in Plural Societies*. Mouton Publishers.

Dorian, Nancy C. 1999. "Linguistic and Ethnographic Fieldwork", in Joshua A. Fishman ed. *Handbook of Language and Ethnic Identity*. Oxford University Press.

Enninger, Wener. 1991. "Linguistic Markers of Anabaptist Ethnicity through Four Centuries", in James R. Dow ed. *Language and Ethnicity*. John Benjamins Publishing Company, pp.23 – 60.

Fishman, Joshua. 1972. "The Relationship between Micro- and Macro-Sociolinguistics in the Study of Who Speaks What Language to Whom and When", in Pride J. and J. Holmes eds. *Sociolinguistics: Selected Readings*. Penguin Books.

Giles, Howard and Saint-Jacques, Bernard. 1979. *Language and Ethnic Relations*. Pergamon Press.

Gudykunst, William B. 1988. *Language and Ethnic Identity*. Multlingual Matters Ltd.

Haaland, Gunnar. 1969. "Economic Determinants in Ethnic Presses", in Fredrik Barth ed. *Ethnic Groups and Boundaries*. Little, Brown and Company, pp.58 – 73.

Harrell, Stevan. 1995. "Language Defining Ethnicity in Southwest China", in Lola Romanucci-Ross and George A. De Vos eds. *Ethnic Identity: Creation, Conflict, and Accommodation*. Sage Publication, pp.97 – 114.

Harrell, Stevan(郝瑞).《族群性、地方利益与国家: 中国西南的彝族社区》,见氏著《田野中的族群关系与民族认同——中国西南彝族社区考察研究》,巴莫阿依、曲木铁西译,广西人民出版社,2000 年。

Skutnabb-Kangas, Tove. 1999. "Education of Minorities", in Joshua A. Fishman ed. *Handbook of Language and Ethnic Identity*. Oxford University Press.

Smith, Dan. 1997. "Language and Discourse in Conflict and Conflict Resolution", in Sue Wright ed. *Language and Conflict: A Neglected Relationship*. Multilingual Matters Ltd., pp.18 – 42.

Özkirimli, Umut. 2000. *Theories of Nationalism: A Critical Introduction*. Macmillan Press Ltd.

尔苏语言文字与尔苏人的族群认同 *

一、引　言

尔苏人主要分布于四川省凉山彝族自治州的甘洛县、越西县和雅安地区的石棉县、汉源县,[①]人口约有 10 000 人,其中甘洛县 2000 年有 3 024 人,[②]越西县 1990 年有 2 277 人。[③] "尔苏"(Ersu)是尔苏人的自称,"尔"是"白"的意思,"苏"是"人"的意思,"尔苏"意为"白人"。历史上汉族人称他们为"西番"、"番族",他们用汉语时也多自称"番族",当地彝族人称他们为"哦柱"(JO o^{21} dzu^{21})。尔苏人还自称"布尔日",并可以连称"布尔日—尔苏"。在使用"布尔日—尔苏"的时候,尔苏人认为这么说的人有亲如一家的感觉,因此,我们可以称整个尔苏人为"布尔日—尔苏族群"。尔苏语属汉藏语系藏缅语族羌语支。有学者把尔苏人的语言划分为三种方言,尔苏语本身为东部方言——尔苏方言。[④]

本文所讨论的尔苏人个案的特别之处是他们使用相同的语言,但却出现了两种族群认同表现:其中一些人认同藏族,愿意被归入藏族里面,但另一部分人则不同意尔苏人属于藏族,强调自己是一个独立民族。既然尔苏人在使用"布尔日—尔苏"这个称谓的时候有亲如一家的感觉,所以可称为"布尔日—尔苏族群",那么,既为同一称谓的同一个"族群",怎么会有族群认同分歧呢? 这得从族群认同的分层性来解释。按照族群理论,族群认同是可以分

＊　本文原载《中央民族大学学报》(哲学社会科学版)2005 年第 6 期。
① 凉山彝族自治州的冕宁县和木里藏族自治县以及甘孜藏族自治州的九龙县有一部分自称"里汝"(Lizu)的人,部分学者认为这部分人使用的语言属于尔苏语的西部方言。本文所介绍的是自称"尔苏"的那部分人,不包括里汝等操其他方言的人。
② 甘洛县统计局:《甘洛县统计年鉴》,2001 年。
③ 越西县地方志编纂委员会:《越西县志》,四川辞书出版社,1994 年。
④ 孙宏开:《尔苏(多续)话简介》,《语言研究》1982 年第 2 期。

层的。以尔苏人的个案为例，虽然尔苏人都属于"布尔日—尔苏族群"，但是，认同藏族的人认为"布尔日—尔苏族群"是藏族下面的一个亚族群（sub-ethnic group）；认为尔苏人应该是独立民族的，则是把"布尔日—尔苏族群"与藏族放在同一个层面上来理解。这也是尔苏人分歧双方各自建构族群认同的基础。分歧双方在建构各自的族群认同的时候，充分运用了语言文字作为支持己方的论据。其中，由于尔苏语本身与藏语有较大的差异，这成为部分尔苏人反对被归入藏族的重要依据。而尔苏宗教人士沙巴所使用的沙巴文和苏武尔所使用的藏文，成为分歧双方各自建构有利于己方的族群认同的重要因素。苏武尔使用的藏文使部分尔苏人认同藏族，而沙巴所使用的沙巴图画文字作为尔苏人特有的文化内容，成为另一部分人强调尔苏文化的独特性的因素。本文聚焦于尔苏语及尔苏宗教人士所使用的两种文字，讨论它们对于尔苏人族群认同分歧及族群认同建构的影响。[①]

二、尔苏语言文字简介

（一）尔苏语

尔苏语的简单情况如下（以甘洛县则拉乡尔苏语为例）：语音方面有单辅音声母 42 个，复辅音声母 32 个，单元音韵母单纯元音 9 个，鼻化元音 6 个，卷舌音 2 个，复元音 26 个，声调 2 个，音素结合成音节共有 7 种；语序为"主—宾—谓"（SOV 型）；形态丰富；借词主要来自汉语和彝语。[②]

在尔苏人聚居的村子，尔苏人尽量说自己的语言。在贾巴沙村和拉吉沽村，[③]语言使用方面的一个普遍现象是掌握的语言数量跟年龄增长成正比：小孩在上学以前，只会说尔苏语；上学以后，很快学会汉语；如果班上彝族学生较多，他们也会很快掌握彝语；年纪越大，越有机会与周边彝人汉人打交道，对于彝语、汉语的熟练程度就越高。因此，彝族人称尔苏人是"有三条舌头的人"。

部分在城镇长大的尔苏人已经不会说自己的语言了，他们一般转用了汉语。

---

① 2004 年 4 月 17 日至 18 日，在香港城市大学召开的"第三届两岸三地藏缅语族语言暨语言学研讨会"上，笔者曾提交同一题目的会议论文，但本文除题目保持不变外，内容上已作了较大的调整与增删。
② 孙宏开：《尔苏（多续）话简介》，《语言研究》1982 年第 2 期。
③ 贾巴沙村属于甘洛县蓼坪乡，拉吉沽村属于越西县保安藏族乡。贾巴沙和拉吉沽是两个尔苏人聚居的自然村，是笔者的两个主要田野调查点。

少数跟彝族杂居的尔苏人也丢失了尔苏语,而转用了彝语。笔者在甘洛、越西县期间,参加一些集体聚会时,经常会遇到只说彝语、不说尔苏语和汉语的尔苏人。据介绍,越西县某个彝族人占多数的村子里,尔苏年轻人都已经不会说尔苏语了,只会说彝语和汉语。年纪大一些的尔苏人虽然会说尔苏语,但已经很不流利。例如,如果两个尔苏老人在路上相遇,一个人对另外一个说尔苏语的时候,对方如果没有听明白,就会要求说:"请你用彝语再重复一遍。"

(二)尔苏人的方言

根据孙宏开教授的划分法,尔苏人的语言分为三大方言:甘洛、越西、汉源、石棉等地尔苏人使用的语言属于东部方言,或称为尔苏方言,使用人数约13 000人;①冕宁县自称多续的人使用的语言属于中部方言,或称多续方言,使用人数约3 000人;木里藏族自治县、冕宁县和甘孜州的九龙县自称栗苏的人使用的语言属于西部方言,或称栗苏方言,使用人数约4 000人。②

但是龙西江③提出不同的观点,他认为尔苏语和尼汝语(当指孙宏开文④中的"栗苏语")之间差别小,可以是方言关系,而多续语与尔苏语的差别大,不属于一个语言体系。他认为:不但尔苏语和多续语之间实际上通话困难,而且,两部分人的迁徙路线也是不同的,多续人从冕宁县的西方迁来,尔苏人则是从北方和东北方向迁居此地;尔苏人和多续人的心理素质也不同,"多续人总认为自己与尔苏人不同,虽然都是西番,但不是同族"⑤。

对于尔苏语与冕宁的多续语和木里等地的栗苏语的差异情况,甘洛和越西的尔苏人有几种不同的认识。有人说这两种语言虽然有差异,但是慢慢听能听懂。也有的人说,他们与多续人、栗苏人之间根本不能通话。实际上,前者坚持尔苏人属于藏族,后者坚持尔苏人是独立民族。

日本学者西田龙雄指出,清朝乾隆年间出版的满、藏、汉对照的《西番馆译

---

① 据笔者统计,以1990年人口普查数为准(2000年人口普查数笔者只有甘洛部分的),甘洛、越西、汉源、石棉四县的尔苏人口是9 687人。
② 孙宏开:《尔苏(多续)话简介》,《语言研究》1982年第2期。
③ 龙西江:《凉山州境内"西番"及渊源探讨(上)》,《西藏研究》1991年第1期;《凉山州境内"西番"及渊源探讨(下)》,《西藏研究》1991年第3期。
④ 孙宏开:《尔苏(多续)话简介》,《语言研究》1982年第2期。
⑤ 龙西江:《凉山州境内"西番"及渊源探讨(上)》,《西藏研究》1991年第1期;《凉山州境内"西番"及渊源探讨(下)》,《西藏研究》1991年第3期。

语》中的"西番"语，是一种叫"多续"的语言。西田氏于 1970 年出版了《西番馆译语研究》①一书，他根据"译语"中的"西番"、"番人"、"番僧"、"番汉"、"番字"等条目的"番"字均对应于"多续"，因而将"西番语"称为"多续语"。②

（三）尔苏沙巴文字

尔苏宗教人士沙巴所使用的文字在中国语言学界名气很大，原因是一些学者认为这种文字属于"图画文字"。③ 孙宏开教授指出沙巴在从事宗教活动时所使用的文字是一种图画文字，并把它命名为"沙巴文"。沙巴文的起源时间、创制人士等都已不可考。据孙教授统计，尔苏沙巴文约有 200 字。其特点为：文字的形体与它所代表的事物有明显的一致性，可以从单字推知它所代表的事物；有少量的衍生字和会意字；用不同的颜色表达不同的附加意义，常在文字中配用白、黑、红、蓝、绿、黄色来表示不同的字义；无固定的笔顺和书写格式，但有时为了说明时间顺序，根据内容需要，在一个复杂的图形中，将单字按左下、左上、右上、右下、中间的顺序排列；不能准确地反映尔苏人的语言。单字和语言里的词和音节不是一对一的关系，往往一个字读两个音节或三个音节，有的字需要用一段话才能解释清楚。沙巴文的表达功能系统还很不完备，它是由图画脱胎而来，刚刚跨入文字行列的图画文字。跟沙巴文在语言学界的"名气"不太相称的是，目前已经没有人能解读沙巴所使用的图画文字了。笔者费了许多周折才得以看到沙巴文字的实物。

（四）藏文

苏武尔是藏传佛教的传人，使用藏文经书和法器。但目前苏武尔中已经没有人能识读藏文经书了。笔者曾拜访过越西县保安乡沟东村一位 82 岁高龄的苏武尔。我给他看藏传佛教六字真言"唵嘛呢叭咪吽"和我的藏文名字。老人只会念出其中的一些藏文字母，读不出整个音节。对于一些藏文经书，人们表现出来的是敬畏的心态。由于已经没有人能够释读藏文经书，藏文经书

---

① 西田龙雄：《西番馆译语の研究：チベット言语学序说》，松香堂，昭和 45 年（1970 年）。
② 孙宏开：《尔苏（多续）话简介》，《语言研究》1982 年第 2 期。
③ 孙宏开：《尔苏沙巴图画文字》，《民族语文》1982 年第 6 期。王元鹿：《尔苏沙巴文字的特征及其在比较文字学上的认识价值》，《华东师范大学学报》1990 年第 6 期。

的传承成了问题,转而成为一种神秘的象征符号。祖传的藏文经书,仍然象征一种神力的延续。藏文经书是某个家族某户人的神权象征。不过,笔者在尔苏地区八个多月期间,不仅没有找到能够释读藏文经书的苏武尔,也没有发现有年轻人正在学习做苏武尔。苏武尔正处于消亡的边缘。

三、语言差异对尔苏人族群认同建构的影响

1984 年越西县保安藏族乡成立以后,拉吉沽村的八名尔苏人以共产党员的身份联名写了一封题为"关于保安藏族乡成立的问题"的信,对尔苏人被识别为藏族和成立"藏族乡"提出了质疑。① 信中从居住情况、服饰、风俗习惯、丧葬习俗、婚姻习俗和语言文字等几个方面提出尔苏人与藏族不同的地方。其中,在语言文字方面,信中说:②

> 藏族有自己的语言和文字,我番族也有自己的语言和文字。我番族的语言和藏族的语言可谓风马牛不相关(及)。我番族的文字,在民间还有存在,就是因为无人考证,[也]就没有推广。

这封信明确表示不同意将尔苏人划入藏族,在信的开头就指出:

> 保安藏族乡的成立,按理说应是令人高兴的,但事与愿违,给我们这个民族内部带[来]了不可抑制的矛盾。现在,我族分化为藏族和番族两个民族,但是从亲属关系上是不能分割的,常常在各种交往场合互相指责、挑剔,甚至大打出手,影响民族内部团结,也影响了社会的安定。本来,我们这个民族是具有悠久历史的,有史以来和汉族、彝族混居在凉山各地,彝族人亲切地称我族是"俄著",汉族人民也及(极)好地称我族为"西番族"。我们自称是"布尔之—尔苏"族。但是,建国三十余年来,我族都没有受国家承认的族称。……至于说我族是属于藏族,那是完全没有道理的。从各方面看来我族和藏族都有十分明显的区别。

---

① 这封信系手抄本,由越西县拉吉沽村鹏俄古哈先生提供,特此致谢。
② 此信中出现一些错别字、漏字,错别字后用圆括号注出正确的字,漏字则用方括号补出。

　　尔苏人的语言属于羌语支语言, 与藏语支语言差别较大。这是部分尔苏人从语言上认为自己不应该被归入藏族的原因。他们以此为基础, 强调尔苏文化的独特性, 从而对尔苏人被归为藏族产生了抵触情绪。因语言不同而产生不同的族群认同, 在世界各地都是普遍现象, 可以用"族群内心的情感"(primordialism)①来解释。② 尔苏人的个案显示尔苏人的族群内心情感与他们对族别的理性选择并不矛盾, 二者是共存的, 具体表现在公众话语(public discourse)③下, 尔苏人会根据自己的需要表述他们的认同, 比如公开表达认同藏族或希望被承认为独立民族, 而在私人话语(private discourse)中, 他们都认同"布尔日—尔苏族群"。笔者认为尔苏人在公众话语下的族群认同表述是理性选择的结果。从理性选择理论的角度看, 他们都是为了获得最大利益而作出他们的选择。争取国家承认他们为独立民族的人, 其目的是为了更多地得益; 而坚持尔苏人属于藏族的人, 是相信尔苏人作为藏族的一员, 可以获得更多的利益。而在私人话语中的族群认同表现是建立在族群内心情感的基础上的。由于亲属关系、婚姻网络、与周边族群的交往互动等原因, 他们具有属于一个群体的情感。由此, 笔者认为族群的内心情感与理性选择在尔苏人个案中并非水火不容, 而是相辅相成、共生互补的。也就是说, 尔苏人共同认同"布尔日—尔苏族群"是出于族群内心的情感, 而同一个族群内部出现认同分歧, 则是理性选择的结果。在具体建构族群认同的过程中, 语言文字只是分歧双方表述观点的工具而已。

四、文字使用对尔苏人族群认同建构的影响

　　虽然目前尔苏宗教人士苏武尔已经不会释读藏文经书了, 但是, 藏文经书的存在却是尔苏人认同藏族的重要因素之一。拉吉沽村的伊萨保清的父亲当

---

① 英文的 primordialism 一词, 在汉语中较难找到合适的对应词语, 有人翻译为"原生论"、"根基论", 笔者认为均不能很好地反映出"情感"方面的本质。这里采用吴燕和教授的译法。

② Wu David Y. H. (吴燕和) 1989. "Culture Change and Ethnic Identity among Minorities in China", in Chien Chiao and Nicholas Tapp eds. *Ethnicity and Ethnic Groups in China. New Asia Academic Bulletin*, Vol. VIII. The Chinese University of Hong Kong, pp.11 – 22.

③ public discourse 和 private discourse, 笔者译为"公众话语"和"私下话语", 主要参考了 James Scott 的用法。见 James C. Scott. 1990. *Domination and the Arts of Resistance: Hidden Transcripts*. Yale University Press.

年留下了许多经书和法器。在访谈中,伊萨保清说他家的经书在成立"保安藏族乡"的时候起了决定性的作用。

在尔苏人民间也流传着尔苏"神人"到藏区取经学习的传说。这些传说认为尔苏人的众多姓氏中,只有几个姓里出过"神人"。这些神话性人物包括吉玛聂嘎、吉玛诺卡拉、卓比威姆达吉、扎拉洼巴达神果、扎玛毕果摩、聂尔博杜帕、古其阮措摩等。其中,吉玛聂嘎和扎拉洼巴达神果是到藏区学过藏经的,还带回来许多藏文经书。据越西县的吉玛树清讲述,吉玛聂嘎去藏区学习的时候,耍了一点心计而"提前毕业"。据说到藏区喇嘛寺学习藏经,寺庙会在学徒入寺的那天发给他们一双人皮做的鞋。每个学徒都要把自己这双人皮鞋子穿破了才能毕业,穿破之前要一边学习,一边无偿给寺庙干活。由于人皮韧度很高而又耐磨,所以不能很快穿破,学徒们就不能早日毕业。吉玛聂嘎于是想了个办法,他在晚上睡觉的时候,把鞋放在火塘边烤,目的是让人皮干燥变脆。果然,没过多久他的鞋就破了。于是,他提前毕业回家了,还用了好几匹马驮回经书。另一个"神人"扎拉洼巴达神果也是个神通广大的人物。这些人据说能呼风唤雨,法力无边,可以单斗天兵天将,可以化为龙身,等等,相传这些本事都是从藏区学来的。

吉玛聂嘎和扎拉洼巴达神果的故事反映了尔苏人中曾有人去藏区取经,取经回来后,成为法术高强的"神人"。根据访谈资料,原来,不仅曾有尔苏人去藏区取经,也有藏传佛教的喇嘛到尔苏地区传过教。拉吉沽村就来过两位喇嘛,伊萨保清的父亲曾跟其中的一位学习过。那两位喇嘛的名字大家不记得了,拉吉沽村人都叫他们张喇嘛和黄喇嘛,那是因为其中一个喇嘛住在村里的张姓(尔苏姓伊萨)家里,传授经书,被称为"张喇嘛";另一个住在黄姓(尔苏姓鹏俄)家里,被称为"黄喇嘛"。伊萨保清的父亲即是张喇嘛的传人。

虽然在"文革"和"破四旧"的时候,尔苏人的藏文经书和法器遭到了毁坏,但是,在20世纪80年代,需要确定尔苏人族称的时候,藏文经书成了尔苏人被认定为藏族的重要因素。笔者访问了那时候任保安公社主任和书记的尔苏人伊萨木基。他介绍了1984年"保安藏族乡"的成立经过,这里面牵涉到这个乡的命名问题,是该叫"藏族乡"还是该叫"尔苏族乡"或"番族乡",后来,经过协商和谈判,最后确定为"保安藏族乡"。其中确定为"藏族乡"的原因跟藏文经书有关。伊萨木基说:

　　为了这个族别问题，我召集了我们公社里的一些有名的"和尚"①和老人，讨论我们是不是一个独立民族的问题。我们的和尚里面有一种叫"苏武尔"的人，所使用的文字是西藏藏文。他们的经书很多，只可惜很多经书在"破四旧"的时候被毁掉了。那时候，我们村上头的一个山洞里，堆满了被遗弃的藏文经书。这是那些人害怕被批斗受连累而丢掉的。现在想起来，那是文物，很可惜。我们召集这些老人开了好几次会议，很多人坚持认为自己与西藏有关系，是来源于西藏的。我们现在骂人的时候，还会说："你是博罗巴（mbo lo ba，泛指西方）来的吗？"因为，我们尔苏人传说"博罗巴人"是西藏藏族的奴仆，后来被赶出来，来到这里后融进了尔苏人里面。

　　苏武尔们可以识读人民币上面的藏文，所以被认为与藏族有关系。我们和木里藏族有过接触，说的语言很接近，比如吃、喝等词都相似，语言上我们和藏族是有关系的。所以，我们绝大多数人都认为自己是藏族。

　　另一方面，要求被认定为独立民族的尔苏人认为他们有自己的文字——沙巴文，所以应该是一个独立民族。例如，1983年杨光才等在给全国人大的联名信上就宣称他们有自己的语言和象形文字。②这里的"象形文字"指的就是沙巴文。他们把沙巴文作为区别于其他族群的标志提了出来。他们写道：

　　　　我们自称"布尔日—尔苏"，汉称"番族"人，主要分布在四川省凉山彝族自治州甘洛、越西，雅安地区石棉、汉源等县，约有一万多人，有自己的语言、象形文字、历书，风俗习惯等方面完全区别于其他民族。

　　一些尔苏人把沙巴经文上出现的地名解释为离藏族中心地带较远的地方，他们的目的就是把自己与藏族区分开来。甘洛县的一位尔苏人教师解释

① 和尚：指尔苏人的"苏武尔"和"沙巴"。尔苏人用汉语介绍本族群宗教人士时，往往用"和尚"这个词表示，实际上并不是指削了发的佛教和尚。当地彝族人在介绍自己的宗教人士"毕摩"时也常常用"和尚"一词。这是因为汉族人不懂这两个少数民族语言，而说话人想让对方理解的缘故。
② 该联名信是给"中华人民共和国第六届第一次全国人民代表大会"的，由杨光才等三十名尔苏人联合署名（包括甘洛县22人，越西县8人），信的内容是要求国家对尔苏人重新进行民族识别。信的落款日期为1983年6月3日。原件系手稿复写件，打印件A4纸共4页，由甘洛县杨德隆先生提供，特此致谢。

他对沙巴经文中出现的"min jiang"和"wo mei"两个地名的认识,说:

> 尔苏沙巴的每一段经文的开头都提到"min jiang",我认为这是与现在的岷江①有关系的。例如,沙巴经文开头通常是"min jiang lhuo ler",其中,"lhuo ler"指山脉,"min jiang"是指现在的岷江。"岷江"是经文中的一个词,现在很多沙巴,你问他这个词是什么意思,他们都不知道。但是我认为它是一个地名,因为尔苏人崇拜大山。现在岷江流域的羌族的服装从远处看很像我们尔苏人的。另外,"咒语"尔苏话叫"朵"。每一段咒语的开头都有一个词叫"wo mei",尔苏人崇拜的是山,所以我认为"wo mei"可能是指"峨眉山"。因此,我认为我们尔苏人起祖的地方跟现在的岷江和峨眉山有关系。

综上所述,尔苏宗教人士苏武尔使用藏文经书,使部分尔苏人同意被识别为藏族并积极建构对藏族的认同;另一部分尔苏人因为另一种宗教人士沙巴有一种图画文字,因此强调尔苏文化的独特方面,反对被归入藏族,要求被承认为一个独立民族。最后,在民族识别工作组的协调下,根据苏武尔使用藏文经书的情况,尔苏人被划入了藏族。

五、结　语

语言文字与文化认同之间的关系,学术界多有讨论,②但语言文字与族群认同之间的关系讨论较少。一般认为,认同某文化即认同使用该文化的族群。例如,海外华人的后裔如果认同华语华文,则表示他们认同华人身份。即使是已经不会说华语的华裔,他们认同华人的表达方式之一就是认同华语华文。

---

① 岷江流经四川西北部阿坝藏族羌族自治州境内。

② 巫达:《语言、宗教与文化认同:中国凉山两个彝族村子的个案研究》,香港中文大学硕士论文,2000 年;《语言文字与凉山彝族文化的认同》,戴庆厦主编《中国彝学(第二辑)》,民族出版社,2003 年;《藏族尔苏人婚礼仪式里饮食文化的族群性》,《第八届中国饮食文化学术研讨会论文集》,财团法人中国饮食文化基金会,2004 年。Harrell, Stevan. 1995. "Language Defining Ethnicity in Southwest China", in Lola Romanucci-Ross and George A. De Vos eds. *Ethnic Identity: Creation, Conflict, and Accommodation*. Altamira Press, A Division of Sage Publications, Inc; 2001. *Ways of Being Ethnic in Southwest China*. University of Washington Press.

如马来西亚早期华人移民的后裔峇峇人，他们已经不会说华语，部分人说的是汉语闽南话与马来语夹杂的"峇峇话"，但是峇峇人强烈认同华人身份，在语言文字上表现在过春节的时候请人写汉字对联贴在门上，以表达他们对华人的族群认同。① 因此，我们说，认同某种语言文字的人们常常是认同使用该语言文字的族群的。以尔苏人的情况来看，认同藏文则认同藏族，认同沙巴文则强调尔苏人是不同于藏族的独立族群。不过，大家都共同认同"布尔日—尔苏族群"，认同藏族的人并没有被排斥在"布尔日—尔苏族群"之外。因为常常有这样的情况，在某个宗族里面，一些人认同藏族，另一些人则认为尔苏人是不同于藏族的独立族群。例如，越西县保安乡的鹏俄宗族的口述迁徙史中所涉及的地点，最南端在越西县，最北端在甘孜州九龙县。因此，一部分人认为他们的先祖来源于北部的甘孜藏区，后来往南迁徙到现在的居住区域，所以是藏族的后裔；另一部分人则认为他们的先祖就是本地的，后来才有部分亲戚迁徙到了甘孜藏区，所以认为尔苏人不属于藏族。但不管持什么观点，鹏俄宗族内部的人都认同"布尔日—尔苏族群"是无疑的。

尔苏人的个案支持了人类学族群理论所说的文化不是族群认同的决定因素的论断。例如，美国学者 Michael Moerman 在 20 世纪 60 年代研究泰国的泐人(Lue)时发现，泐人使用泰语，从语言上不能区分泐人和泰人，但是泐人并不认同泰族群，而认为自己是不同于泰人的一个族群。Moerman 的研究推翻了把族群看作固定单位、固定文化的看法。他指出族群认同是一种主观认同(subjective identification)，而不是客观认同(objective identification)。他认为不能以客观语言来界定泐人和泰人族群，而应以泐人的自我主观认同作为界定该族群的标准。Moerman 进一步指出虽然泐人的语言与泰人没有区别，但泐人可以以其他文化内容来强调其族群认同。② Moerman 的研究成果可以进一步帮助我们理解尔苏人的情况。在语言文字方面，尔苏人虽然使用同一种语言，却存在两种族群认同表现，这两种认同表现是各自用两种文字体系来强调的。语言文字作为一个族群的重要文化内容，在尔苏人中直接影响了族群

---

① Tan Chee-Beng（陈志明）. 1988. *The Baba of Melaka: Culture & Identity of a Chinese Peranak Community in Malaysia*. Pelanduk Pub.

② Michael Moerman. 1965(1967). "Who Are the Lue? Ethnic Identification in a Complex Civilization", *American Anthropologist*, pp.1215－1230.

认同的抉择问题。尔苏人的个案显示,尔苏人的沙巴图画文字和藏文经书,曾经在 20 世纪 80 年代的族别之争中起到了一定的作用。在那场断断续续的持续约十年(1980—1990)的论争中,分歧双方都曾经工具性地阐释语言文字,为有利于己方的族群认同建构服务。要求被承认为独立民族的那方强调尔苏语与沙巴文字的独特性,希望以此作为被确认为独立民族的基础。但是认同藏族的那方把握了尔苏宗教人士苏武尔使用藏文经书这个"利器",汇入凉山境内其他四种"西番"①认同藏族的潮流,迎合了国家的民族分类政策,从而使自己的意愿得到了实现。

---

① 根据龙西江的称法,凉山境内除尔苏人外还有六种西番:多续西番、尼汝西番、纳木依西番、虚米西番、普米西番和么些西番。其中,"普米西番"已被识别为普米族,"么些西番"已归为纳西族,其余四种均认同藏族,被归入藏族中。见龙西江《凉山州境内"西番"及渊源探讨(下)》,《西藏研究》1991 年第 3 期,第 56 页。

图书在版编目（CIP）数据

彝人论彝：语言·文化·认同／巫达著. 一上海：
中西书局，2023
（人类学新视野丛书）
ISBN 978 - 7 - 5475 - 2061 - 1

Ⅰ.①彝…　Ⅱ.①巫…　Ⅲ.①彝语—研究　Ⅳ.
①H217

中国国家版本馆 CIP 数据核字（2023）第 029651 号

彝人论彝：语言·文化·认同
巫　达　著

责任编辑	邓益明
装帧设计	梁业礼
责任印制	朱人杰

出版发行　上海世纪出版集团
中西書局（www.zxpress.com.cn）

地　　址　上海市闵行区号景路 159 弄 B 座（邮政编码：201101）
印　　刷　浙江天地海印刷有限公司
开　　本　700 毫米×1000 毫米　1/16
印　　张　13.25
字　　数　205 000
版　　次　2023 年 4 月第 1 版　2023 年 4 月第 1 次印刷
书　　号　ISBN 978 - 7 - 5475 - 2061 - 1 ／ H·135
定　　价　68.00 元

本书如有质量问题，请与承印厂联系。电话：0573 - 85509555

图书在版编目（CIP）数据

彝人论彝：语言·文化·认同／巫达著. 一上海：
中西书局，2023
（人类学新视野丛书）
ISBN 978 - 7 - 5475 - 2061 - 1

Ⅰ.①彝… Ⅱ.①巫… Ⅲ.①彝语—研究 Ⅳ.
①H217

中国国家版本馆 CIP 数据核字（2023）第 029651 号

彝人论彝：语言·文化·认同
巫 达 著

责任编辑 邓益明
装帧设计 梁业礼
责任印制 朱人杰

出版发行 上海世纪出版集团
中西書局（www.zxpress.com.cn）
地 址 上海市闵行区号景路 159 弄 B 座（邮政编码：201101）
印 刷 浙江天地海印刷有限公司
开 本 700 毫米×1000 毫米 1/16
印 张 13.25
字 数 205 000
版 次 2023 年 4 月第 1 版 2023 年 4 月第 1 次印刷
书 号 ISBN 978 - 7 - 5475 - 2061 - 1 / H·135
定 价 68.00 元

本书如有质量问题,请与承印厂联系。电话: 0573 - 85509555